U0851629

高等职业教育铁道机车运用与维护专业系列教材

电力机车检修

莫　坚　主编
余卫斌　主审

中国铁道出版社有限公司

2024年·北　京

内容简介

本书是高等职业教育铁道机车运用与维护专业系列教材之一。全书共分十三章，分别是机车检修基础知识、牵引电机的检修、辅助电机的检修、主变压器的检修、低压电器柜的检修、高压电器柜的检修、司机室设备的检修、车顶高压电器的检修、电力机车车体的检修、电力机车转向架的检修、空气管路系统的检修、DK-1型电空制动机的检修、空气制动系统的调整试验。

本书可作为高等职业院校铁道机车运用与维护专业，中等职业院校电力机车驾驶与检修、内燃机车驾驶与检修专业的教材，也可作为机务系统相关岗位人员的参考用书。

图书在版编目(CIP)数据

电力机车检修/莫坚主编．—北京：中国铁道出版社有限公司，2022．10(2024．1重印)
高等职业教育铁道机车运用与维护专业系列教材
ISBN 978-7-113-29653-7

Ⅰ．①电… Ⅱ．①莫… Ⅲ．①电力机车-机车检修-高等职业教育-教材 Ⅳ．①U269．6

中国版本图书馆CIP数据核字(2022)第168611号

书　　名：电力机车检修
作　　者：莫　坚

责任编辑：亢丽君　　**编辑部电话：**(010)51873205　　**电子邮箱：**67204751@qq.com
封面设计：郑春鹏
责任校对：孙　玫
责任印制：高春晓

出版发行：中国铁道出版社有限公司(100054，北京市西城区右安门西街8号)
网　　址：http://www.tdpress.com
印　　刷：三河市国英印务有限公司
版　　次：2022年10月第1版　2024年1月第2次印刷
开　　本：787 mm×1 092 mm 1/16　**印张：**13.5　**字数：**338千
书　　号：ISBN 978-7-113-29653-7
定　　价：42.00元

版权所有　侵权必究

凡购买铁道版图书，如有印制质量问题，请与本社读者服务部联系调换。电话：(010)51873174
打击盗版举报电话：(010)63549461

前　言

本书为高等职业教育铁道机车运用与维护专业系列教材之一，根据高等职业教育铁道机车运用与维护专业教学标准“电力机车检修”课程教学大纲编写。

近年来，随着铁路现代化的加速推进，大量先进技术装备投入现场应用，电力机车检修生产组织、修程修制等发生了较大变化。本书按照专业培养要求，贯彻职业教育改革精神，结合现阶段电力机车检修实际情况和需要进行编写。本书以适用为原则，内容上引入铁路机务生产一线的操作规范和检修工艺，贴近生产实际。在注重基本知识和专业技能的基础上，突出实践操作的步骤和方法，注重学生能力培养。通过理论和实践教学，使学生掌握从事电力机车检修岗位所必需的基本知识和基本技能。

全书共分十三章，以直流传动电力机车为例详细阐述电力机车检修的基础知识和工艺流程。第一章“机车检修基础知识”，主要介绍电力机车检修的组织管理、修程修制、检修指标等；第二章“牵引电机的检修”，以 ZD105A 型和 ZD115 型牵引电机为例，重点介绍了牵引电机的结构组成与检修工艺；第三章“辅助电机的检修”，详细讲述 SS_9 型电力机车辅助电机的日常检修内容与检修作业方法；第四章“主变压器的检修”，讲述 TBQ19-8668/25 主变压器辅修、小修、中修以及大修的检修工艺及要求；第五章“低压电器柜的检修”与第六章“高压电器柜的检修”，主要介绍了电力机车高、低压柜的电器组成，检修工艺流程与作业方法；第七章“司机室设备的检修”，主要针对司机室内的司控器、扳键开关等部件结构、功能以及检修工艺进行了详细介绍；第八章“车顶高压电器的检修”，讲述车顶受电弓、主断路器、高压隔离开关、避雷器、高压互感器等设备的维护保养与检修；第九章“电力机车车体的检修”，重点介绍车体、车钩及缓冲装置的检查维护和检修工艺；第十章“电力机车转向架的检修”，介绍了机车转向架的检查方法和检修工艺流程，包括构架、轮对、电机驱动装置、牵引装置和转向架其他部件的检修等内容；第十一章“空气管路系统的检修”与第十二章“DK-1 型电空制动机的检修”，主要介绍机车的制动系统检修，包括空气管路系统、DK-1 型电空制动机管路柜、制动阀等部件的检修工艺与流程；第十三章“空气制动系统的调整试验”，对机车空气管路系统试验、制动机单机试验、机车制动机的日常及检修试验进行了详细的介绍。

本书由湖南铁道职业技术学院莫坚担任主编，中车株洲电力机车有限公司余卫斌担任主审；西安铁路职业技术学院杨岁海，中国铁路广州局集团有限公司株洲机务段王建伟、张玲，湖南铁道职业技术学院陈江参与编写。具体编写分工如下：王建伟、陈江编写第一章；杨岁海编写第二章；张玲编写第三章；莫坚编写第四章至第十三章。本书在编写过程中得到了各铁路职业院校、中国铁路广州局集团有限公司机务部门的大力支持，在此表示衷心的感谢。

由于编者水平有限，加之时间仓促，书中难免存在不足和疏漏之处，敬请读者批评指正。我们将虚心听取大家的意见和建议，不断完善和深化书中的相关内容。

编　者

2022 年 6 月

目　录

第一章

机车检修基础知识

机车检修工作在铁路运输工作中有着极其重要的作用和意义，本章主要介绍机车检修的意义和任务、机车检修基本管理制度、修程与修制、检修指标，这是保证机车检修工作顺利、安全、有效实施的基础。

第一节　机车检修意义和任务

一、机车检修的意义

机车主要由车体、走行部(转向架)、车钩缓冲装置、制动装置和一整套电气设备组成。机车在运行过程中，由于高速运行受到冲击振动、摩擦及腐蚀，经过一段时间的运用以后，各部分构件都会发生磨耗、变形、老化或者损坏。一般来说，经常处于运动状态时，运动配合之间的构件或系统都有其初期故障阶段、稳定工作阶段和耗损失效阶段。当机车的零部件出现耗损失效时，便会发生故障，影响机车的正常使用，严重者甚至危及行车安全。因此，为了保证机车正常工作，延长机车使用期限，对机车进行日常保养和检修是十分必要的。

机车技术状态的好坏关系着铁路运输秩序的正常与否，为铁路运输优质供车是机车制造工厂和机务部门义不容辞的责任和义务，而机车检修工作是机务部门优质供车的基础，是铁路运输的重要组成部分，所以应尽最大努力合理组织机车检修工作，提高机车检修质量和效率，保证运用机车的良好技术状态，适应新形势下铁路运输不断发展的需要。

综上，做好机车检修工作有着极其重要的意义：

(1) 保证行车安全和正常的运输秩序，避免由于机车质量不佳引起行车事故，造成人员伤亡和重大经济损失。

(2) 提高机车检修质量，可减少机破事故，缩短机车检修时间，使更多的机车能够投入运营，充分发挥机车效益，提高铁路运输效益。

(3) 为机车设计、制造、改进提供实践依据，不断提高机车技术水平。随着机车检修工作经验的不断积累，总结机车零部件损伤和掌握其内在规律，为改进和提高机车设计、制造工艺水平、检修制度及制订机车检修工艺文件提供可靠翔实的依据，使机车的技术质量达到更高的水平。

二、机车检修的任务

机车检修的任务是恢复、消除机车各零部件在运用中出现的变化和损伤，保持和恢复其工作性能，使机车保持良好的技术状态，以满足铁路运输的需要。

目前，检修工作的主要任务包括以下几个方面：

（1）对机车及其各零部件的损伤规律进行系统的研究和分析，找出损伤的原因，作为制订修理制度，组织机车修理和选择合理修理工艺的依据。

（2）制订正确的修理制度，确定各种修程、修理周期和修理范围，正确组织机车的日常维护、保养和定期检查修理，以确保运用机车处于良好的技术状态。

（3）合理规定机车修理的技术条件和质量要求，合理制定修理尺寸限度，以保证机车检修质量和降低修理成本。

（4）按照机车检修规程，选择先进的修理方法。不断采用新技术、新材料和新工艺，以提高机车检修质量，缩短机车在修停留时间，提高运输经济效益。

（5）针对各种损伤产生的原因，提出改进机车设计、制造方面的建议。

（6）开展机车技术状态的检测诊断研究，推进和深化修制改革。

第二节　机车检修的基本管理制度

一、机车段修管理

为适应铁路机车装备技术进步以及机务生产力布局调整等变化，引导机车检修干部和职工牢固树立为运输服务的思想，坚持“以可靠性为中心、预防为主”和“修养一体、质量第一”的原则，在段修工作中加强管理，严格纪律，在确保段修质量的前提下，努力降低成本、提高检修效率，为铁路运输提供质量可靠、数量充足的牵引动力，中国铁路总公司在 2014 年印发了《机车段修管理规则》（铁总运〔2014〕22 号）。

机车段修的各级管理部门要加强对机车检修工作的领导，按照全面质量管理、安全风险管理和标准化建设的要求，抓好各项基础工作。按照“专业化、集中修”的原则，加强质量管理和生产管理，改革、完善各项管理制度和运行机制。积极采用检测诊断技术、信息网络技术，建立机车专家诊断平台，实行数据检修、数据整备。坚持“四按”（按范围、按“机统 28”及机车状态、按规定的技术要求、按工艺），“三化”（程序化、文明化、机械化）、记名检修制度。建立严密而协调的生产秩序，做好技术资料的积累和分析工作，依靠科学技术进步，不断提高机车段修工作质量和产品质量。各型机车基本技术规定和限度表与本规则具有同等效力，是段修机车检修、验收的依据，必须严格执行。新型机车段修技术规程发布前，暂按新造工厂提供的检修和运用维护手册、相关技术资料等执行。在段修工作中，遇机车改进设计或超出机车技术规程范围的检修作业时，应参照产品图纸、设计资料、大修规程及其他有关文件处理。运用机车发生临时修理时，应视不同情况，按相应检修技术要求执行。

段修工作实行统一领导、分级管理的原则，机务段贯彻执行中国国家铁路集团有限公司（以下简称国铁集团）、铁路局集团公司有关规程、规则、办法；编制并执行年度检修工作计划，编制机车小、辅修范围和工艺，组织实施机务段检修标准化作业“一书一图一卡”（作业指导书、作业流程图、作业岗位风险提示卡）；组织工艺教育，确保按范围、按工艺修车；采用检测诊断技术、信息网络技术，建立机车专家诊断平台，实现数据检修、数据整备，提高机车质量和管理水平；全面完成段修任务和相应的财务成本计划，保证提供质量可靠、数量充足的机车。

机务段应建立健全逐级负责的技术管理制度，以总工程师（主管技术副段长）为主要负责人，发挥技术科的技术管理主导作用，不断加强技术管理工作。组织落实各项技术规程，掌握机车及主要部件状态并编制检修计划，制定技术组织措施，组织技术革新，落实机车技术改造，加强工（卡、量）具，计量仪表及专用工艺装备的管理。认真做好机车履历簿和检修台账的填写及其他技术资料的积累，并妥善保管；建立健全机车检修工作分析制度，对有关数据定期进行数理统计分析，研判质量风险，并针对存在问题，提出改进措施，开展质量攻关活动，不断提高检修工作质量和产品质量的水平。加强机车部件和重要配件可靠性和寿命周期的数据积累，为提高质量和修订有关规程提供科学依据。充分利用信息网络技术，对检修有关记录、台账等资料实施电子化，做好数据储存、分析和管理及反馈工作，建立机车专家诊断平台。

承担检修生产的车间在分管副段长领导下，具体负责生产管理；检修车间负责编制、修改和实施机车及主要部件检修作业网络图；实施检修标准化作业"一书一图一卡"；抓好机车和互换配件检修质量；完成检修任务、劳动生产率、配件材料消耗、能源消耗等主要技术经济指标。生产调度室负责组织均衡生产，按作业流程图实施机车段修和互换配件检修。质检科负责制定并落实检修质量控制、跟踪及检查的各项制度。建立健全会议制度，按时召开各种检修会议，检查生产进度，协调各有关方面的工作，确保完成检修生产任务，并按照机车检修评定标准，对每台机车的检修工作进行总结评定。做好班组建设、职工培训工作，开展职业技能鉴定，定期组织技术比武，不断提高检修人员的技术素质和职业道德水平。加强安全生产的思想教育，坚持安全生产制度，及时总结和推广安全生产经验，确保人身和设备的安全。积极采用新技术、新工艺、新材料，认真吸收和推广先进经验，不断提高机车质量、降低修车成本。

二、"四按、三化"记名检修制度

"四按、三化"是按范围、按"机统 28"及机车状态、按规定的技术要求、按工艺和程序化、文明化、机械化的简称。在机车段修过程中，严格执行"四按、三化"记名检修制度，是科学地组织机车段修工作各个环节，建立严密而协调的生产秩序，提高机车段修工作质量和产品质量的基本保证。

(1) 按范围、按机统 28 及机车状态

机车及部件的日常检修要严格执行各种检修范围；段要制定机统 28、机统 6 管理制度，并认真执行；每半年对机统 28 管理制度、机统 6 管理制度执行情况进行一次分析，针对问题，制定整改措施。

(2) 按技术要求、按工艺

制定机车检修岗位作业指导书，作业指导书要从设备、工具、材料、方法、时间、数据六个维度对作业过程进行描述，应组织管理人员、技术人员和作业者共同参与检修作业指导书修订；按照安全风险管理的要求，围绕人、机、料、法、环、测进行风险研判，梳理出技术要求与工艺执行中存在的风险源和风险点，确定卡控措施，制定机车检修岗位作业风险提示卡；机车及部件的检修过程中，要按量值修车，要严格执行工艺。

(3) 程序化

编制节拍一致的整车流程、部件流程、岗位流程图，明确每个部件的检查顺序、时间节点，实行作业时分控制，实现生产有序、效率最高；每年要对检修作业流程图进行一次书面分析，针对问题制定改进措施；中修机车的主要不良状态，要与中修施工月计划一同下达；中修机车解体后，应由检修主任（或副主任）主持召开中修解体会，确定超修活件和进度计划（主要包括机车下台、机车负载试验、试运、交车等的日程和时间），协调各有关方面工作，会议要有相应的记录；机车小辅修计划应根据机车走行公里和实际状态编制，可按本段机车周转快慢等具体情况编制月、旬或周计划，月计划要在前 5 天，旬、周计划在前 3 天提出；机车小、辅修时，检修主任（或副主任）、各有关技术人员、工长、司机长、机车保养人员等要会同验收员按分工进行开工前

的复检，并召开复检碰头会，确定超修活件和重点活件等，由检修主任（或副主任）主持召开小、辅修汇报，总结前一天工作，确定当日检修进度计划，协调各有关方面的工作，会议要有重点项目的记录；段要建立零公里检查制度并分层实施，机车中、小、辅修结束后及时组织零公里检查，定期做好分析工作，通过检查、分析查找出管理和检修基本作业制度落实方面存在的问题；要按四按、三化记名检修执行情况、返工修、责任损坏零部件、三个一次成功、检修时间等项分别制订机车小修、辅修、中修工作优秀、良好、合格、不合格等级的具体标准。每台小修、辅修、中修机车交车后，由检修主任（或副主任）召集检修、运用、技术、验收等有关人员，根据上述标准，分别总结和评定本台机车的小修、辅修、中修工作。

（4）文明化

段应制定机车检修生产环境管理制度，明确职责，对影响环境的检修生产活动应有相应控制、监督、纠正措施；制定机车检修职业健康安全管理制度，明确职责。对机车检修作业中安全风险源进行辨识、评价分级，制定防控措施；制定工作环境定置（可视化）管理制度，日常符合5S（清洁、清扫、整理、整顿、素养）管理要求；根据机车零部件精密程度和检修技术要求，分类制订放置、清洗清洁、防护和配送标准，并认真执行；工、卡、量具和计量仪表要按相应的规定精心保管，认真养护，保持清洁；工作场地、生产通道应按规定区域分工和按评定标准清扫，做到场地整齐、清洁，通道畅通，检修工作完成后做到人走地净；开发有利于保护环境、节能、省资源的原材料和机器设备，减少浪费和资源的消耗（电、燃料和材料），减少或消除向周围环境中排放污染物质，尽量采用环保材料、技术，控制与原材料有关的不利环境影响。

（5）机械化

各型机车的检修作业至少要具备“220”文件（《内燃、电力机车检修工作和牵引供电工作评比办法》）附件中所列项目的检修工艺装备（委外修部件涉及的工艺装备除外），能满足段修规程和检修工艺的要求；推广使用技术先进、性能良好、耐久可靠的检修、检测、试验设备，设备应具有数据采集、存储、网络传输等功能；建立工艺装备的管理制度，定期养护、检修和校验，落实相应的责任者，并要有记录。

（6）记名检修

机车中修、小修、辅修范围内的主要工作和超修活件必须记名；各种配件要结合检修或试验记录认真记名；记录要妥善保管、便于查阅。

三、机车大修管理

为规范机车大修管理工作，提升机车大修质量，保证机车大修工作顺利开展，满足铁路运输生产需要，中国铁路总公司在2014年印发了《机车大修管理规则》（铁总运〔2014〕302号）。

机车大修分为厂做大修和局做大修。厂做大修由机车大修单位实施，实行招标管理；局做大修由铁路局集团公司机务段或检修段承担本铁路局集团公司的机车大修，按照国铁集团相关要求管理。机车大修费用实行预算管理，铁路局集团公司要科学编制机车大修计划，合理安排财务预算。

大修工作实行统一管理、分级负责的原则，以铁路局集团公司职责为例：铁路局集团公司是机车大修合同执行和局做大修的责任主体，负责局做大修管理，编制机车大修计划和财务预算，编制结合机车大修技术提升与改进计划，组织开展价格写实，确定价格并报国铁集团备案，完成机车大修招标，组织大修计划的落实，跟踪和处理机车大修质量问题。

铁路局集团公司应依据各型机车大修规程规定的检修周期编制大修计划。机车大修计划的编制，主要根据机车实际运用情况测算走行公里（或运用时间），兼顾机车大修（或新造）后走行公里(或运用时间)和大修前一次中修后走行公里(或运用时间),以及机车主要部件质量状态,在机车大修规程规定的大修周期上、下限之间合理掌握。铁路局集团公司编制的机车大修计划每年分两次报送国铁集团机辆部。

机车大修规程是机车开展大修工作的技术依据,在机车大修合同和局做大修技术文件中必须有明确要求。承修单位按照机车大修合同、局做大修技术文件以及双方约定的相关技术条款开展机车大修。机车大修以承载式车体为基础进行配件互换修,互换的零部件须符合标准化、通用化、系列化的要求。承修单位应真实、完整地填写机车履历簿中的相关数据,保证履历的连贯性和可追溯性。机务段对回段机车的履历应认真查阅,必要时与承修单位联系,保证履历数据完整可靠。

四、机车整备管理

为全面规范机车整备管理,保证机车运用质量,提升机车整备效率,及时为铁路运输提供优质高效的牵引动力保障,国铁集团在2021年印发了《机车整备管理规则》(铁机辆〔2021〕170号)。

整备工作实行国铁集团、铁路局集团公司、机务(机辆)段三级管理。以铁路局集团公司职责为例:铁路局集团公司是机车整备安全、质量、效率管理责任主体,负责贯彻落实国家有关法规、技术标准,执行国铁集团机车整备管理相关要求,结合实际,制定铁路局集团公司机车整备管理细则;明确机车整备与运用、检修业务接口,铁路局集团公司机务部设立机车整备专职管理人员,归口管理本铁路局集团公司机车整备工作,监督指导机务(机辆)段整备管理,协调跨局、跨段机车整备,组织签订跨局整备协议。

铁路局集团公司根据铁路运输需求、机车交路变化、整备生产力布局、作业人员配备、整备设备设施配置、整备场通过能力、机车技术状态、运用环境变化等实际情况,对入段机车实施分级整备。分级整备包括:全面整备、基础整备、报修整备。铁路局集团公司要明确规定配属各型机车的全面整备、基础整备周期。

铁路局集团公司应依据机车整备质量标准和机车运用维护手册等技术资料,结合本单位机车运用、检修情况和机车实际技术状态等,明确各型机车全面整备、基础整备、报修整备作业范围和标准。机务(机辆)段依据机车整备作业内容,结合本单位生产人员及设备设施配置情况,制定机车整备作业指导书。机务(机辆)段应根据各整备作业场(点)机车整备作业流程图,设立整备生产组织机构,根据机车整备工作量情况和生产组织模式,合理安排整备人员,有序开展机车整备作业,不断提升整备劳动生产率。机车整备作业实行记名式管理。机务(机辆)段应按照安全、质量、成本等管理要求建立记录,及时、准确、完整、有效填记并按规定保管,实现记录电子化,理顺作业流程,并纳入机车整备管理信息系统。建立机车整备分析制度,纳入段安委会、质委会管理,定期对机车整备质量、作业流程、生产安全、劳动效率等进行综合分析,针对存在的倾向性及突出问题,制定整改措施。

第三节　机车修程修制及检修指标

一、机车的修程与修制

1. 现行直流传动电力机车修程修制

为适应铁路机车装备技术进步以及机务生产力布局调整等变化,交—直流传动(以下简称直流传动)和液力传动机车修程按照计划预防修的维修制度，分为大修(轻大修)、中修、小修、辅修。

各修程的含义如下：

(1) 大修(轻大修)：机车全面检查修理，恢复机车的基本性能，可同时进行机车或主要部件的技术提升。

(2) 中修：机车主要部件检查修理，恢复其可靠使用的质量状态，是以更换主要部件为主的完善性全面修理。

(3) 小修：机车关键部件和易损、易耗零部件检查修理，有针对性地恢复机车运行可靠性。主要针对制动系统、部分辅机、高压和低压电器、保护装置及机械部件等进行检查和修理。

(4) 辅修：机车例行全面检查，按状态进行必要的修理。

国产直流传动电力机车检修周期见表 1-1。

表 1-1　国产直流传动电力机车检修周期

修　程	走行公里(万公里)	时间周期	备　注
	电力	电力	
辅修	2.5～4 (3～4)	2～3 个月	
小修	8～10 (10～12)	6～9 个月	
中修	40～50 (50～60)	3～4 年	
轻大修	— (100～120)	—	仅快速客运机车施行
大修	160～200 (200～240)	12～16 年	

注：表中走行公里列中括号内的数据为 SS_{7C}、SS_{7D}、SS_{7E}、SS_8、SS_9 型电力机车检修周期；时间周期列内为对应电力机车补机的检修周期。

2. 现行交流传动电力机车修程修制

为降低机车全寿命周期费用，提高机车运用效率，在坚持“以可靠性为中心的维修”理论、总结分析机车运用检修数据、调研对比国外机车修程修制的基础上，结合我国当前装备制造工业水平和机车运用检修实际情况，基于计划预防修的维修制度，和谐型交流传动机车在修程修制上设置 C1、C2、C3、C4、C5、C6 修 6 个等级，其中 C1～C4 修为段级修程，C5、C6 修为高等级修程。修程不同，其技术要求也不相同。各修程的含义如下：

(1) C6 修：又称返厂修，机车返厂进行全面分解检修，全面性能参数测试，恢复基本性能，可同时进行机车或主要部件的技术提升。

(2) C5 修：机车主要部件分解检修，性能参数测试，恢复机车可靠质量状态。

(3) C4 修：机车主要部件检查，性能参数测试，修复不良状态部件，恢复机车可靠质量状态。

(4) C3 修、C2 修：机车关键部件重点检查维修，有针对性地恢复机车运行可靠性。

(5) C1 修：机车例行检查和保养，利用机车自检系统进行故障诊断，按状态修理。

交流传动电力机车检修周期见表 1-2。

表 1-2　交流传动电力机车检修周期

维修级别	和谐型客运机车	和谐型干线货运机车
C1	7×(1±10%)万公里，不超过 3 个月	电力机车：每 3 个月或走行公里 7×(1±10%)万公里检修一次
C2	13×(1±10%)万公里，不超过 6 个月	
C3	25×(1±10%)万公里，不超过 1 年	
C4	(45～60)万公里，不超过 3 年	
C5	(100～120)万公里，不超过 6 年	电力机车：(100～120)万公里，不超过 6 年
C6	(200～240)万公里，不超过 12 年	电力机车：(200～240)万公里，不超过 12 年

注：铁路局集团公司根据和谐型干线货运机车不同运行条件，结合机车技术状态，细化各部件检修要求，确定每次 C1～C4 修的具体检修范围和标准。

二、机车检修、备用指标及计算方法

1. 机车检修率

机车检修率是检修机车占支配机车的比重。

计算方法：

(1) 机车检修率＝检修机车台日÷支配机车台日×100%

(2) C6 修或大修机车检修率＝C6 修或大修机车台日÷支配机车台日×100%(其他修程类推)

(3) 在段修机车检修率＝在段修机车台日÷支配机车台日×100%

2. 平均修车时间

平均修车时间为各种修程的平均修车时间。

计算方法：

各该修程的总修车时间除以各该修程的修竣台数。计量单位：C6 修或大修、C5 修或轻大修、C4 修或中修为天，四舍五入，各保留 1 位小数。其他修程为小时，四舍五入，各保留 1 位小数。

3. 机车备用率

机车备用率是备用机车占支配机车的比重。

计算方法：

机车备用率＝备用机车台日÷支配机车台日×100%

复习思考题

1. 为什么要对机车进行日常保养和检修？
2. 简述机务段在段修工作上的职责分工。
3. “三按、四化”记名修制度的具体要求有哪些？
4. 简述我国铁路机车现行修程修制。
5. 机车检修指标有哪些？其各自的含义是什么？

第二章

牵引电机的检修

机车牵引动力主要取决于牵引电机的运行状态良好与否。牵引电机在运行中受力非常复杂，主要有电机在启动加速过程中承受各部件的扭力、牵引力，机车通过曲线时作用于走行部和车体的离心力，高速运行产生共振及各滑动部件的摩擦力，因此，机车经过一段时间运用后，不可避免地出现一些损伤。即各零部件会发生不同程度的自然磨损，各紧固螺栓松动发生折损、裂纹、松旷、变形、蚀损或物理化学变化，换向器表面短路，电刷磨损或电刷压簧松动等。若不能及时准确对牵引电机进行保养和检修，就会加速局部故障的扩大或部件损坏，甚至引发事故，造成电机烧损。因此每次出车回段要严格执行机车整备作业要求，发现问题及时报修。

本章以 ZD105A 型、ZD115 型牵引电机为例重点介绍牵引电机的结构组成和检修工艺。

第一节　ZD105A 型牵引电机的检修

一、ZD105A 型牵引电机结构特点

1. 电机外形

ZD105A 型牵引电机外形如图 2-1 所示。

(1) SS_{4G} 型电力机车，每台机车安装 8 台 ZD105A 型牵引电机。每台电机一侧通过滑动抱轴瓦支承在机车的轮对上，另一侧通过吊杆座悬挂在转向架横梁上。

(2) 机车牵引力是由牵引电机产生的，它通过双侧斜齿轮减速装置传送给车轴。

(3) 牵引电机采用强迫通风，由专用通风机提供冷却风。

(4) 牵引电机为六极串极绕组并带有换向绕组和补偿绕组。

(5) 定子和电枢经过无溶剂真空压力浸漆处理。

(6) 换向器升高片与电枢绕组采用氩弧焊接，电枢绕组前后端采用玻璃纤维无纬带绑扎，以保证牵引电机运行可靠性。

(7) 主极绕组与铁芯采用环氧胶浇注成一体化结构，以提高电机可靠性。

图 2-1　ZD105A 型牵引电机

2. 电机结构

(1) 定子、机座

ZD105A 型牵引电机定子由主极铁芯、主极绕组、换向极绕组、补偿绕组组成。主极铁芯及主极绕组如图 2-2 所示,定子机座如图 2-3 所示。

图 2-2　ZD105A 型牵引电机主极铁芯及主极绕组

图 2-3　ZD105A 型牵引电机定子机座

主极绕组分为交叉和开口两种形式。主极绕组、换向极绕组与铁芯采用环氧胶浇注成一体化结构,通过螺栓将主极铁芯和换向极铁芯固定在机座上。补偿绕组上整体嵌放在极靴的平行槽内,绕组之间的连线通过螺栓固定。安装完成后,整体采用真空压力浸漆处理。

(2) 电枢

电枢由换向器、转轴、电枢冲片、电枢绕组、均压线等组成,如图 2-4 所示。

电枢冲片安放在预先热套于电枢转轴的电枢支架上。换向器直接压装于电枢转轴上,电枢绕组为单叠,安装有均压线。电枢绕组端部用玻璃纤维无纬带绑定,均压线、电枢绕组与换向器片是通过氩弧焊接以增加强度,减少接触电阻、提高可靠性。

电枢两侧轴承均采用型号为 4E42330EQTY 滚动轴承。前后端盖上各装有轴承加油管,油管头部装有油杯,以便对电机轴承添加润滑脂。轴承油封结构为迷宫式,端盖筋部开有大气孔通道,以便减少电机内部负压,防止窜油现象。

(3)刷架装置

ZD105A 型牵引电机为 6 极电机,有 6 个电刷,每个刷盒固定在刷杆座上,并通过 2 个绝缘杆固定在刷架圈上,刷架圈通过涨紧装置固定在机座止口上,如图 2-5 所示。每个刷盒放置 3 副电刷,一台电机共计 18 副电刷,电刷牌号为 D374B。检查电刷或更换电刷时必须正确操作涨紧装置才能转动刷架圈,刷架圈和机座的相对位置(中性位)是通过定位装置来实现的。

图 2-4　ZD105A 型牵引电机电枢装配

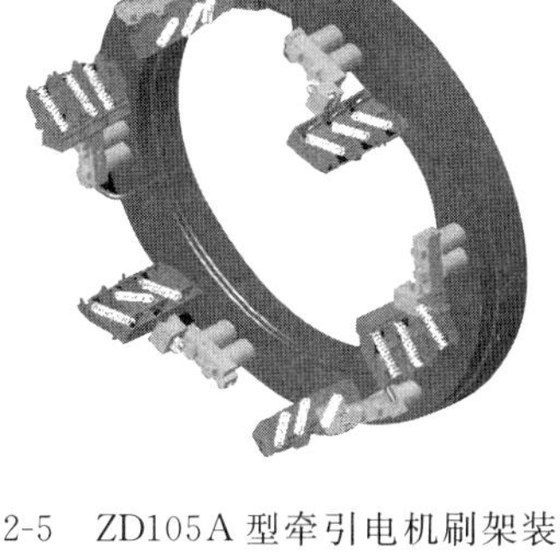

图 2-5　ZD105A 型牵引电机刷架装置

（4）抱轴油箱

抱轴油箱如图2-6所示。抱轴油箱含有左右两个主油箱和一个处于中间位置的副油箱。油箱通过左右各一个抱轴瓦支承在轮对上，提供润滑油的纯毛线安装在集油器上，集油器又固定在油箱底座凸台上，中间的副油箱存放着润滑油。当主油箱的润滑油的油位由于消耗而低于副油箱体的排油口时，因为一部分空气通过排油口进入副油箱内，使副油箱润滑油流入主油箱内，因此在运行中副油箱里的油会不断补充所消耗的油，以维持主油箱的油位恒定。

（5）接线盒

接线盒安放在机座油箱上方左、右两侧，其外形如图2-7所示，引出线固定在绝缘杆上，固定机车引出线的引线夹安装在接线盒外侧，在线夹内侧面以及盒盖的内面，粘贴有密封垫以防止灰尘进入接线盒。

图2-6　ZD105A型牵引电机抱轴油箱

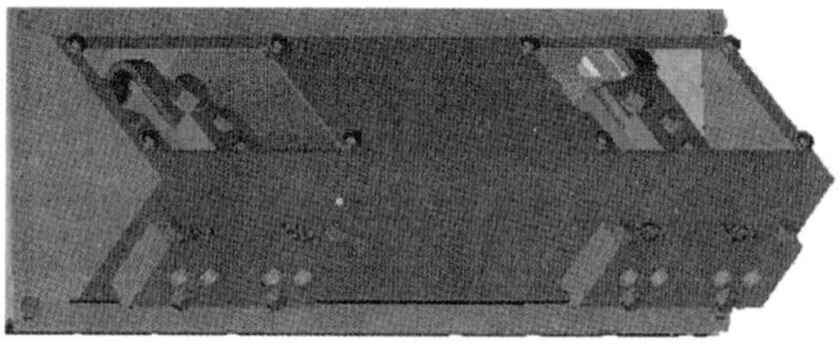

图2-7　ZD105A型牵引电机接线盒

二、ZD105A型牵引电机检修基本技术要求

1. 机座、端盖、轴承检修要求

机座无变形及裂纹，无漏油，风道及检查孔盖严密。电机铭牌完好、清晰。每台牵引电机都有一块铭牌，铭牌上标有该电机的型号、主要额定数据及绝缘等级、励磁方式等，ZD105A型牵引电机铭牌样式见表2-1。

表2-1　ZD105A型牵引电机铭牌

电机型号	ZD105A	定额	连续制	小时制	出厂日期	年　月
技术条件	ZD10-000-000-JT	额定功率	800 kW	860 kW	质量	3 970 kg
励磁方式	串励	额定电压	1 020	1 020 V	最大电压	1 183 V
绝缘等级	H/F	额定电流	840 A	910 A	最大电流	1 200 A
出厂序号	×××××	额定转速	960 r/min	940 r/min	最大转速	1 850 r/min
		额定磁场	96%	96%		

接线盒完好，固定可靠，绝缘子及接线夹板清洁，聚四氟乙烯绝缘套无松动、裂损。外接电缆夹板完好，电缆不允许与其他机件有摩擦现象。盖板完整，螺栓齐全、紧固。端盖无变形，不得有裂纹，端盖与机座、端盖轴承室与轴承外围的配合尺寸应符合限度规定。轴承盖、油封环不允许有损坏、变形。端盖通大气孔畅通、不得有油垢。油管、油堵完整，油路畅通，防护网完好，前后端盖将电机两端封闭，并通过轴承支承转子。

轴承滚道及滚子不允许有裂纹、剥离、碾堆、麻面及过热现象。保持架完好，铆钉齐全，不许折损及松动。齿轮箱油不得经由轴承及防护网窜入电机内。更换轴承时，轴承自由状态间隙符合限度规定。

2. 磁极检修要求

铁芯密贴机座，固定可靠。铁芯与机座的端面的垂直度小于 1 mm，主极尖之间距离的相互偏差小于 2 mm，主极尖与换向极之间距离的相互偏差小于 1.5 mm，主极及换向极气隙均须符合限度要求。

绕组清洁，不许有松动及变形，外包绝缘良好。补偿绕组槽楔不许有松动及裂纹。线圈连线及引出线固定可靠，端部端箍完好，绑扎牢固。与机座及引出线孔的距离符合限度规定，软连线不许过热，其断股不得超过原形的 1/20。接线端子平整，搪锡完好，接头不许有过热及断裂现象，对机座的距离符合限度规定。

绕组对地的绝缘电阻值应符合限度规定。对中修电机的磁极绕组必须进行耐压试验及冷态直流电阻测量。定子绕组对地耐压、主极、附加极和补偿绕组均不得低于 4 kV，定子绕组冷态直流电阻在 20 ℃时，主极为 0.066 08×(1±10%)Ω、换向极与补偿绕组为 0.013 944×(1±10%)Ω，并对磁极连线及引出线的连接状态进行检测。现场可用大电流进行检查。通以 1.2 倍的额度电流，10 min 温升不超过 35 ℃，但实际温升不得超过 60 ℃。

磁极线组更换时应保持极性正确。

中修时定子各部进行清洗、烘干和喷漆表面处理。

3. 刷架检修要求

刷握绝缘杆及聚四氟乙烯绝缘套管清洁，不许有裂损、松动及烧痕。刷盒裂纹、烧损或压指支承轴磨耗时允许焊修。修复后的刷盒方孔表面粗糙度 Ra 值应不高于 1.6 μm。两边长的平行度符合限度规定。压指与弹簧不许有断裂或疲劳现象。压指支承轴不许有松晃。刷架圈涨紧及定位装置完好、可靠。相邻刷握电刷中心线在换向器圆周上的距离偏差符合限度要求。刷架连线不许有断裂，绝缘良好，固定可靠。

电刷不许有裂损，刷辫不许有过热及松脱，电刷接触面积缺损及刷辫折损不得超限。电刷长度、电刷与刷盒的间隙、电刷压力符合限度规定。中修时，电刷全部更新。电刷牌号为 D374B 或 DE-7。

测量刷架对地绝缘电阻值(1 000 V 兆欧表不小于 50 MΩ)，并进行工频耐压试验，合格后才可组装。

4. 电枢检修要求

电枢绕组端部及换向器云母环外包绝缘清洁、完好。云母环与换向器片接合部不得有缝隙。平衡块及换向器螺栓无裂损及松弛。

电枢槽楔不许有裂纹、缺损和松动。无纬带完好，不许有松动、剥层、损伤轴向裂纹及放电痕迹，不许有宽度、深度各超过 1 mm 的圆周向裂纹。重新绑扎无纬带时应符合技术要求。

换向器表面光洁，不得有拉伤，换向器直径、径向跳动量、磨耗量、凸片高度不得超限。云母槽内不许有污垢，槽壁无残存云母，下刻深度 1.5～2 mm。倒角(0.3～0.4)mm×45°，表面旋修的粗糙度为 Ra=1.6 μm 级，退刀槽深度及倒角符合限度规定。换向器车削时，表面粗糙度 Ra 应不大于 1.6 μm，退刀槽深度与宽度符合限度规定。

电枢转轴不许有裂纹，其配合面允许有不超过表面积15%的轻微拉伤，油槽处不许有轴拉伤，轴端锥面跳动量不许超限，电枢轴不许焊修。

油封环不许有损伤、变形及松动。轴承内圈工作面不许有剥离、碾堆、裂纹、麻面及过热。轴承内圈安装时加热温度不超过120 ℃。轴承内圈与轴承配合的尺寸公差和接触电阻应符合限度规定。

电枢对地绝缘电阻值符合限度规定。中修电机的电枢应进行清洗、烘干及耐压试验。用TY型绝缘电阻检测仪进行绝缘检测，每500 V测量一次，直至升到6 kV，泄漏电流呈线性增加，不突变、摆动，且不超过80 μA。当不能确切判断绝缘状态时，应以工频交流耐压试验，3 495 V、1 min。用TZ型接触电阻检测仪检测换向器片间电阻，或测量换向器片电压值，其值与平均值之差不大于平均值的5%。

平衡块脱落或窜动、电机出现异常振动（或空转试验中电机振动的双向振幅超限）、重新浸渍及重新绑扎无纬带的电枢均应进行动平衡试验。

第二次中修时电枢须进行清洗、烘干和真空压力浸漆处理。

5. 电机组装要求

电机内外清洁，标记正确、清晰。电机附件齐全、完整，紧固件不得松动，防缓件作用良好。电枢转动灵活，封环不许有摩擦，轴承组装间隙轴向窜动量符合各型电机限度规定。更换电刷时刷架圈应转动灵活，相邻刷握电刷中线在换向器圆周上的距离偏差不大于1 mm。电刷更换完毕刷架圈应涨紧并定位正确可靠。同一电机必须使用同一厂家同牌号的电刷。电刷与换向器的接触面积、刷盒底面与换向器表面距离及平行度符合限度规定。当电枢窜动时，必须保证电刷全部在换向器上。主机气隙、换向极气隙及补偿绕组端部与电枢间的距离符合限度规定。

三、ZD105A型牵引电机检修周期与范围

1. 检修周期

检修分日常检查、辅修、小修和中修。日常检修、辅修、小修是电机在机车上不卸下来进行检修的，即不拆卸检修；中修则必须将电机从机车上卸下来检修，即拆卸检修。

不拆卸检修分为：

(1)日常检查。每次正常出入库。

(2)辅修。机车运行(2.5～4)万公里进行一次。

(3)小修。机车运行(8～10)万公里进行一次。

(4)中修。采用拆卸检修，机车运行(40～50)万公里进行一次。

2. 检修范围

ZD105A型牵引电机检修项目见表2-2。

3. 检修准备

(1)检修用材料及备件

汽油、棉丝、白布（或绸布）、砂布、轴承润滑脂、中性金属洗涤剂、红丹粉、金刚砂、绝缘漆、酒精、电刷、无纬带。

必须根据实际情况选定备用部件和材料数量。

表 2-2　ZD105A 型牵引电机检修项目

检修项目	检修类别			
	日常检查	辅修	小修	中修
1. 牵引电机外观检查				
(1)检查电机出线、固定夹子、线端标志及铭牌	√	√	√	√
(2)检查盖板的安装	√	√	√	√
(3)螺栓的松动、弹簧垫圈				√
(4)灰尘和水的浸入				√
(5)引线和线夹状态、端子接触				√
(6)轴承漏油		√	√	√
2. 电机解体前的检查				
(1)测量各绕组对地绝缘电阻				√
(2)换向器跳动量				√
(3)电枢窜动量				√
(4)通电检查换向状态和轴承运行状态				√
(5)检查电机振动情况				√
3. 电枢				
(1)一般检查				
① 无纬绑扎带；电弧引起的损坏使漆膜变色或裂纹、拉丝				√
② 检查电枢绕组后端部及换向器前端密封状态				√
③ 检查螺栓、槽楔、平衡块紧固状态				√
④ 电枢进行清洗烘干及浸漆处理				√
(2)换向器				
① 测量电枢对地绝缘电阻				√
② 清理铜毛刺、打磨换向器表面				√
③ 直径 540 mm				√
④ 椭圆度				√
⑤ 相邻片凹凸量				√
⑥ 云母槽下刻深度 1.3～1.7 mm				√
⑦ 换向片倒角 0.3H45B				√
⑧ 升高片宽度 17 mm(焊缝除外)				√
⑨ 聚四氟乙烯如损坏较大，则更换				√
⑩换向片间电压降差异大于 5%				√
(3)轴、轴承				
① 轴承挡圈的直径：150n6 $\left(^{+0.052}_{+0.027}\right)$ mm				√
② 轴伸端锥前跳动量				√
③ 轴承的拆卸、清洗、检查和注油				√
④ 轴承内环与轴之间，应取适当的过盈量配合，加热 110～120 ℃，热套于轴上				√
⑤ 轴承径向间隙：0.150～0.180 mm				√
⑥ 对轴进行超声波和磁粉探伤				√
⑦ 检查有无异常声音				√
⑧ 有无漏油				√
⑨ 轴承保持架有无异常磨损，铆钉有无松动				√
⑩轴承有无过热				√
(4)单次中修时电枢进行清洗、烘干；双次中修时，电枢需做清洗、烘干和浸漆处理				√
(5)耐压试验				√
① 新品：4 660 V、1 min(工频)				√
② 维修品：3 495 V、1 min(工频)				√
4. 定子				
(1) 定子清洗、烘干				√
(2) 定子绕组接头部位的状态				√
(3) 定子绕组紧固螺栓有无松动和缺损				√
(4) 定子绕组外部绝缘状态				√
(5) 极间等分度小于 0.5 mm				√
(6) 主极内径 $\phi(670\pm0.5)$ mm				√
(7) 换向极内径 $\phi(680\pm0.5)$ mm		√	√	√
(8) 连接线的绝缘或接头如损坏则更换		√	√	√
(9) 连接线导体截面积缺损				√
(10) 双次中修时需进行整体浸漆				√
(11) 测量线圈冷态直流电阻和对地绝缘电阻				√
(12) 耐压试验				
① 新品：4 660 V、1 min(工频)				√
② 维修品：3 495 V、1 min(工频)				√
5. 刷架装置				
(1)清扫并检查刷盒		√	√	√
(2)弹簧压指压力：(30±3)N		√	√	√
(3)刷盒尺寸				

续上表

检修项目	检修类别			
	日常检查	辅修	小修	中修
① 宽：$22^{+0.085}_{+0.020}$ mm			√	√
② 长：$36^{+0.050}_{+0.016}$ mm			√	√
(4)刷盒底面距换向器表面距离 3^{+1}_{0} mm		√	√	√
(5)电刷高度(含压块)50 mm		√	√	√
(6)电刷表面破碎		√	√	√
(7)电刷刷辫断裂		√	√	√
(8)刷盒底与换向器不平行度小于 0.6 mm	√	√	√	√
(9)测量刷架对地绝缘电阻及对地耐压				√
(10)更新刷架圈连线卡子绝缘及电刷		√	√	√
(11)测量刷盒与电刷的间隙				√
(12)测量刷架等分度				√
6. 端盖				
(1)进行外观检查并清洗				√
(2)检查端盖止口、通大气孔、轴承盖、封环状态				√
7. 接线盒				
开盖检查接线柱、引出线，并紧固固定螺栓	√	√	√	√
8. 组装、试验及其他				
(1)电刷接触面大于 85%		√	√	√
(2)绝缘耐压试验				
① 新品：4 660 r/min				√
② 修理品：3 495 r/min				√
(3)绝缘电阻试验				√
(4)直流电阻测量				√
(5)调整中性位置				√
(6)空载试验，检查异常振动或异音及轴承温升				√
(7)测量轴承装配游隙、电枢轴向窜动量				√
(8)检查换向器表面径跳				√
(9)检查刷架圈转动及定位状态		√	√	√

(2)检修专用维修工具和器具

检修专用维修工具和器具见表 2-3。

表 2-3　检修专用维修工具和器具

序号	工具名称	用途	数量
1	油注入器	用于取小齿轮	1
2	封环拉出器	用于拉出封环	1
3	轴承内套、内封环拉出器	用于拉出轴承内套、内封环	1
4	刷架圈转动专用工具	用于转动刷架圈	1
5	刷架涨紧装置扳手	用于刷架装置的固定	1
6	清槽倒角刀	用于换向器云母槽倒角	1
7	感应加热器	用于轴承外套的装配	1
8	高频脉冲试验机	用于定子、电枢匝间检测	1
9	TZ 型接触电阻检测仪	用于测量片间电阻值	1
10	TY 型绝缘电阻检测仪	用于线圈的绝缘电阻测试	1
11	1 000 V 兆欧表	用于绝缘电阻的测试	1
12	电刷压力测试仪	用于测试电刷压力	1
13	中性位测试仪	用于刷架装置中性的测试	1
14	刷盒校正模及校正杆	用于刷架、刷盒等分度的安装	1
15	电机翻转装置	用于电机 90°翻转	1
16	电机空转试验台	用于电机空转试验	1
17	电机回馈试验台	用于电机负载试验	1
18	电枢翻转工具	用于电枢的平放	1

四、ZD105A 型牵引电机的不拆卸检查

ZD105A 型牵引电机不拆卸检查按图 2-8 所示检查流程进行。

1. 刷盒和电刷的检查(图 2-9)

刷盒和电刷是对电机换向性能有很大影响的部件，为了保证正常的运行，对它们正确的维护是十分重要的。

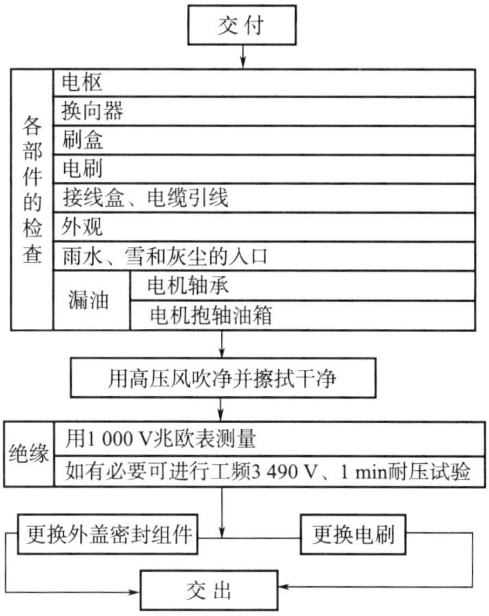

图 2-8　不拆卸检查流程

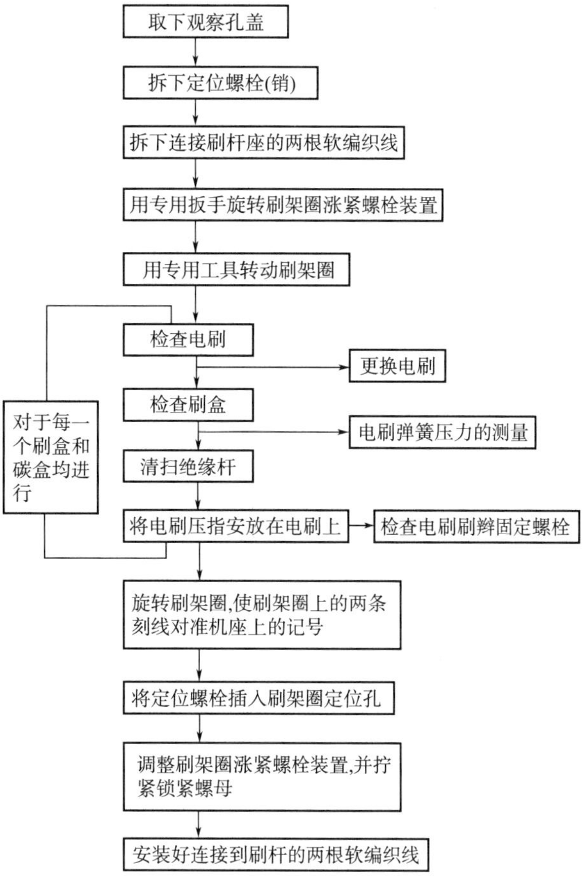

图 2-9　检查刷盒和电刷的流程

电机在运行中，如果外部灰尘或电刷本身磨损的碳粉等进入到刷盒孔内，则电刷容易被卡死，上下活动不灵活，因而会造成电刷与换向器表面接触不良，引起换向不良和经常出现电机闪络和飞弧故障。因此检查刷盒时，要用高压风吹去刷盒内的粉尘，并用干净的白布仔细擦拭。

随着电机的运行，电刷与刷盒壁的摩擦会引起刷盒与电刷之间间隙的增大，使得电刷在牵引电机中逐渐倾斜。间隙越大，则电刷在换向器表面的倾斜程度随之加大，偏心状态就越严重，容易造成换向不良故障，因此，要经常检查刷盒的尺寸以及电刷尺寸。如果刷盒的磨损超过最大磨损限度，则要换新品。

电刷的材料的尺寸以及制造质量对电机换向性能影响很大，如果使用不同材料或牌号的电刷，会特别容易引起换向不良、异常磨耗以及换向器表面的损坏。因此，必须使用图纸规定

的电刷牌号，定点电刷生产厂家，而且同一台电机应安装同一牌号同一厂家生产的电刷，绝不允许混装。

定期检查电刷的尺寸(图 2-10)，以便用至下次检查。

经常检查电刷是否有裂纹，电刷引线不允许断丝或断裂，电刷引线接头部位不得有任何松动、脱落等，电刷不得卡在刷盒孔内，电刷与换向器接触面积应达到 85% 以上。

每个月或每次辅修时进行电刷的检查，测量电刷的高度尺寸，以了解电刷的磨损程度，检查电刷时应注意以下情况：将电刷压指提起，请试着将电刷在刷盒孔内上下移动，以确认其移动顺利无卡死现象。电刷插入刷盒孔后，应轻放电刷压指并注意不要使电刷引线被压指挂住或压着。更换新刷前，要磨合电刷表面，以保证电刷与换向器表面接触良好，电刷磨合方法如图 2-11 所示。磨合电刷时应轻缓进行，以免损伤换向器。电刷磨合后，要用高压风吹去碳粉，拧紧电刷刷辫固定螺栓。

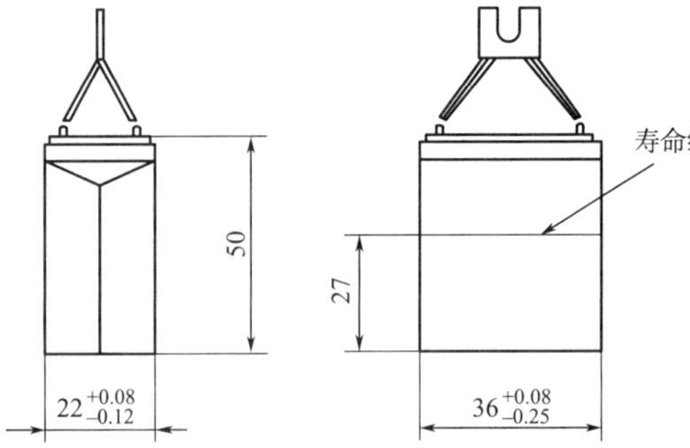

图 2-10　电刷的形状尺寸(单位：mm)

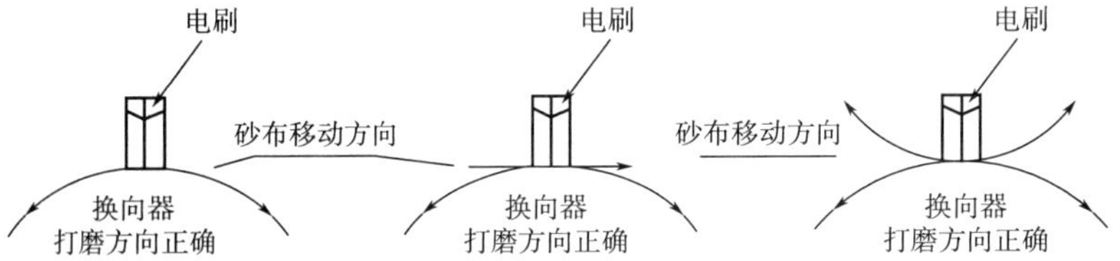

图 2-11　电刷磨合方法示意

更换电刷时，用扳手拆下定位件紧固螺栓 4(图 2-12)，将定位件连同定位螺栓(销)6 一起从刷架圈锁孔中取出。用专用扳手将膨胀螺栓(图 2-13)中锁紧螺母 3 由下往上扳动，使之移动到靠近双螺栓八方头即可。然后，用专用扳手将双头螺栓 2 由上往下扳动，使开口处收拢，此时，刷架圈与机座止口间存在约 1 mm 间隙，这时即可用专用工具转动刷架圈更换电刷。

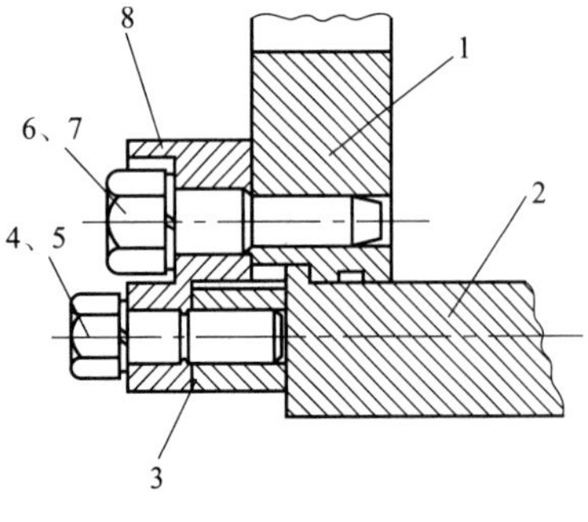

图 2-12　定位件

1—刷架圈；2—机座；3—定位座；4—紧固螺栓；
5—弹性垫圈；6—定位螺栓(销)；
7—弹性垫圈；8—定位板

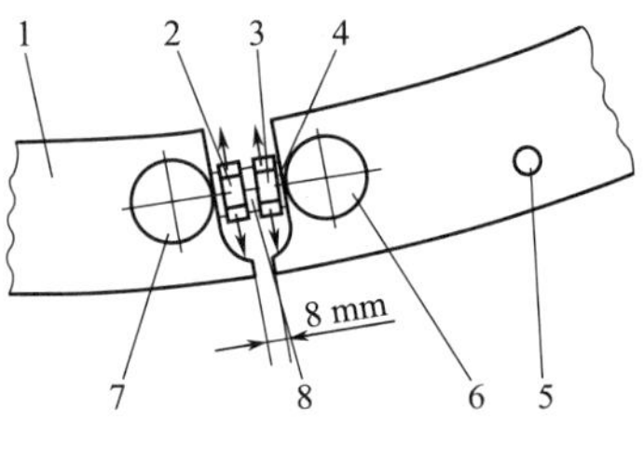

图 2-13　膨胀螺栓

1—刷架圈；2—双头螺杆；3—锁紧螺母；
4—波形弹性垫圈；5—定位孔；
6—ϕ28 mm 轴；7—ϕ30 mm 轴

电刷更换完毕后，务必将刷架圈转回至原中性位置。此时应将刷架圈开口处两侧的白线对准机座上的两条白线，然后将定位板连同定位螺栓（销）6 插入刷架圈定位孔内，用专用扳手卡住双头螺栓，由下往上扳动（右旋）使之涨紧即可。

涨紧之后，用专用工具扳动刷架圈从正反两个方向施力，应无微量的转动，即可确认刷架圈已涨紧，此时可将锁紧螺母由上往下扳动，使波形垫圈压紧于刷架圈侧面，达到锁紧防松状态，此时定位销应能上下自如无卡死现象，最后拧紧固定螺栓 4。

绝缘杆表面的脏污会引起缓慢的短路，因此，对绝缘杆表面聚四氟乙烯套应经常用浸过纯汽油或无水酒精的白布进行擦拭。如果绝缘杆表面因火花的原因而变得粗糙，应用 0 号以下的金刚砂纸或抛光纸进行磨光；如果表面的损坏极其严重以至于无法磨光，或者绝缘杆上发现裂纹、脏物无法清除，则要进行更新。

2. 换向器的检查

换向器是电机关键部件之一，其表面状态直接反映电机的运行状态。一个质量良好的电机其换向器表面首先表现在各种运行工况下，都保持稳定的正圆柱面，圆面必须同心，而且在电刷接触面上必须形成一层均匀光亮的换向器氧化膜，这是电机良好运行的重要条件。换向器表面良好的氧化膜颜色应是淡褐色至亮黑色并反射出光泽。如果颜色从铜色变到深棕色或深褐色，但氧化膜稳定、均匀、光亮而且电刷运行良好，这种情况是属正常，可以不必担心换向器表面的氧化膜颜色。但是，如果换向器表面出现异常，则必须考虑维修换向器。许多牵引电机的故障在尚未造成破坏前，可以根据换向器表面的异常状态早做诊断，找出故障原因和部位，及时进行处理。

3. 电枢轴承的检查

由于电枢轴承是一种重要旋转部件，因此必须保持良好的润滑状态，所以日常维护十分重要。在一般检查中，可检查轴承异常声音、漏油情况等，在中修时要全部更换润滑脂。

轴承运转声音：运行时，要注意电机运转声音，如果发现有异常声音或振动，应立即停止运行，并拆下电机仔细检查；当电机从机车上拆下后，应进行空载运转试验，并检查异常噪声。检查噪声时，将检查杆放置于二端最靠近轴承的轴承盖外侧。

补充润滑脂：在正常运行时，至少应保证 3～6 个月对每个轴承补充油脂量约 120～150 g，各用户可以根据具体运行情况（如漏油程度、运行距离等）制定补油的时间和油量；在中修时应全部更换新油脂；对于长期（半年以上）保管后的备用电机以及发生不可测的自然灾害，作为应急措施而认为需要补充润滑脂时，应补充油脂约 150 g 左右；补充的油脂必须和组装时使用的油脂牌号、厂家一致。

五、ZD105A 型牵引电机的拆卸解体

ZD105A 型牵引电机的解体检修，要求熟悉电机各个部件的各种配合限度规定要求，掌握电机解体和组装顺序，严格按操作规程、检修工艺流程、工序进行。牵引电机的拆卸和组装必须在干净无灰尘的场地进行，应小心接触部件，切勿使其损坏和锈蚀，拆卸流程如图 2-14 所示。如果工作顺序不正确，则不能正确完整地重新组装，在工作中应严格按工件装配要求进行，如：温度、压力等。

1. 牵引电机的拆卸

电机引出线是采用螺栓固定在电机接线盒内的接线座上，首先应拆下接线盒的接线盖，然后取下侧面的接线夹螺栓、接线座上的螺栓及接线板，就可取下引出线。拆卸齿轮箱。拆卸抱轴箱

和悬挂座，先将主（副）油箱的油放完后，取下抱轴油箱固定在机座的螺栓，然后利用油箱4×M24 顶丝螺孔，将油箱顶开机座。在未脱落前，应先把抱轴瓦取下，然后再将油箱从机座上顶开取下。电机用吊钩挂着，将钢丝绳拉直，松开悬挂座固定螺栓，脱开悬挂，将电机与转向架梁脱开，即可吊走电机。牵引电机的清扫将牵引电机从机车上拆卸下后，用压缩空气将内外灰尘吹冷，并擦净油污。

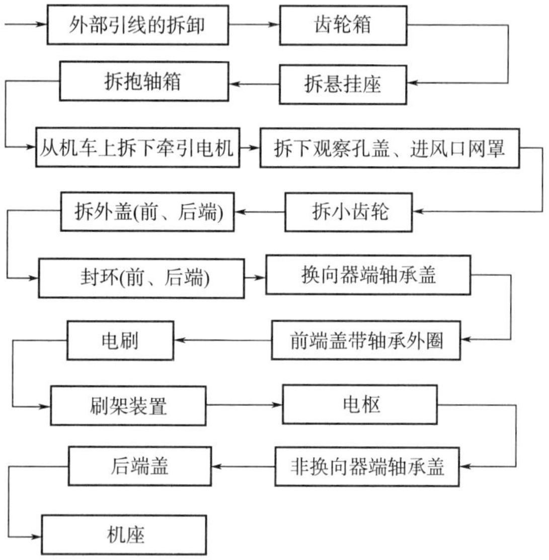

图 2-14　牵引电机拆卸流程

2. 电机解体前的检查

（1）检查电机零部件是否齐全或破损；检查换向器表面是否有烧痕、凹凸、隔片发黑、环火现象等；检查电机有无窜油现象。

（2）用 1 000 V 兆欧表测量主极、换向极、补充绕组对地绝缘电阻值。

（3）将百分表用磁性表座固定在机座上，测量换向器表面圆跳动量。

（4）检查电枢轴向窜动量。

（5）接通低压直流电，使电机转动，检查轴承状态和电机振动状态。

3. 小齿轮的拆卸

在从电枢轴上卸下小齿轮（图 2-15）之前，先将齿轮挡板的 4 个固定螺栓及扣片松开，并保留一个螺栓（不通油槽的螺孔），将齿轮挡板挂住，使挡板与轴头端面保持约 8 mm 的距离，以保证小齿轮急速退出时不会发生危险。由于轴头 4×M20 螺孔是通油槽，因此在此螺孔中用注油器注入适量的油（约 3/4 螺孔长），然后用套筒扳手把 M24 螺栓拧入，压缩油脂，直至拔出小齿轮，也可使用带有螺纹的专用油枪，拔出小齿轮。

拆下上、下观察孔盖及进风口网罩。

4. 前后端封环及盖板的拆卸

电机卧放，取下安装在前后轴承盖上的盖板紧固栓，就可卸下盖板。用专用封环拉出器旋入封环内侧螺纹内（图 2-16），将拉出器顶端的丝杆慢慢地旋入靠近轴端顶针孔位置，注意在顶针孔处应安放紫铜垫以防损坏顶针孔，然后慢慢旋动丝杆手柄，直至拔出封环。

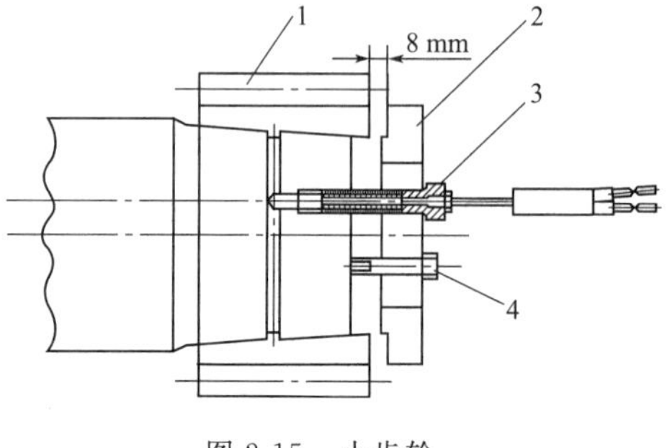

图 2-15　小齿轮

1—小齿轮；2—小齿轮挡板；3—油枪；4—挡板螺栓

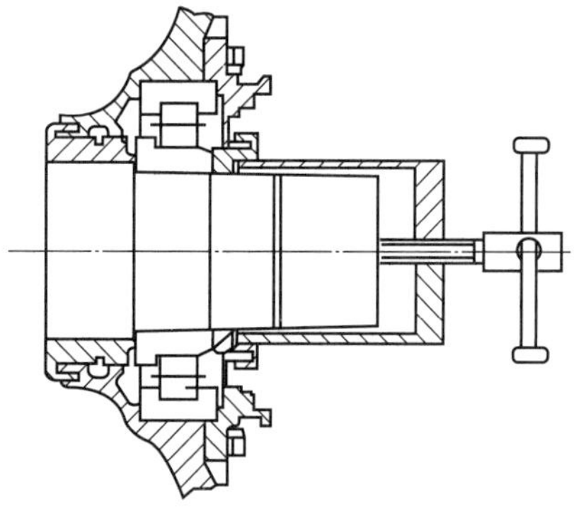
图 2-16　封环

5. 换向器端轴承盖和前端盖的拆卸

将电机安放在电机翻转装置上(不允许将电机随意翻转,防止损坏电机和不安全操作)翻转 90°,使换向器端朝上,用吊车将电机竖放于专用台架上。取下轴承盖固定在前端盖的螺栓,用两根 M12 的吊环拧在轴承盖上,吊开轴承盖,用塞尺测量轴承装配游隙。取下前端在机座上的紧固螺栓,利用前端盖上对称的 4×M16 顶丝螺孔,将前端盖从机座止口中顶出,然后用 2 个 M16 的吊环将前端盖(带轴承外圈)吊走。

6. 电刷和刷架装置的拆卸

松开电刷固定在刷盒上的螺钉,提起弹簧压制,然后将电刷从刷盒中取出。用保护纸板将换向器表面包上,防止换向器表面被碰伤。取下刷圈定位件和使用膨胀螺栓。用 2 个 M12 吊环将刷架装置从机座止口中缓慢、平稳地吊出,吊出时注意不要损伤换向器表面。对刷架圈进行编号。

7. 电枢的拆卸

将电枢吊装工具安装在轴端上,然后慢慢旋转电枢,检查电枢的旋转是否平滑,最后缓慢、平稳地将电枢从定子中吊出。吊出过程中,注意不要损伤电枢和定子任何部位。用电枢翻转工具将吊出的电枢平放在木架上,架子上面应安放着橡皮垫;转子平放时,应有铁芯支撑着,绝不能由线圈、无纬带部分或换向器部分支撑电枢。

8. 非换向器端轴承盖和后端盖的拆卸

将电机安放在电机翻转装置上,翻转 180°使后端朝上,并吊到专用台架上。取下后端轴承盖固定在后端盖的螺栓,用两根 M12 的吊环将前端轴承盖拆开。取下后端盖在机座的紧固螺栓,利用后端盖对称的 4×M16 顶丝螺孔,将后端盖从机座至口顶出,然后用 2 个 M16 吊环将后端盖(带轴承外圈)吊走。

9. 轴承外圈的拆卸

将端盖放在台座上。按图 2-17 所示位置装好拉出板、支板、压板。旋转手柄,将轴承外圈从端盖拆出,也可利用压油机将轴承外环轻轻压下。轴承内环和封环的拆卸用专用拉出器进行。

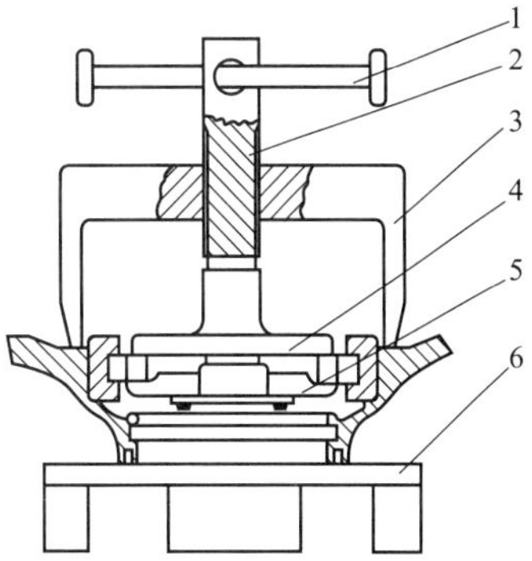

图 2-17　轴承外圈拆卸

1—手柄;2—丝杆;3—支架;4—压板;5—支板;6—底架

六、ZD105 型牵引电机解体后的检查与维护

1. 电枢从定子中拆卸后应进行的检查

检查电枢外观,特别是氩弧焊接处。用干燥压缩空气清除电枢表面及铁芯通风孔内的灰尘,用浸过煤油的抹布将润滑脂等油污擦净。检查电枢绕组表面绝缘有无老化、损伤,槽楔有无松动,电枢端部无纬带绑扎有无裂纹或拉丝现象,否则应进行更换。检查电枢绕组有无匝间短路、短线、接触不良等现象。进行绝缘电阻试验,测量并记录电枢绕组绝缘电阻。

2. 电枢轴承的检查

对于拆卸过的轴承或长时间存放的轴承,在重新组装之前要仔细检查,以确认它们是否可以正常使用。取下内环,目视检查内套的粗糙度、刮伤、碰伤、褪色、生锈等。对于外环边要旋转所有滚柱边检查是否有粗糙部位、刮伤、碰伤、褪色、生锈等。转动滚柱,检查滚柱和保持架的磨耗、铆钉的松动、保持架有无损伤等异常现象。如发现内环或外环有异常,应同时更换两环。必须安装具有相同系列编号的外环和内环。

处理电枢轴承时注意不要混合使用不同规格的轴承润滑脂；滚柱轴承的内环和外环必须配套使用，要确认相互间的编号正确；装配轴承和润滑脂时，必须保持环境和工具的清洁，以防灰尘、水等杂质进入轴承和润滑脂；用手接触清洁轴承时，要用诸如酒精等脱脂剂擦手，以防轴承生锈。长时间存放拆下的轴承时，要用防潮纸或塑料布将其包起来，并放置于阴凉干燥处。存放轴承时，应在轴承上涂抹润滑脂，以防生锈。

3. 换向器的维护

车削换向器表面，换向器表面的切削（光刀）是为了除去粗糙膜，并同时消除表面不平，例如凹凸状或偏心等，然而重新加工换向器表面的必要性取决于各种条件，所以很难无条件加以判断。判断之前必须仔细观察换向器表面状况，如果换向器表面严重发黑或由于产生火花等原因致使换向器表面粗糙、换向器出现偏心、直径不均匀、表面出现凹槽、凹凸等现象，则必须用车削方法重新加工：换向器表面光刀，换向器表面光刀后，换向片之间的槽和换向片的倒角会变小，因此光刀后必须进行下刻和倒角，其要求如图 2-18、图 2-19 所示。换向器表面云母槽下刻，应用专用机床或专用工具手工下刻，对换向器倒角时，要使用各种工具，采用适合的方法，并防止损伤换向片。

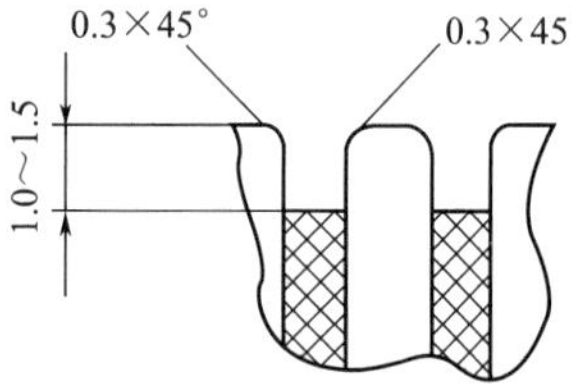

图 2-18　下刻和倒角（单位：mm）

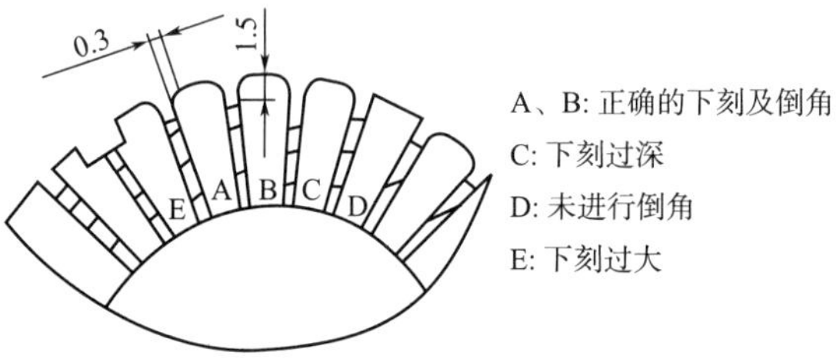

图 2-19　下刻和倒角的几种现象（单位：mm）

4. 主要部件的更换

(1) 电枢转轴的更换

如果电枢转轴出现损坏（如轴伸刮伤无法修复、磨耗或弯曲等），则应遵照下列步骤进行更换。

① 清扫电枢，按项目进行电枢维护检查。

② 拆卸轴承内环和封环。

③ 用油压机将电枢轴压出。

④ 压入新电枢轴。

更换电枢轴后要测量换轴后的转子每部件尺寸，确认在铁芯、线圈、无纬带和换向器表面均无异常。将电枢放置在机床上，以电枢轴二端轴承挡为基准，测量电枢铁芯外径和换向器表面的偏心。校正换向器表面的偏心。对于换轴后的电枢，应进行绝缘耐压试验和动平衡的试验，以确认无异常。

(2) 电枢绕组的更换

当电枢绕组出现异常和不良情况需要换线圈时，按下列顺序进行。

① 为了保护换向器表面维修时不受损伤，用层压纸板和无纬带将其缠住。

② 将电枢清扫干净。

③ 切断电枢二端无纬扎带并取出无纬带。

④ 车削电枢绕组和换向器升高片氩弧焊焊接面约 1～1.5 mm 深，如图 2-20 所示，以便从

换向器升高片上拆下线圈。

⑤ 将电枢放进烘箱进行加热，加温至130 ℃，时间8 h。

⑥ 电枢从烘箱中取出，用专用工具打出槽楔并迅速将电枢绕组从铁芯槽中拔出。

⑦ 清扫铁芯槽、内部。

⑧ 检查电枢支架及升高片云母板的绝缘情况，如有更换必要则进行更换。

⑨ 将新的电枢绕组嵌进所要更换的铁芯槽中及相应升高片槽内。

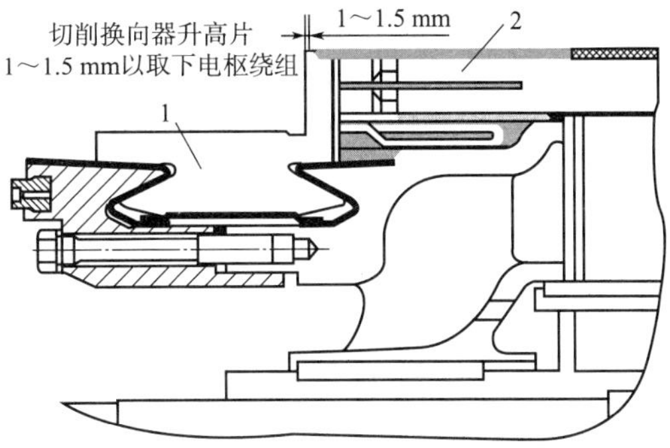

图 2-20　换向器升高片端面的车削

1—换向器；2—电枢绕组

⑩ 电枢槽楔用专用工具打入槽内。

⑪ 切削更换的线圈在升高片多余的引线头。

⑫ 换向器升高片端面与电枢绕组进行氩弧焊接。

⑬ 对电枢进行真空压力浸漆。

⑭ 对电枢进行干燥烘焙。

⑮ 对电枢二端进行无纬带绑扎。

⑯ 对电枢进行动平衡试验。

⑰ 拆下换向器表面保护纸。

⑱ 修理校正换向器表面。

(3) 主极、换向极绕组及其更换

主极、换向极绕组和铁芯之间是采用环氧浇注一体化结构，而线圈间的连线是通过螺栓固定的，因此在拆卸修理时要注意：检查各部件外观、线圈连接状态、绝缘包扎情况。除要更换、修理线圈外，不必要将主极、换向器从机座拆卸下来，如果要拆卸则要注意极与机座间的垫板记号，以便重装配时对号入座。由于主极、换向极与铁芯为一体化结构，因此拆卸时要十分小心。

当主极、换向极绕组出现异常和不良情况需要更换时，按以下步骤进行。

① 铲除线圈连线接头包扎的绝缘，取下连接螺栓。

② 取下主极、换向极固定在机座上的螺栓，将主极、换向极从机座上卸下。

③ 清扫机座内表面。

④ 将新的已安装在铁芯的主极、换向极绕组配有原来的垫片，更新弹簧垫圈并用螺栓固定在机座上。

⑤ 重新用螺栓和新弹簧垫圈紧固线圈的连线并重新包扎绝缘。装好连线与机座的固定卡。

⑥ 重新进行整体真空压力浸漆处理。

(4)消耗品的更换

更换诸如密封垫(用于接线盒和观察孔盖等)和电刷、轴头齿轮止动垫片等，将磨耗无法使用的加以更换。特别是用过的弹簧垫圈不能继续使用时应事先更换。

5. 牵引电机的重新装配

将拆卸的步骤反过来实施，会使重新装配较为容易，在重新组装之前，准备好所需的所有部件和工具。重新装配前用高压风清扫所有的部件。

(1) 电枢轴承的准备

① 重新装配电枢轴承：轴承清洗后，利用电烘箱的加热装置重新装配轴承。在装配过程

中要充分注意防止灰尘等杂质进入，同时，请勿过度敲打和挤压，轴承润滑脂用量如图 2-21 所示。

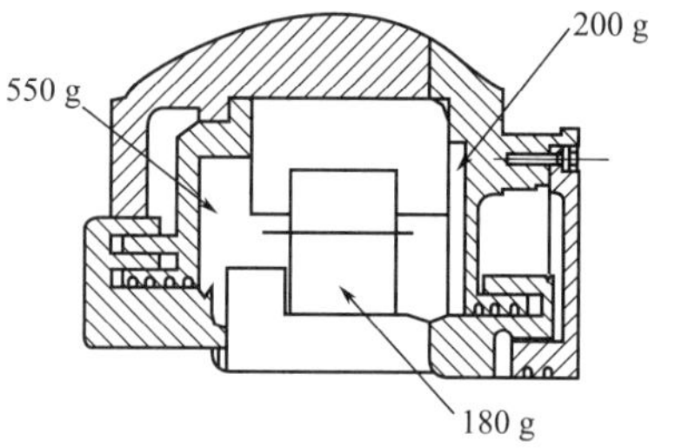

图 2-21　润滑脂的使用量

② 装配轴承内环：仔细擦拭电枢轴承挡部位，将轴承内封环用感应加热器、轴承内环用电烘箱均匀加热至 110～120 ℃（也可用定温电热油槽进行加热），然后热套至电枢轴上规定的位置（轴承内环打有字码的一面应朝外），并用手加压直至冷却，使轴承内封环紧靠轴肩部。轴承内环紧靠内封环，不允许有间隙，各部件涂上少许油脂以防生锈。

③ 装配轴承外环：将端盖轴承擦拭干净，用感应器加热端盖轴承室，控制温度为 120 ℃左右，然后先将内轴承盖压入轴承室内，再将轴承外套压入轴承室，并使内轴承盖止口靠紧轴承室底部，轴承外环紧靠内轴承盖。重新装配轴承外环之前，在端盖润滑脂储油室和轴承外封注入新的润滑脂，以便后来重新组装。轴承本身滚柱之间间隙也应填满润滑脂。安装轴承外环时绝不能使用锤子敲击，否则会损坏轴承。

（2）换向器的准备

对换向器进行检查后，用保护纸板将换向器表面包好，并做好重新装配的准备。

（3）重新装配

按照图 2-22 步骤进行装配。

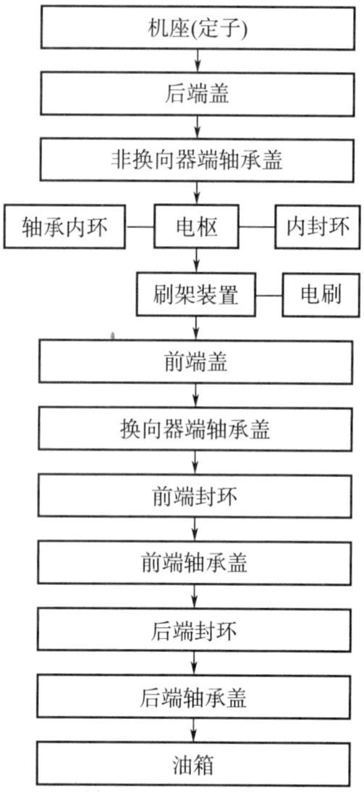

图 2-22　重新装配流程

① 刷盒的安装：刷杆座安装在两个绝缘杆上，然后刷盒通过两个方头螺栓固定在刷杆座上，刷盒可以上下、左右移动。

② 后端盖的重新安装：把已装好滚柱轴承外环的后端装在机座换向器端，然后安装后轴承盖，并拧紧固定螺栓。

③ 电枢重新装配：用电枢翻转装置将已装好后端盖的机座翻转，使换向器端朝上，并安放于专用台架上；将电枢吊起使换向器端朝上；将电枢缓慢吊入机座，注意不允许碰伤机座内任何部件；当转轴插入电枢轴承时，应一边旋转一边缓慢插入，不允许碰伤轴承保持架。

④ 安装刷架装置：将装配好的刷握和两个绝缘杆用两个 M20 螺母固定在刷架圈上，并用刷架等分校正模校正刷盒等分度。将换向器表面用保护纸板包着；将刷架装置用吊具吊稳，然后慢慢安放在前端机座止口处。注意刷盒不要碰击换向器表面。电刷放入刷盒孔内，并将刷辫固定在刷杆座上。

⑤ 前端盖重新装配：将已装配轴承外环的前端盖用吊具吊起并安装于机座的前端，用螺栓将端盖固定于机座上，然后将装配好的前轴承盖安装在端盖上。确认无异常后，就边拧紧端盖螺栓，边旋转电枢，如果电枢的装配正确，电枢则能顺利旋转，否则需重新均匀地拧紧端盖紧固螺栓。

⑥ 重新装配封环和外盖：将电机翻转 90°，使之平卧于架子上，用塞尺测量两端轴承装配游隙应在 0.07～0.16 mm 范围内。用感应加热器均匀加热封环（两端），然后热套在电机轴上靠紧轴承内环。轴承外盖（两端）用固定螺栓安装在轴承盖上。测量电机轴向窜动量应在 5.76～8.74 mm 范围内。

6. 牵引电机的试验

（1）刷架装置中性位的调整

在更换刷盒用绝缘杆或改变刷架装置与机座的原配情况下应对刷架中性位重新调整，其方法如下：

① 将电机进行高速空转，使电刷与换向器接触面达85%以上。

② 主极绕组通入40～60 A的电流，交替开断和接触，调整刷架圈位置，测量其相邻两刷间感应电势应小于5 V，即确定为刷架的中性位。

③ 在下观察孔盖处，将已装配好的定位装置的销插入刷架圈的销孔中，然后将定位座焊于机座止口的内端面。

④ 在保持端电压、励磁电流和电枢电流相同的情况下将电机正转和反转。根据正反两个方向的转速差调整刷架位置，向转速高的方向移动刷架圈，直至正反转速的转差小于1%平均转速，电刷所在位置即为中性位。

（2）绝缘试验

绝缘电阻试验：绝缘电阻用1 000 V兆欧表测定，当该值低于1 MΩ时，则可判定为不符合运行条件。如果绝缘电阻值很低，则必须调查清楚，由于电刷装置周围以及换向器表面的碳粉会降低表面绝缘电阻，因此对清扫的部件必须最后检查其绝缘电阻，如果绝缘电阻降低是因为吸收湿气，则必须进行干燥烘焙。

绝缘耐压试验：经过绝缘耐压试验的电机才可连续进行相当时间的安全运行而不会发生电气击穿，试验电压必须由试验变压器提供。施加于旧线圈的试验电压为新线圈电压的75%。

（3）极性试验

在主极或连线被更换后，必须进行极性试验，N极和S极必须按规定的顺序交替安装，检查极性时，按照连接将合适的直流电源施加于线圈，能吸引磁针S极的磁极为N极，能吸引磁针N极的磁极为S极。

（4）换向片电压试验

如图2-23所示，在换向片间距中，如15～20片，施加直流电流10～30 A于电枢绕组上，用直流毫伏表(50 mV)测定换向片的电压，换向片的电压变化必须小于平均值的5%，如果电压出现很大变化，则意味换向片的接头松动或者线圈中有短路，必须仔细寻找原因并处理好故障。

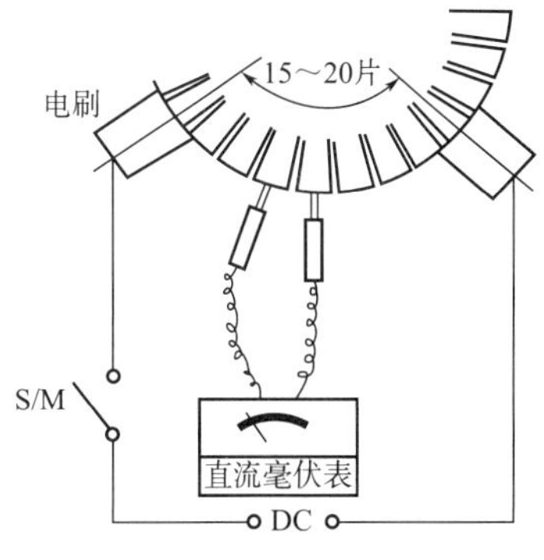

图2-23　换向片电压降试验示意

注意：在进行换向片电压降试验时，必须特别注意试验电流不能由接触换向器的电极直接进行开断，这是因为如果用电极进行开断，则换向片因为火花而损失，因此应用闸刀开关进行电流的开和关。

（5）空载试验

电机在无负荷情况下通入直流电源，使电机转速达1 850 r/min，正反运转各30 min，检查轴承、换向器、电刷有无异常振动、噪声，轴承的温升应不大于35 ℃，同时检查电刷与换向器接触面应大于85%以上。

（6）绕组在实际冷态下直流电阻的测定

测量时，数据应和电机设计值之差不超过10%，与10台电机实测电阻平均值不超过4%。

(7) 直流小时温升试验

两台同类电机一台作被试机，另一台作陪试机，试验线路为反馈试验线路，在1 020 V、840 V、960 V的工况下从冷态开始运行 1 h 后测定各绕组温升应不超过表 2-4 的规定。

表 2-4 绕组温升表

测量部位	允许温升(℃)	
	被试机	陪试机
主极绕组	173	171
换向极＋补偿	164	160
电枢绕组	133	130

(8) 速率特性试验

电机在电压 1 020 V 分别在削弱磁场和工况下测定速率，其要求应符合表 2-5 的要求。

表 2-5 速率特性表

磁场削弱系数及电压	$\beta=96\%$，$U=1\ 020$ V			
电极电流(A)	1 080	840	800	420
速度范围(r/min)	879×(1±3%)	955×(1±3.15%)	1 088×(1±3.52%)	1 285×(1±3.45%)
磁场削弱系数及电压	$\beta=45\%$，$U=1\ 020$ V			
电枢电流(A)	1 200	1 080	840	770
速度范围(r/min)	1 106	1 159×(1±5%)	1 335×(1±6.55%)	1 417×(1±7%)

(9) 直流换向试验

电机应在热态下进行换向试验，其要求应符合表 2-6 的要求。

表 2-6 换向试验表

电压(V)	电流(A)	转速(r/ min)	磁场削弱系数	允许火花系数
1 180	1 200	—	45%	1½
1 180	—	1 850	45%	1¼
1 180	840	—	45%	1¼

7. 常见故障及修理

表 2-7 为 ZD105A 型牵引电机容易发生的故障原因及处理方法。

表 2-7 常见故障表

故障现象	故障部位	可能的原因	检查和修理
换向不良	电刷	1. 牌号或形状尺寸	1. 检查是否使用不同牌号的电刷，检查电刷弹簧压指压力，如异常应按规定调整
		2. 磨损、破损大	2. 检查电刷与碳盒之间间隙，超过规定值时应更换
		3. 颤动	3. 除去换向器表面的氧化层或更换电刷
		4. 电刷卡死	4. 除去灰尘，检查电刷与碳盒的间隙
		5. 铜疵、斑点	5. 铜粉粘至换向器表面形成不均匀氧化膜时，应更换电刷
		6. 有油或水	6. 突发性不均匀的氧化层并异常磨耗
		7. 电刷电流不平衡	7. 应检查电刷刷辫颜色的变化、换向器表面的条纹以及电刷的接触状况
		8. 电刷磨耗到限	8. 因弹簧压指不到，使电刷悬起，引起火花和损坏，应更换新电刷
	刷盒	1. 刷盒内壁磨耗	1. 刷盒间隙过大影响滑动性能，测定尺寸并换新
		2. 装配不良	2. 应检查并调整偏斜、等分度和间隙
		3. 弹簧压指压力不合适	3. 检查压力，更换拉伸弹簧

续上表

故障现象	故障部位	可能的原因	检查和修理
换向不良	换向器	1. 凸片、凹片、变形、椭圆度	1. 电刷的变色、不均匀氧化层、磨耗等引起环火和闪络，用车床精光换向器表面
		2. 表面偏斜、磨耗和粗糙	2. 磨耗或擦伤，用车床精光换向器表面
		3. 不良倒角和不良下刻	3. 重新倒角、下刻
		4. 片之间的灰尘和异物引起片间短路	4. 检查和清扫
		5. 温升过高	5. 在异常高温下容易变色，检查通风、负载并调整
		6. 工作面拉伤或积压过多的碳粉	6. 重新打磨工作面或精车表面，清除干净积压碳粉
		7. 振动	7. 检查轴承的径向间隙、轴向窜动量、电枢的不平衡度，转向架的振动，必要时根据维护数据调整异常
	其他部件	1. 升高片接触不良、电枢绕组层间短路	1. 换向器表面可能变色(如黑色)，应调整修理
		2. 灰尘、雨水侵入	2. 换向器表面变粗糙，应加工换向器，采取措施防止灰尘、雨水的侵入
		3. 车轮打滑或空转	3. 撒砂，检查防空转装置
		4. 过电压、过电流	4. 检查保护继电器
		5. 引线接线错误	5. 检查引线的接法是否正确
		6. 换向极或补偿绕组短路	6. 检查换向极或补偿绕组是否短路，如短路则更换
过热	轴承	1. 损伤、擦伤、锈蚀	1. 更换新品
		2. 润滑油脂变质或数量不适合	2. 再注入新油脂，或加入适量的油脂
		3. 轴承安装、装配或间隙不合适	3. 检查安装并加以调整，检查油隙并调整好
	线圈	层间绝缘短路、击穿	找出故障部件并加以修理
其他故障	线圈、换向器等	线圈、换向器、引线内连接线、刷盒等绝缘击穿	用兆欧表进行系统的检查，用直流的规则变化去找故障部件，根据绝缘情况修理损坏的部件
漏油	电枢轴承润滑油	润滑油的数量不适当	检查润滑油量
齿轮箱窜油	排油孔、通大气孔	油路堵塞	检查轴承外盖与轴配合间隙、排油孔、端盖通大气孔，如有堵塞应清除

第二节　ZD115型牵引电机的检修

一、ZD115型牵引电机结构特点

每台SS_9型电力机车安装6台ZD115型6极串励脉流牵引电机，固定磁场分路87%、最深磁场削弱49%。ZD115型牵引电机采用刚性架承式悬挂，一端悬挂在转向架的构架上，另一端则固定在轮对的空心轴套上。机座采用全叠片无机壳机座。

ZD115型牵引电机主要由定子、电枢、电刷装置等部分组成。图2-24所示为ZD115型牵引电机纵剖面图，图2-25所示为ZD115型牵引电机的横剖面图；ZD115型牵引电机外形如图2-26所示。

1. 定子

定子的作用是产生磁场并从机械上支撑整个电极，它的主要零部件有机座、主极、换向极、补偿绕组、端盖和轴承等。如图2-27所示，ZD115型牵引电机定子均采用全叠片无机壳机座，机座又是各磁极的导磁磁轭。机座的主要导磁部分为钢片叠片组,叠片由 1 mm 厚的冷轧钢板冲制成 12 边形,并带有主极铁芯及补偿槽。在叠制后的定子两端放置铸钢前后压圈。两压圈通过 18 条螺栓紧固,并用 12 根筋板将两压圈焊接成一个整体。

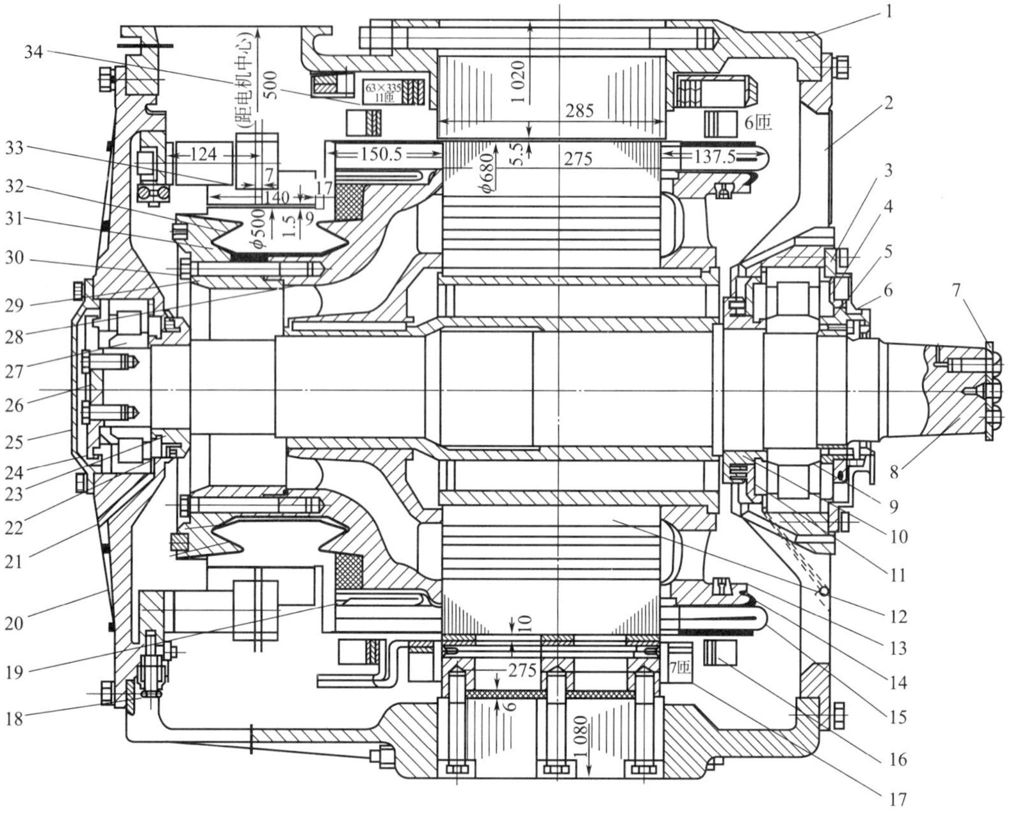

图 2-24　ZD115 型牵引电机纵剖面(单位:mm)

1—机座;2—后端盖;3—后轴承盖;4、24—挡环;5、10、23—油封;6—挡圈;7、26—轴端挡板;8—转轴;9、27—轴承;11—内轴承盖;12—电枢铁芯;13—电枢后支架;14—后支架绝缘;15—电枢绕组;16—补偿绕组;17—换向极绕组;18—定位锁销;19—均压线;20—前端盖;21—油杯;22—内轴承盖;25—前端轴承盖;28—换向器套筒;29—换向器压圈;30—换向器螺栓;31—云母套筒;32—云母环;33—刷架;34—主极绕组

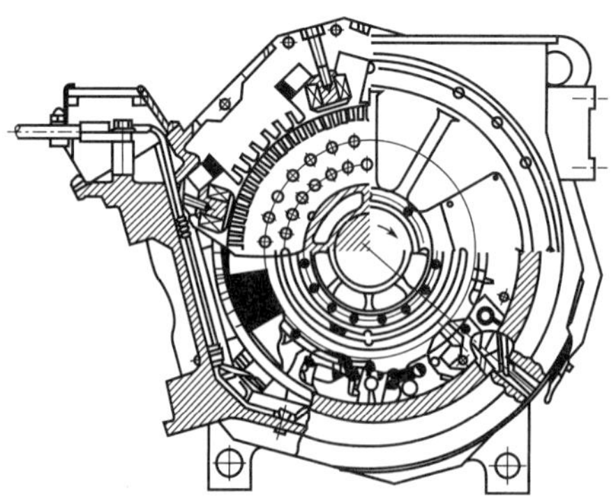

图 2-25　ZD115 型牵引电机横剖面

图 2-26　ZD115 型牵引电机

2. 电枢

ZD105A、ZD115 型牵引电机电枢结构基本相同。电枢是用来产生感应电势和电磁转矩

以实现能量转换的主要部件，如图 2-28 所示。电枢由电枢支架、电枢铁芯、换向器、电枢绕组和均压线及转轴等组成。电枢绕组通过换向器和电刷装置与外部电路连接。

图 2-27　ZD115 型牵引电机定子装配

图 2-28　电枢

3. 换向器

换向器是直流电机的重要部件，它在高速旋转时的机械稳定性以及其表面氧化膜的状态对电机换向性能影响很大。

4. 刷架装置

刷架装置由刷架圈、刷握装置、锁紧装置、定位装置以及连线组成。通过电刷装置可使电流输入电枢或从电枢输出、实现电流换向。ZD115 型牵引电机电刷装置如图 2-29 所示，其结构与 ZD105A 型牵引电机相同，均为 6 极电刷，有 6 个刷握，每个刷盒固定在刷杆座上，并通过 2 个绝缘杆固定在刷架圈上，刷架圈通过涨紧装置固定在机座止口上。每个刷盒(图 2-30)放置 3 副电刷，一台电机共计 18 副电刷。检查电刷或更换电刷时必须正确操作涨紧装置才能转动刷架圈，刷架圈和机座的相对位置(中心位)是通过定位装置来实现的。

图 2-29　刷架装置

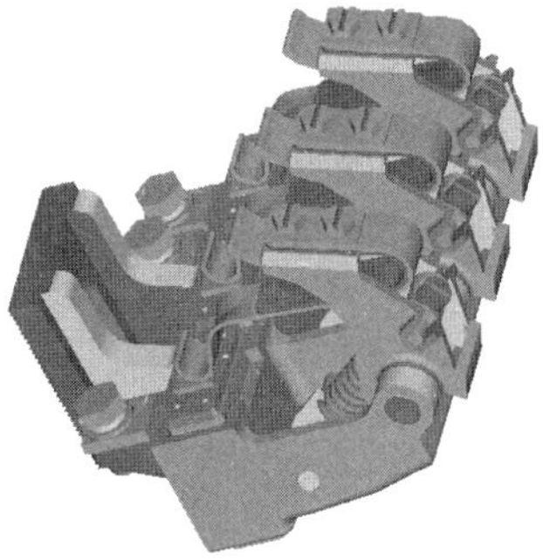

图 2-30　刷盒

二、ZD115 型牵引电机拆卸流程

ZD115 型牵引电机的拆卸和重新组装必须在干净无灰尘的地方进行，必须小心接触部件，勿使其损坏和生锈。拆卸流程如图 2-31 所示。

1. 外部引线的拆卸

外部引线通过螺栓连接至牵引电机接线盒的接线端上。从机车上落下电机之前，先拆下接线盒盖板，取下上下引线夹上的螺栓，然后松动接线座的上紧固接线板的螺栓，取下外部引线。

2. 牵引杆固定横梁的拆卸

机车牵引杆通过一根横梁架搁在电机的一对底脚上。从转向架上落下牵引电机之前，应将横梁上 4 个与电机固定的螺栓松开，卸下横梁，使电机与横梁脱开。

3. 齿轮箱的拆卸

松开齿轮箱上箱与电机连接的螺栓，用工艺螺栓顶开齿轮箱上下箱合口面，吊下齿轮箱上箱，用钢丝绳吊住下箱，松开下箱的连接螺栓，把下箱落下。

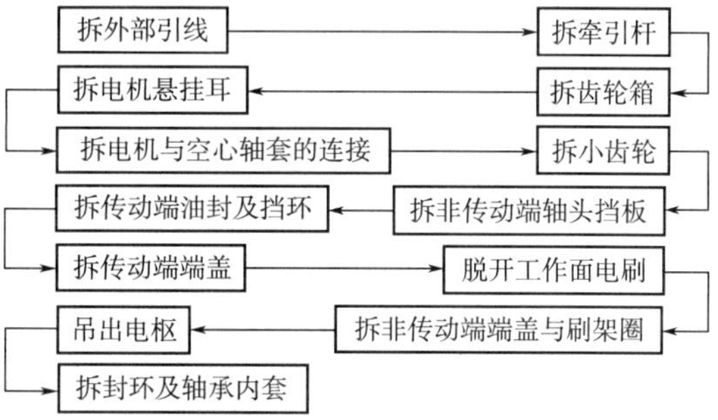

图 2-31　牵引电机拆卸流程

4. 电机悬挂耳的拆卸

用吊钩挂住电机，将钢丝绳拉直，但不要用力过度，松开前后端的悬挂螺栓，脱开悬挂，将电机与转向架梁脱开。

5. 电机与轮对空心轴套的分离

将电机轻轻旋转一个适当的角度，松开空心轴套与电机结合面的 8 个固定螺栓，然后，用工艺螺栓拧入空心轴套的工艺螺孔，不断拧紧螺栓，直至电机与空心轴脱开，再将电机吊出。

6. 小齿轮的拆卸

在拆下小齿轮之前，先将轴头挡板的 4 个固定螺栓及扣片松开，并保留一个螺栓将轴头挡板挂住，使轴头挡板与轴端保持约 8 mm 的距离，以防止小齿轮急速退出时发生危险，然后，用油枪嘴对准轴头注油孔并拧紧，不断加入油脂直到小齿轮退出。

7. 非传动端轴头挡板的拆卸

松开非传动端轴承盖上螺栓，用工艺螺栓将非传动端轴承盖顶出，然后，松开轴端挡板上的螺栓及扣片，将轴端挡板及轴承挡圈一并拿出，再将轴承盖装好，拧紧螺栓。

8. 传动端油封及挡环的拆卸

将电机放在电机翻转装置上(不允许将电机随意翻转)旋转 90°后，非传动端朝下，平放在专用的台架上，然后松开传动端轴承盖上的螺栓，用工艺螺栓将传动端轴承盖顶出。卸下油封上的螺栓及扣片，将油封及传动端挡环拿出。

9. 传动端端盖的拆卸

将传动端端盖上的螺栓全部松开，用 4 个工艺螺栓在端盖的圆周上均匀地拧紧，将传动端端盖均匀地顶出止口面，然后，用吊环将端盖吊走。

10. 脱开换向器工作面电刷

打开检查孔盖及进风孔网盖，在检查孔及进风孔处，通过转动刷架圈，将压指提起，并将电刷抽出。

11. 非传动端端盖与刷架圈的拆卸

(1) 将定子吊入电机翻转装置上进行翻转，使非传动端朝上，传动端朝下，再吊放在专用台架上。

(2) 在检查孔处用扳手卸下刷架圈定位装置。

(3) 放下所有的压指，并确认所有的电刷都在机座的止口圆周以内。

(4) 松开非传动端端盖上的所有固定螺栓，用 4 个工艺螺栓均匀对称地拧紧，直至端盖被顶出机座的止口面，再将端盖连同刷架装置一起吊出并放置在专门台架上。

(5) 用专门的吊具将非传动端端盖及刷架装置吊起，翻转 180°后放置在专门的台架上。

(6) 松开固定刷架圈用的导向板上的螺栓及扣片，将导向板取出，再将刷架圈吊开。

12. 吊出电枢

将电枢专用吊具安装在电枢的轴端上，将电枢缓慢平稳地吊出。注意千万不要损伤电枢的任何部位。

13. 封环及轴承内套的拆卸

用中频感应加热器的线圈套在封环或内套上进行感应加热，直至封环或内套产生松动时，再将封环或内套取下。注意内套不可以加温过高，以 120 ℃左右为宜，温度过高会损坏轴承。

三、ZD115 型牵引电机检修范围

ZD115 型牵引电机检修项目见表 2-8。

表 2-8　ZD115 型牵引电机检修项目

序号	检修项目	检修类别				序号	检修项目	检修类别			
		辅修	小修	中修	大修			辅修	小修	中修	大修
1	外观检查	√	√	√	√	7	接线盒检查			√	√
2	电刷检查	√	√	√	√	8	电枢检查			√	√
3	轴承检查		√	√	√	9	定子检查			√	√
4	绝缘电阻检查		√	√	√	10	刷架检查			√	√
5	换向器检查	√	√	√	√	11	机械检查			√	√
6	刷握检查	√	√	√	√	12	试验检查			√	√

四、ZD115 型牵引电机检修工艺

1. 机车辅修项目

(1) 外观检查

检查各紧固件是否松动，如松动则紧固好；油堵是否完好；观察孔盖是否安装牢固，如不牢固则检查完各项目后，须作出相应处理，然后安装好。

(2) 电刷检查

检查电刷磨耗情况，如磨耗过限或同一刷盒内两块电刷高度相差超过 5 mm，则予以更换；电刷有脱落碎块应予以更换；检查电刷辫子线是否与电刷连接牢固，如有松动或磨损则更换相应电刷。

(3) 刷握检查

检查电刷在刷盒孔中是否能够灵活窜动，否则应用砂纸打磨刷盒孔的毛边；检查刷盒下边至换向器表面距离，如不合要求则应作相应调整，检查绝缘杆，如表面有油污则应清理干净。

(4) 换向器工作面检查

检查换向器工作面及云母沟槽内是否有碳粉，如有则应清除干净。

2. 机车小修项目

(1) 轴承检查

检查轴承是否有漏油、窜油现象，如不正常，应作相应处理并适当补充油脂。

(2) 绝缘电阻检查

用 1 000 V 兆欧表检查整机对地绝缘电阻。

3. 机车中修项目

(1) 刷架系统检查

检查压指弹簧压力，如调整后仍达不到要求则应更换。用止通规检查刷盒孔，如达不到要求应更新；检查刷盒边，如有熔瘤则应清除干净，如特别严重则应更换。检查刷盒下边至换向器表面距离，如不合要求则作相应调整。检查各刷架连线，如连线有严重灼痕或开裂则应更新。检查绝缘杆，如有油污则应清理干净。用 1 000 V 兆欧表检查对地绝缘电阻，如低于 50 MΩ 则应作出相应处理；耐压检查：用 50 Hz 正弦波电压 5 250 V 进行试验，时间 1 min，无闪络击穿。

(2) 换向器检查

检查换向器表面状况，如粗糙度达不到要求或严重变色则应精车处理；换向器工作面磨耗量大于 0.1 mm 或换向器凸片高度大于 0.005 mm 时，应精车处理；精车后下刻、倒角，将云母槽清理干净。将换向器升高片氩弧焊面清理干净。换向器紧固螺栓应重新拧紧。检查换向器直径，如接近 486 mm，以后的运行中应注意换向器直径的变化，不应小于 484 mm。

(3) 轴承检查

检查轴承径向装配游隙，如不合要求则应更换轴承。检查轴承内外圈及滚子表面状况，如有严重伤痕则更换轴承。电机轴承室内应按新制电机一样重新补充油脂。

(4) 绝缘电阻检查

用 1 000 V 兆欧表检查，电机电枢回路和励磁回路绝缘电阻，如低于 20 MΩ 则作相应处理。

(5)接线盒检查

接线盒如图 2-32 所示，检查接线杆表面状况，如有油污则应清理干净。检查接线座、压线板，如有严重灼伤则应更换。检查导线夹，如开裂则应更换。

图 2-32　ZD115 型牵引电机接线盒

(6) 电枢检查

检查电枢绝缘是否有老化和烧损现象；检查无纬绑扎带表面应无裂纹、拉丝现象，否则，需重新绑扎无纬带，并进行真空压力浸漆。检查槽楔有无松动、裂纹、剥层、损伤；检查平衡块是否牢固及转轴轴伸配合面状态。

电枢绕组进行绝缘检查，凡试验不合格者，电枢绕组、均压线须进行修理或者更新，并经浸漆处理。经浸漆处理的电枢须作动平衡试验。

① 耐压试验：用 50 Hz 正弦波电压 3 350 V 进行试验，时间 1 min，无闪络击穿。

② 直流泄漏电流试验：用 TY 型绝缘电阻检测仪，电压 8 kV，泄漏电流不大于 80 μA。

③ 匝间检查：用高频匝间检查仪检查，1～5 片换向片，2 000 V，时间 3 s。

电枢转轴须探伤，不许有裂纹，不准焊修、加套；各配合面不许有裂纹、缺损、变形、锈蚀、松动。电枢油封、平衡块、电枢后支架、换向器套筒、压圈、电枢铁芯等不许有裂纹、缺损、变形、锈蚀、松动等现象。

(7) 定子检查

定子内部和外部应清理干净。清洗时，严禁使用有害清洗剂和高温煮沸方法。清洗后烘干。检查定子各部分尺寸，应符合图纸要求；机座、端盖不许有裂纹、变形；防护网及端盖风网良好；绝缘子表面光洁，有裂纹、烧痕者需更新；检查孔盖、油管、油堵齐全，作用良好；出线盒导线夹、标记、铭牌完好。

主极、换向极铁芯、垫板及绕组托架不许有裂纹、变形、磨损；补偿绕组槽楔装配牢固。各卡子焊接牢靠，不得有松动、焊缝开裂、脱落等现象。校准换向极等分度与第二气隙。检查主极、换向极绕组、补偿绕组的外包绝缘有无损伤，如有损伤，对损伤的线圈需重新进行修包。

定子绕组作绝缘检查，凡试验不合格者，须对主极绕组、换向极绕组、补偿绕组进行修理或者更新，并经真空压力浸漆处理。

① 耐压试验：用 50 Hz 正弦波电压 3 350 V 进行试验，时间 1 min，无闪络击穿。

② 直流泄漏电流试验：用 TY 型绝缘电阻检测仪，电压 8 kV，泄漏电流不大于 80 μA。

③ 匝间检查：用高频匝间检查仪检查，主极绕组 2 500 V，附极和补偿绕组 1 500 V，时间 3 s。

(8) 机械检查

检查机座是否有裂纹，尤其是悬挂支撑部分。检查电机前后端盖是否有裂纹，如有裂纹，则应更新，不得采用焊修的办法进行修理。检查机座、前后端盖是否变形，止口尺寸是否符合限度表的要求，否则作相应处理。

五、ZD115 型牵引电机重新装配

电机的重新装配可按图 2-33 的步骤进行。装配方法可参照电机的拆卸反向进行。

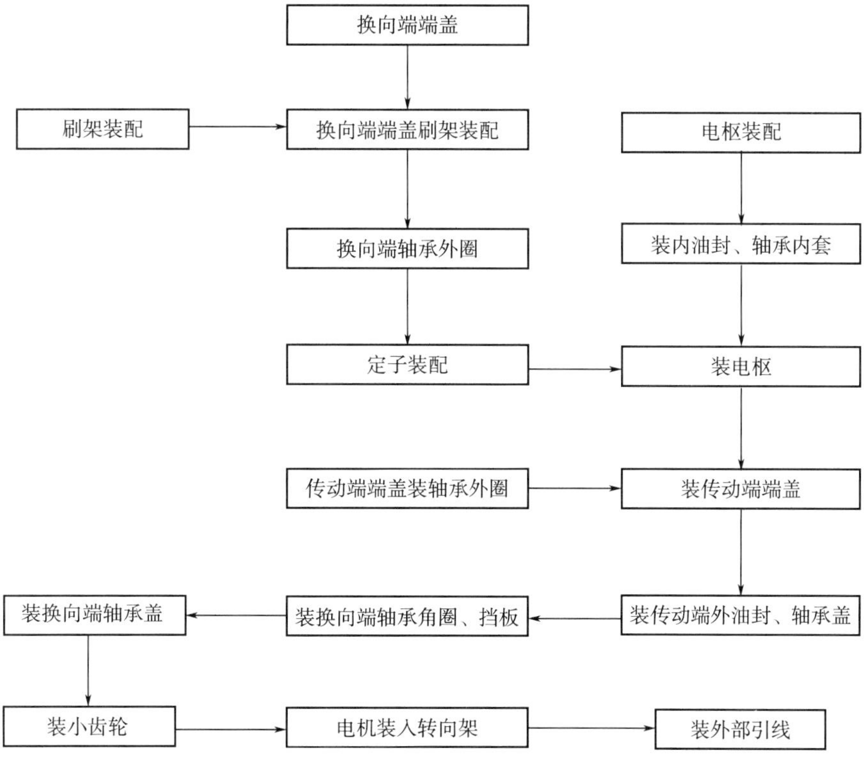

图 2-33　电机的重新装配步骤

(1)刷盒的安装：刷座安装在刷杆上，然后刷盒通过齿配合用螺栓固定在刷座上，刷盒底面与换向器表面距离调整最小步距为齿距。

(2) 换向端端盖的重新安装：把已装好轴承外圈和刷架系统的端盖装在机座换向器端，然后安装挡环、轴承盖，并拧紧固定螺栓。

(3) 电枢重新装配：用电机翻转装置将已装好换向端端盖的机座翻转，使换向器端朝下，并安放于专用台架上。将电枢吊起使换向器端朝下；换向器表面用层压纸板保护，将电枢缓慢吊入机座，注意不允许碰伤机座内任何部件；当转轴插入电枢轴承时，应一边旋转一边缓慢插入，不允许碰伤轴承保持架。

(4)传动端端盖重新装配：将已装配轴承外圈的传动端端盖用吊具吊起并安装于机座的传动端，用螺栓将端盖固定于机座上。用感应加热器均匀加热轴承挡圈，然后热套在电机轴上靠紧轴承内环。将传动端油封、轴承盖安装在端盖上。拧紧端盖螺栓时，应同时旋转电枢，如果电枢的装配正确，电枢则能顺利旋转，否则需重新均匀地拧紧端盖紧固螺栓。

(5) 重新装配换向端角圈、封环、轴头挡板和轴承盖：电机翻转 90°，使之平卧于架子上。松开轴承盖，将轴承角圈安装在电枢轴上紧靠轴承的部位。轴头挡板用固定螺栓安装在电枢轴头，并扣上扣片。轴承盖用固定螺栓安装在端盖上。测量电机轴向窜动量应在 0.29～0.51 mm范围内。

(6) 重新装配小齿轮、电机装入转向架。

(7) 外部引线的重新安装：将外部引线穿过导线夹接入接线盒的接线座上，盖上接线板，拧紧紧固螺栓。注意引线一定要安装到位，检查引线标牌与接线盒的标牌是否一一对应，位置不能混淆。装好导线夹和标牌，拧紧螺栓。安装密封件、盖板和防雨雪装置。

(8) 电机的烘干：电机的绝缘强度会因吸潮而大大降低。当电机首次投入运行或长时间脱离运行之后，在将其投入运行之前必须测定其绝缘电阻。如果发现绝缘电阻极低(如小于 1 MΩ)，或电机遭受水侵入，则必须进行烘干处理。使用烘箱干燥是最好的干燥方法，还有其他电热器和电气烘干法，但无论用何种方法，其烘干温度都应在 100～120 ℃范围，应设有适当的排风口，使空气经常保持畅通良好，干燥时间根据电机形状、受潮程度的不同而不同，因此无法做出统一的规定，一般需要 48 h 左右。

六、ZD115 型牵引电机试验

ZD115 型牵引电机的试验项目与内容与 ZD105A 型牵引电机一致，可参见上一节。

七、ZD115 型牵引电机维护

1. 换向器与电刷装配的维护

牵引电机的良好换向是保证电机能量转换高效率工作的基本要求。因此必须对换向器与电刷装置进行良好维护。

(1)注意事项

对电刷装置，要注意以下几点。

① 刷盒与换向器表面的距离应保持在 1.5～3.5 mm。

② 电刷压力要调整在合适的范围(26.4～30.4 N)内，同一刷盒的 3 个压指的弹簧的压力不能偏差太大。

③ 同一台电机不能使用不同牌号的电刷，而且电刷的高度相差也不能太大，以免由于电刷高度差而产生较大的压力差。

④ 电刷与刷盒间的间隙不能太大，也不能太小，应在0.1～0.3 mm之间。太小容易使电刷卡住，太大则在两个方向运转时，易使电刷有两个接触面，以致电刷中心位置变更，而且电刷的实际接触面减小。

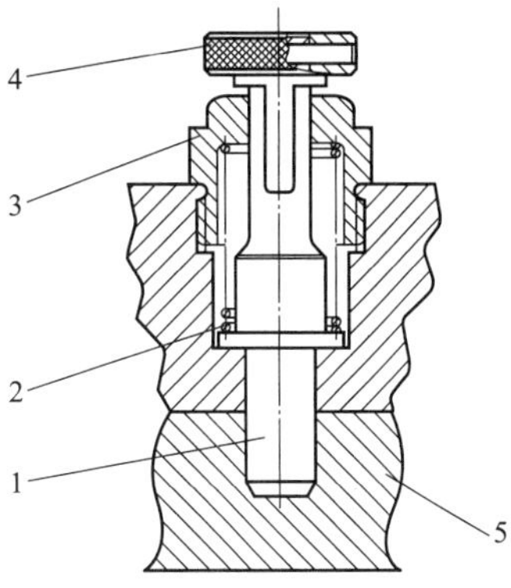

图2-34　锁销装配
1—锁销；2—弹簧；3—螺母；
4—滚花柄；5—刷架圈

(2) 电刷的更换

更换电刷时，用砂纸将电刷接触面磨成圆弧形，以保证电刷与换向器表面接触良好。刷架圈膨胀螺栓和锁销装配如图2-34所示，将滚花柄往外拔后旋转一角度，使锁销随之与刷架圈脱离，用专用扳手将膨胀螺栓中六角扁螺母由下往上扳动，使之移动到靠近双螺栓八方头即可。然后，用专用扳手将膨胀螺栓由上往下扳动，使开口处收拢，此时，刷架圈与端盖止口间存在约1 mm间隙，这时即可用专用工具转动刷架圈更换电刷。

电刷更换完毕后，务必将刷架圈转回至原中心位置。此时应将刷架圈的记号线对准机座上的记号线。然后才能将锁销插入刷架圈定位孔内，用专用扳手卡住膨胀螺栓，由下往上扳动(右旋)，使之涨紧即可。涨紧之后，用专用工具扳动刷架圈从正反两个方向施力，应无微量转动，即可确认刷架圈已涨紧。此时可将六角扁螺母由下往上扳动，使波形垫圈压紧于刷架圈侧面，达到锁紧防松状态。此时锁销应能上下自如无卡死现象。最后将检查孔盖盖好。

2. 换向器的维护

正常的换向器表面应是棕黄色的，在手电光照之下，能反射出光泽，有一种油润感，这是一层换向器表面的氧化膜的膜层，换向器工作面正常的氧化膜如图2-35所示。氧化膜是一种复合薄膜，其组成成分与电刷型号及换向器电环的材料成分有关。其厚度和颜色深浅与电刷接触状态、温度高低、空气污染程度有关。若空气有污染或缺氧，则不易形成氧化膜，甚至已形成的氧化膜会遭到完全破坏。碳膜层则是吸附在氧化膜上的一薄层电刷碳微粒。由摩擦而产生的电刷碳微粒，在电刷与换向器间的电场作用下，达到并吸附在换向器表面，并形成这一碳膜层。

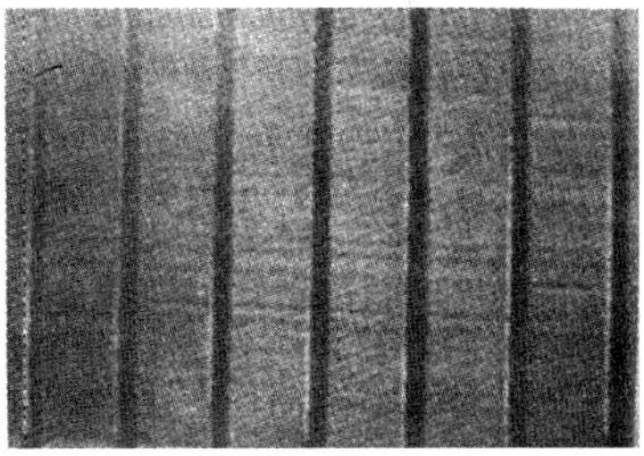
图2-35　换向器工作面正常的氧化膜情况

换向器的这一表面膜层虽然很薄，但对电机运行起着重要作用，氧化膜具有较高电阻，它增加了电刷与换向器之间的接触电阻，从而改善电机换向，减小电刷火花。碳膜层对氧化膜起润滑和保护作用，并减少电刷与换向器的磨耗。

在环境条件或牵引电机出现某些缺陷时，换向器表面薄膜层就会遭到破坏，换向器表面出现异常状态。换向器表面的异常状态有：黑片、条纹、沟槽、电刷轨痕、铜毛刺、表面高度磨光，换向器表面的变形或凸片，如图2-36所示。

(1) 黑片

黑片是换向器工作表面发黑，无光泽，如图2-36(a)所示。这主要是由于电刷火花较大(达

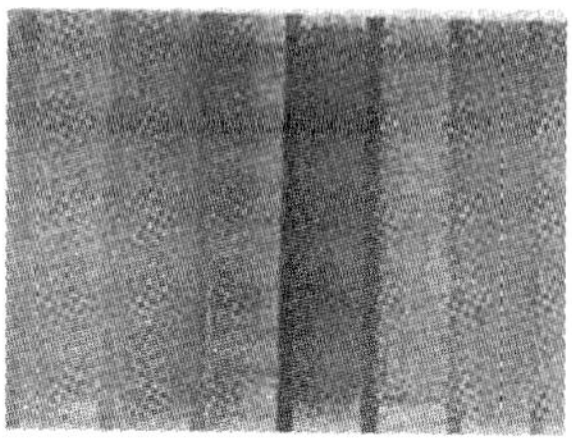

(a) 黑片

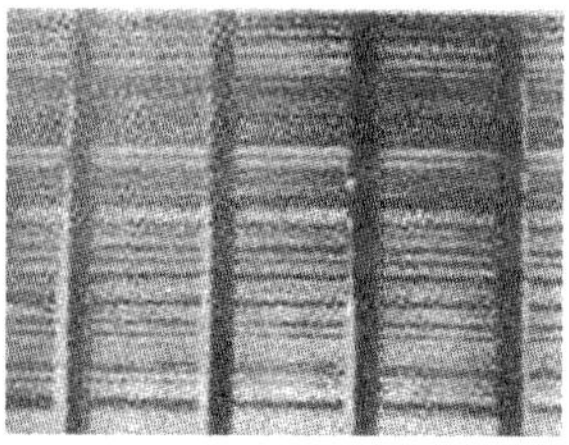

(b) 条纹和沟槽

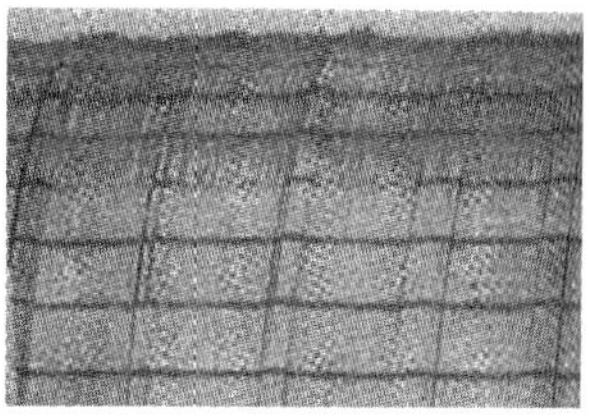

(c) 工作面非正常磨损

图 2-36　换向器表面工作非正常情况

到或超过 2 级)而形成的。如果整个换向器表面都发黑,表明电机在正常运行时,换向火花已达到或超过 2 级,需要对电机进行换向器调整。通常换向器表面只是部分换向片发黑,而其他换向片正常。这表示发黑的换向片在换向时火花偏大。一般有每隔 3 片发黑,隔一片发黑和按 120°分布发黑的情况。

按槽节距分布(即每隔 3 片发黑)的黑片,主要是换向比较困难,槽内最后一个元件的换向比其他几个元件更困难,因为在换向结束时的剩余磁能量,无法通过互感由其他元件吸收,而以火花的形式释放,故在相应换向片上的火花偏大。造成这种换向困难的因素主要有:电刷或换向极分布不等分,电刷不在中心位置上,换向极气隙特别是第二气隙不合适,电刷在刷盒中太松,换向极绕组或补偿绕组匝间短路等。特别是在运行过程中突然有此种黑片发生并继续恶化,则可能是由于换向极或补偿绕组的故障引起。

换向片隔片发黑是由于主机匝间短路等引起主机磁场严重不平衡,进而使均压线电流过大,引起与均压线相连的换向片发黑。按 120°分布的黑片,往往是由于电枢或均压线圈在此处焊接不良而引起的。

(2) 条纹和沟槽

条纹是指换向器圆周有明确色调变化的平行圆环,其宽度是随意的。条纹的继续发展会在换向器表面形成沟槽,如图 2-36(b)所示。条纹是由于电刷接触面上局部电流较集中或电刷的摩擦作用,是局部薄膜变薄或消失所形成的。电刷表面沉积有铜粒或含有较硬的杂质等均会引起条纹,甚至发展成沟槽。

(3) 电刷轨痕

电刷轨痕是指 3 个并联电刷的轨迹颜色不同,其主要原因是由于各并联电刷之间的电流分配不均匀。电刷压指弹簧压力相差太大,并联都是使用不同牌号,个别电刷在刷盒间隙过大或过小,各电刷高度相差太大,以致引起电刷压力相差太大等均能引起这种轨迹。

(4) 铜毛刺

在换向片的边缘有薄的铜片延伸至云母槽内的现象称之为铜毛刺。铜毛刺的发展,会使相邻换向片短路,并可引起环火,故必须及时消除。一般认为,铜毛刺是由于电刷滑行过程中的延压作用和电刷震颤时的锤击作用形成的。此外,电刷在刷盒中间隙过大,电机两个方向运行时接触面过小,从而使电刷的电流密度和单位压力大幅度增加,电刷在高的单位压力下,在由于过大电流密度而产生的铜退火层上滑行,这时也容易因延压作用产生铜毛刺。

(5) 换向器表面的变形或凸片

换向器表面正常的电刷轨迹在圆周应为平直带,若发现电刷轨迹边缘呈现与极数对应的规则的波浪形,则应引起重视。一般出现这种异常主要是电机在大电流下被扼住,与电刷接触的几组换向片局部过热而变形凸出。在随后的运行中，这些上凸的换向片较其余换向片的磨耗会大些。待电机冷却下来，这几处便呈现下凹状态。即换向器发生了规则变形。再经一段时间运行，电刷的轨迹就会表现为上述“波浪形”。

另外，由于换向器云母板和云母环的收缩或换向器螺栓的变形松动等也会引起换向器表面变形后凸片，会使换向恶化，电刷磨耗加快以及使电刷碎裂。换向器表面也会形成磨耗，如图 2-36(c)所示。

3. 绝缘系统的维护

牵引电机的绝缘系统在热负荷、电负荷和机械振动的作用下，在空气的潮湿和污秽的侵蚀之下，绝缘水平会逐渐下降甚至老化。因此，需要对牵引电机的绝缘水平进行检测。主要用以下方式对牵引电机的对地绝缘进行检测：

(1) 工频交流耐压试验

用比运行电压高得多的交流工频试验电压加于电机各绕组，以直接检查其绝缘水平。由于此方法是一种破坏性试验，对绝缘系统有损坏作用，故一般只用于新造牵引电机或绝缘重新浸渍处理电机。新制造的 ZD115 型牵引电机各绕组对地和相互之间的耐压试验为工频 4 475 V、1 min，修理电机为 3 350 V、1 min。

(2) 绝缘电阻的测定

主要用来判断绝缘受潮和脏污程度。用 1 000 V 兆欧表测定各绕组对机座及各绕组之间的电阻值应不低于 5 MΩ。若绝缘电阻过低，应进行烘潮处理，或使电机在低压下运转，利用电机的发热来除去潮气。

(3) 直流高压泄漏电流试验

这是一种无损绝缘试验。试验时，对电机各绕组加以高压直流电流，测量其泄漏电流(微安数量级)。若泄漏电流过大或电流与外施电压呈非线性变化，则说明电机绝缘系统受潮、损伤或老化。

电机绕组匝间绝缘的检查，目前一般采用脉冲耐压试验。ZD115 型牵引电机的匝间耐压标准如下：

电枢	500 V、5～20 s
主极单个线圈	2 500 V、2 s
换向极单个线圈	1 500 V、2 s
补偿单个线圈(安装后)	500 V、3 s

检查后，击穿的线圈应进行修复，对绝缘水平下降过多的电机，应进行清洗，然后重新浸渍处理。

4. 电枢轴承维护

轴承是电机中比较关键的部件，电枢轴承烧损，会使转子固死，造成机破。轴承故障一般表现为轴承烧损。引起轴承烧损的原因有外圈滚道面磨损、内圈滚道面磨损、滚珠滚道面磨损、保持架变形断裂、角圈端面磨损、润滑脂皂化、电蚀等。为防止这类故障，在尽量选用优质轴承的同时，正确地安装与维护也是很重要的。对此，应注意下列几点：

(1) 在装配轴承前，要用汽油彻底清洗，仔细检查轴承内外圈、滚柱、保持架等有无缺陷，然后测量其游隙。ZD115 型牵引电机非传动端轴承 NH322E，其径向自由间隙为 0.145～0.165 mm，轴向间隙为 0.29～0.51 mm；传动端轴承 NU322E，其径向自由间隙为 0.165～0.215 mm。间隙过小，轴承容易发热，甚至烧损。装配时还要注意轴承内圈与轴径的过盈量，其值应控制在 0.023～0.065 mm(非传动端)和 0.027～0.077 mm(传动端)。过盈量太小内圈容易松动,太大则内圈的装配压力过大且会影响装配间隙。

(2) 轴承用润滑脂润滑,轴承室内润滑脂不能太多或太少,否则会引起轴承发热。一般润滑脂应占轴承室容积的 1/3～1/2,对新装轴承,非传动端600 g,传动端1 600 g。并且注意使每一滚柱都涂润滑脂,运行时应定期定量补充油脂。

(3) 新装轴承在运转前,要用手转动转子数圈,以使油脂分布均匀。库存电机要定期(每月 1～2 次)用手转动电机,以防止滚柱润滑不良。

(4) 在运行或例行检查时,应密切注意轴承状况,如发现有异常声音或振动、轴承室异常发热时,应立即停止运转,找出原因,并予以解决,必要时更换轴承。如发现轴承室漏油,应采取对策并及时补充油脂。

(5) 润滑脂补充方法:在正常运行时,至少应保证 3～6 个月或(10～12)万公里对非传动端轴补充油脂量约 100 g,对传动端轴承补充油脂量约 260 g,可以根据具体运行情况(如漏油程度、运行距离等)制定补油的时间和油量;在中修时应全部更换新油脂。对于长期(半年以上)保管后的备用电机以及发生不可预测的自然灾害,作为应急措施而认为需要补充润滑脂时,非传动端轴承补充油脂量约 100 g,传动端轴承补充油脂量约 260 g。补充的油脂必须和组装时使用的油脂牌号、厂家一致。一年半以前制造的润滑油或润滑油罐打开 3 个月后则不能使用。

复习思考题

1. 牵引电机的检修基本技术要求是什么?
2. 牵引电机不拆卸检修的检查流程是什么?
3. 刷盒和电刷如何检查?
4. 简述 ZD105A 型牵引电机的解体流程和方法。
5. 简述 ZD105A 型牵引电机的组装流程和方法。
6. 牵引电机检修后的试验有哪些?
7. 如何调整刷架装置的中性位?
8. 如何进行换向片电压降试验?
9. 简述 ZD115 型牵引电机的解体、组装流程和方法。
10. 换向器表面的异常状态有哪些? 是如何形成的? 应怎样维护换向器?

第三章

辅助电机的检修

为了保证电力机车正常运行，机车上设有辅助机组来完成通风冷却、变压器油循环，提供机车和列车所需的压缩空气源等辅助工作。除 SS_{7E} 型电力机车的辅助机组采用三相 380 V 变频电机外，SS_{4G} 型、SS_9 型电力机车的辅助机组均为 380 V 三相交流异步电动机。三相交流电动机结构简单、维修方便，具有电源电压变动范围较大，启动频繁等工作特点。这些辅助机组型号有所不同，但其结构基本相同，检修项目与内容也基本一致，本章主要以 SS_9 型电力机车的辅助机组为例来细述辅助电机的检修。在日常的小修及辅修中，辅助电机只需按照一定的范围进行清扫检查及对轴承补油。辅助电机常见的主要故障为定子绕组匝间短路和单相过热而导致定子绕组烧损，而一旦绕组烧损则须对电机进行大修，重新嵌线。

第一节　劈相机的检修

SS_{4G} 型、SS_9 型电力机车均装有两台异步劈相机，型号为 JP402A 型。由主变压器的辅助绕组 a6x6 供给单相电源，经异步劈相机将单相电源“劈”成三相，再供给辅助电路的所有三相异步电动机。劈相机外形如图 3-1 所示。

图 3-1　JP402A 型异步劈相机

JP402A 型异步劈相机在结构上与三相鼠笼式异步电动机相似，也是由定子（包括定子铁芯、定子绕组和机座）、铸铝转子（包括转子铁芯、转子绕组、转轴）及端盖、轴承盖等组成，在定子与转子之间具有 1 mm 的气隙。该劈相机为自行通风防护式。

定子铁芯和转子铁芯均采用 0.5 mm 厚 W465-50 冷轧硅钢片，按给定图形冲制的冲片叠压而成。定子铁芯外径为 423 mm，内径为 280 mm，铁芯长 310 mm，定子槽形为半闭口槽，定子绕组为双层、短距、叠绕软绕组、B 级绝缘。导线为 ϕ1.45 mm、QZ-2 高强度聚酯漆包线，三相绕组为不对称Y接，绕组规范见表 3-1。

转子为铸铝转子结构，端环、风叶、平衡柱及槽内导体用 Al-1 铝一次铸成，并热套于转轴上。转子外径为 278 mm，共 50 槽，槽形为倒梨形半闭口槽，槽斜 15 mm。机座、端盖以及轴承盖均由 HT20-40 灰口铁铸成。在机座出线侧的筋上与定子铁芯间装有 2 个 M16×20 定位用的紧固螺钉。轴承外盖 1 或加油管 1 上装有 45°M10×1 接头式压注油环，端盖上装有 318Z1 低噪声单列向心球轴承。

表 3-1 JP402A 型劈相机定子绕组规范

线端标记	电动第一相 U1-U2	电动第二相 V1-V2	发电相 W1-W2
极数	4		
槽数	60		
节距(mm)	1～13	1～13	1～13
每极相组线圈数	6	3	6
每线圈匝数	8	8	9
每相串联匝数	48	24	54
并绕导数	5	5	4
并联支路数	4	4	4

检修劈相机所用主要材料:汽油、棉丝、白布、砂布 00 号、润滑脂、灰磁漆(1321 号)、绝缘漆(1032 号)。

一、解　体

(1) 解体前检测电机绕组绝缘电阻值,用 500 V 兆欧表测量电机绕组绝缘电阻值,定子绕组绝缘电阻值大于 10 MΩ。

(2) 解体前进行空载试验,在专用试验台上接通电源进行试验,监听轴承状态。

(3) 拆卸两端轴承外盖以及轴承轴向紧固装置将机组吊于检修支架上,用开口扳卸下两端轴承外盖的紧固螺栓,取下轴承外盖;拆下轴承轴向紧固装置。

(4) 拆卸两端端盖,拆卸前做上适当记号,用开口扳手卸下两端的紧固螺栓,取下端盖,注意不得碰伤定子绕组。

(5) 拔下轴承,卸下轴承内盖,用轴承拔出器分别拔下两端轴承(图 3-2),取下轴承内盖。拔出时应使轴承内圈受力,注意保护方轴端中心孔,防止转子转动造成定子、转子铁芯相摩擦。

(6) 取出转子,用专用转子引出器将转子从定子内平行移出,置于转子托架上,不得碰伤线圈与铁芯,如图 3-3 所示。

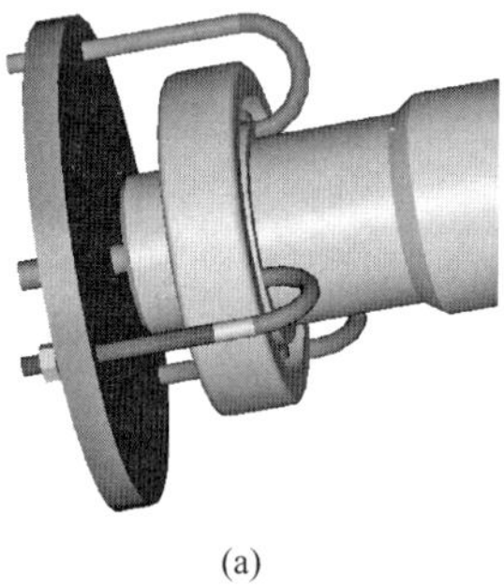

(a)

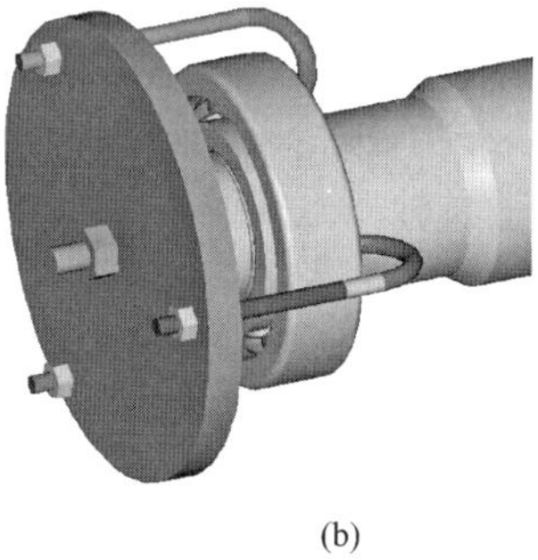

(b)

图 3-2 轴承的拉拔方法示意

二、清扫、检查、修理

1. 吹扫及清洗

用 200～300 kPa 干燥的压缩空气吹扫电机各部并用汽油、棉丝擦干净。风嘴距绝缘部分距离大于 150 mm。

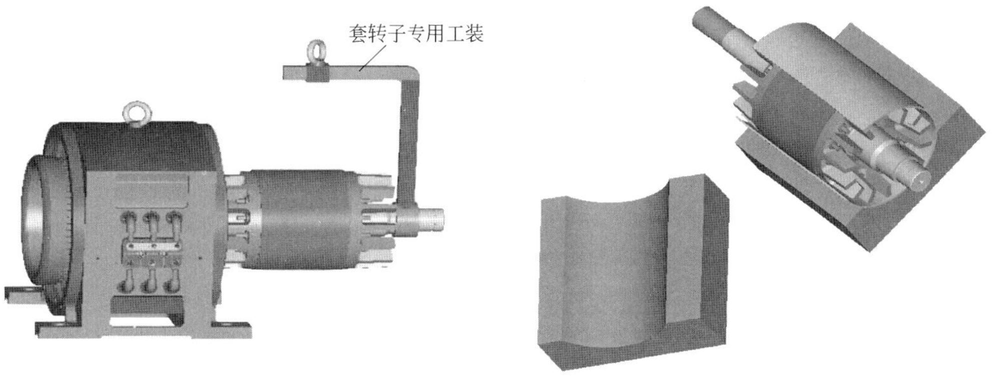

(a)　　(b)

图 3-3　转子取出及放置方法示意

2. 清洗及浸漆处理

定子应在专用清洗设备内进行清洗绕组各部，并进行烘干，然后浸漆绝缘处理并烘干(按B级绝缘1032号漆)。

3. 检查定子

检查定子机座应无破损；定子铁芯应无松弛位移；定子绕组绝缘无破损、老化、过热，绑线牢固，槽楔良好；然后测量定子绕组对地及相间绝缘电阻值，如低于标准后在120 ℃恒温下烘干，8 h后再测量；其绝缘电阻值大于10 MΩ。

4. 清扫、检查接线板装置

卸下接线板固定螺栓，用汽油清洗接线板；检查接线板，如有不良现象应予更新，接线板应无放电灼伤及裂纹；检查引接线、接线端子、接线柱、螺母、垫圈及接线盒，接线绝缘应无破损，接线折损面积不超过10%，接线端子焊接良好，应无过热现象，接线柱、螺母、垫圈应齐全完好；测量接线板对地绝缘电阻值，接线板对地绝缘电阻值不小于50 MΩ。

5. 清洗检查轴承

按电机轴承清洗检查工艺进行。

6. 检查转子

转子、铁芯应无松弛、位移及扫膛现象；检查转子铸铝导条、端环，应无断条、开裂，铁芯槽部无烧损；铸铝筒冷风叶、平衡块、轴端螺孔筒冷风叶良好，平衡块牢固，轴端螺孔良好。测量轴承轴颈尺寸，必须符合限度要求和段规规定。其直径为 $\phi65^{+0.20}_{+0.01}$ mm，径向跳动允许差不超过0.06 mm。

7. 检查端盖、挡风圈、轴承内外盖等零件

各零件应无变形、裂损。检查油堵及各紧固件，应齐全良好；用铜棒对称轻敲轴承外圈，将其装入端盖轴承室，考核其安装松紧程度，须符合配合要求。端盖轴承室与轴承外圈配合适应。

8. 更新润滑脂

在轴承室和轴承中加入润滑脂，部位如图3-4(左端，面对接线盒)和图3-5(右端，面对接线盒)所示。

图 3-4　传动端轴承润滑脂加入部位
1—轴承内盖油腔;2—轴承;3—轴承外盖油腔

图 3-5　非传动端轴承润滑脂加入部位
1—轴承内盖油腔;2—轴承;3—轴承外盖油腔

三、组　装

1. 装转子

用专用转子吊具将转子平行地移入定子内腔,不得碰伤线圈与铁芯。

2. 套装轴承

将轴承内盖套装轴上,再将合格的轴承悬放于油槽中,在 90～100 ℃的油中加热时间不少于 30 min,持轴承将内圈迅速平行推入轴承,使其正确地与轴肩配合。装配时应注意顺序,轴承上有字码一面应朝外。用汽油冲洗干净,并按规定装上轴向紧固装置,再用压缩空气吹去因加热及冲洗时带入轴承的油。将清洁的轴承润滑脂加入轴承内盖内。轴承滚动体之间尽量塞满,轴承内涂 2/3 容积的轴承润滑脂。

3. 装轴承外圈于端盖内

平放端盖,用铜棒对称轻敲轴承外圈装入端盖轴承室内。

4. 套装两端端盖

按记号对准位置,提起端盖套装两端,装入固定螺栓,允许用铜棒对称轻敲紧固螺栓,使止口完全贴合。用木槌轻敲轴端,消除装配时的轴向应力,用手转动转子,要求灵活,最后紧固螺栓。

5. 套装轴承外盖

将轴承外盖油室内涂入清洁的轴承(润滑脂)套入两轴端上,用开口扳手拧紧其紧固螺栓,轴承外盖油室内涂 2/3 容积的润滑脂。

6. 必要时进行测量两端气隙

每端在相距 120°处测量 3 点,其不均匀度与公称值之比应不大于 15%,用 500 V 兆欧表测量定子绕组对地绝缘电阻值,其阻值不小于 10 MΩ。

四、启动运转试验

在专用试验台上,接通电源进行机组启动运转试验,连续启动 10 次以上,监听轴承状态,考核机组振动状态。启动、运转试验无异常,电机无剧烈振动时,轴承应平稳、轻快、无停滞现象,声音均匀和谐,无不正常的杂音。

用钳形电流表检测三相电流值。三相空载电流值符合有关数据要求。机组运行至轴承发热达稳定时，在轴承外盖用点温计测定，轴承稳定温升小于 30 ℃。如更换转子时，需作最低电压下三相电机启动时间的测定。单相供电 301 V，启动时间应小于 15 s。最后施行工频交流 1 500 V、1 min，电机能受耐压而绝缘不击穿。

五、劈相机的一般故障处理

劈相机的一般故障及检查校正方法见表 3-2。

表 3-2　劈相机一般故障及检查校正方法

故　　障	原因及现象	检查和处理方法
1. 空载时不能启动	(1) 馈线电路断线	(1) 检查每根连线处及电压，排除故障
	(2) 定子绕组中一相断线	(2) 检查绕组，排除故障
	(3) 绕组相间短路	(3) 用兆欧表或万用表检测两相绕组之间的绝缘电阻，若绕组几乎为零，则表明该两相短路
	(4) 定子绕组匝间短路	(4) 检查匝间耐压，或用电桥测各相绕组
	(5) 定子绕组连线错误	(5) 取出转子，定子绕组施加三相交流低压电，将小滚珠放在定子铁芯内表面，若滚珠不沿表面旋转滚动，表明接线错误，按正确方法改正，可用指南针检查法
	(6) 定子绕组嵌线和并头错	(6) 按第(5)条进行检查
	(7) 有输电线断线或定子绕组一相断路，造成单相运行	(7) 按第(1)、(2)条检查
2. 轴承破裂	轴承与转轴或与轴承室配合不当，安装时用力过大，拆装轴承不合理，运行中可听到“咕、噜”和“梗、梗”的声音，轴承发热严重，甚至使定、转子相擦	更换轴承
3. 轴承变色	轴承盖和轴或轴承相擦，轴承与转轴之间配合不当，轴承外圈与轴承室配合过松，造成走“外圈”；润滑脂干燥	查明原因，采用适当配合，更换润滑脂
4. 轴承有珠痕	安装方法不正确，滚道上产生与滚珠形状相同的凹痕	更换轴承，正确安装
5. 轴承有振痕	电机定子、转子相擦产生振动，造成类似于珠痕的凹形，痕迹较广，程度较浅	检查定子、转子是否相擦，排除故障
6. 轴承有麻点、锈蚀	润滑脂有杂质、水气或腐蚀性气体进入轴承内部而锈蚀，由于清洗不当或密封不良，使电机噪声的振动增大	更换轴承
7. 定子绕组接地	(1) 引出线绝缘层破坏	(1) 修复破坏处绝缘
	(2) 绕组绝缘受潮，失去绝缘作用	(2) 如果整个绕组受潮严重，接地点较多，更换绕组
	(3) 出槽口、槽内绝缘损坏	(3) 若无严重损坏，在导线与铁芯间插入新的槽绝缘
	(4) 运行中，定子转子铁芯相擦，使铁芯过热而烧焦槽楔和绝缘	(4) 若因硅钢片凸出割破绝缘造成，则因去除突出的钢片，处理好割破的绝缘
	(5) 破坏绕组端部绝缘，电机出现接地，机壳带电，运行时发出“嗡、嗡”声，振动和发热加剧，严重时电机不能运转	(5) 拆除线圈，重新嵌线

第二节　牵引通风机电机的检修

牵引通风机用于对牵引电机和硅整流装置的通风冷却，属于离心式通风机，外形如图 3-6

所示。JD305A 型牵引通风机电机是三相交流异步电动机，由定子、转子、端盖、轴承盖和轴承等组成，其外形如图 3-7 所示。在机车上该电机用来驱动 5-47 型离心式牵引通风机。

JD305A 型牵引通风机电机与普通三相异步电动机结构相似。定子铁芯和转子铁芯均采用 0.5 mm 厚 DW470-50 冷轧硅钢片冲制的冲片叠压而成。定子铁芯外径为 327 mm，内径为 182 mm，长度为 180 mm。导线采用高强度聚酯漆包线。转子为铸铝转子结构，外径为 180 mm，槽形为刀形槽，槽斜 15 mm，端环、风叶、平衡柱及导条一次铸成。机座由钢板制成，端盖及轴承盖均用 HT200 灰口铸铁铸成。

图 3-6　离心式牵引通风机组

图 3-7　JD305A 型牵引通风机电机外形

一、日常检查、辅修、小修

使用工具、材料：500 V 兆欧表、润滑脂。

日常检查、辅修、小修范围和内容见表 3-3。

表 3-3　日常检查、辅修、小修范围和内容

序号	检查部位	检查项目	处 理 方 法	标 准 值	日常检查	辅修	小修	备注
1	电机外部	电机装配有无异常	(1) 有无异常振动、异音、异味、漏油、过热现象 (2) 检查各紧固件是否紧固，油杯、油管等应齐全、通畅 (3) 机座、端盖、油盖等部件应无裂纹、损伤		√	√	√	
2	电机定子	定子铁芯、绕组等有无异常	(1) 检查绕组可见部分，有无污物、异物 (2) 用 500 V 兆欧表测量绕组对地绝缘电阻、测量绕组相间绝缘电阻	冷态 10 MΩ 以上，热态 0.46 MΩ 以上		√	√	记录
3	电机转子	转子铁芯、转轴等有无异常	(1) 转子应灵活转动 (2) 有无污物、异物 (3) 平衡垫圈应无松动 (4) 平衡柱、风叶应无破损			√	√	
4	电机轴承	轴承状态有无异常	轴承是否过热及润滑脂泄漏现象	两侧各加润滑脂 10～15 mL		√	√	
			进行中间给润滑脂				√	记录
5	接线盒	测量绝缘电阻，引出线、接线板有无异常	(1) 用 500 V 兆欧表测量接线板绝缘电阻 (2) 引出线应紧固，无松动、破损 (3) 接线板应无油污、破损、放电痕迹	50 MΩ 以上		√	√	

二、中　　修

1. 电机的拆卸

拆卸过程所需工装、工具和材料见表 3-4。

表 3-4　拆卸过程所需工装、工具和材料

序号	工装、工具或材料	备　　注	序号	工装、工具或材料	备　　注
1	一字螺丝刀		6	轴承拔拉工具	参见图 3-2
2	气动扳手		7	活动扳手	
3	套转子专用工装	参见图 3-3	8	润滑脂	
4	卡环钳		9	木制放置台	参见图 3-3
5	锤子		10	厚纸	参见图 3-3

2. 拆卸过程

(1)端盖、轴承外盖拆卸:用气动扳手将后轴承外盖螺钉拧松、取出,卸下后轴承外盖。气动扳手将后端盖螺钉拧松、取出,取出后端盖,取出挡圈。气动扳手将前轴承外盖螺钉拧松、取出,卸下前轴承外盖。用气动扳手将前端盖螺钉拧松,取出前端盖。

(2)转子拆卸。用套转子专用工装套在转子非轴伸端,吊起转子,从定子内取出;转子取出方法和放置方法参见图 3-3。

(3) 轴承拆卸,拉拔方法参见图 3-2。用轴承拉拔装置取出前轴承的外圈。取出前轴承的内圈,再取出前轴承内盖。取出后拔轴承,再取出后轴承内盖。

3. 检修

(1) 定子。清扫定子各部。用 196～294 kPa(2～3 kg/cm^2)干燥压缩空气清除定子内部及外部的灰尘和污物。双次中修时须进行清洗、浸漆处理。检查定子机座、铁芯、绕组及端部绑扎、槽楔、接线端子、接线板等各部状态。槽楔不得开裂、松动;接线板应干燥、干净,无放电痕迹。测量接线板的绝缘电阻。测量定子绕组对地及相间绝缘电阻,并进行对地耐电压试验。如果绕组更新,需进行匝间绝缘试验。

(2) 转子。清扫检查转子与轴、导条与端环、风叶与平衡柱状态。用 196～294 kPa(2～3 kg/cm^2)干燥压缩空气清除转子内部及外部的灰尘和污物。电机振动过大时,转子应进行动平衡试验。

(3) 端盖。清洗检查端盖及各零部件。端盖及各零部件不得出现裂纹。检查端盖与机座配合情况。

(4) 轴承。轴承清洗。检查滚珠(柱)与滚道、保持架状态、检测轴承与轴、孔的配合状态。更新润滑脂。在轴承室和轴承中加入润滑脂。

4. 电机的组装

组装过程所需工装、工具和材料见表 3-5。

该组装过程是针对新电机的组装,如对电机检修过程中的组装,也可参照该过程,但可省略某些步骤。

表 3-5 组装过程所需工装、工具和材料

序号	工装或工具或材料	备注	序号	工装或工具或材料	备注
1	一字螺丝刀		7	铜棒	
2	气动扳手		8	绞手	
3	套转子专用工装	参见图 3-3	9	活动扳手	
4	感应加热器		10	润滑脂	
5	轴承加热炉		11	木制放置台	
6	卡环钳		12	厚纸	

（1）部件检查：按图纸检查各部件是否齐全。

（2）将机壳平放在组装工地上。

（3）接线板组装：将橡皮软管插入机壳出线管，并将引出线从软管中穿出。依次将防水垫和间隔板安装在底板上。用接线片将 U1、W2，V1、U2，W1、V2 依次连接起来。

（4）转子装配：用套转子工装套在转子非轴伸端，水平吊起转子，套入定子内；套入方法参见图 3-3。

（5）轴承装配：轴承清洗、检查。用感应加热器将轴承加热 1 min 或用轴承加热油炉将轴承加热至 90～100 ℃，保温 20～30 min。在转子两端套入轴承内盖。将加热好的轴承套入转子轴承挡靠紧轴肩。装轴承钢丝挡圈。在轴承室和轴承中加入润滑脂。

（6）端盖装配：提起端盖将轴承室套入轴承外圈边沿，用铜棒轻打端盖使轴承套入轴承室。用气动扳手将端盖螺钉拧紧。用气动扳手将轴承外盖螺钉拧紧。用铜棒轻打轴头，以消除装配时轴向应力。

5. 试验

组装后的试验要求见表 3-6。

表 3-6 JD305A 型牵引通风机电机限度表

序号	项目	原形	禁用限度
1	定子绕组相互间及对地绝缘电阻	冷态 10 MΩ 以上，热态 0.461 MΩ 以上	冷态 10 MΩ 以下，热态 0.461 MΩ 以下
2	耐电压试验	新电机工频 2 000 V，1 min；重复试验时工频 1 700 V，1 min	新电机工频 2 000 V，1 min 以下；重复试验时工频 1 700 V，1 min 以下
3	匝间耐电压试验	脉冲电压 2 000 V，1 min	脉冲电压 2 000 V，1 min 以下
4	接线板绝缘电阻	50 MΩ 以上	50 MΩ 以下
5	转子动平衡量	0.6 N·cm	1.32 N·cm
6	机座止口公差	前端 ϕ376H8，后端盖 ϕ376H8	前端盖 ϕ376H8，后端盖 ϕ376H8 以外
7	端盖止口公差	前端盖 ϕ376js7，后端盖 ϕ376js7	前端盖 ϕ376js7，后端盖 ϕ376js7 以外
8	轴径有效面积拉伤	0	大于 5%
9	轴径拉伤深度/轴径	0	大于 2%
10	键槽公差	−0.043 mm～0	−0.05 mm
11	键公差	−0.027 mm～0	0.01 mm
12	定子电阻(75 ℃)	(0.097±0.004 9)Ω	(0.097±0.004 9)Ω 以外

（1）测量定子电阻。

（2）测量绝缘电阻。

(3) 进行耐压试验。

(4) 进行匝间耐电压试验。

(5) 启动运转试验:接通电源,进行连续启动 10 次以上启动运转,监听轴承状态,改换机组振动状态。启动运转试验应无异常,电机无剧烈振动,轴承应平稳、轻快无停滞现象,声音均匀和谐、无任何不正常杂音。

第三节　制动通风机、变压器通风机电机的检修

制动通风机用于对制动电阻进行通风冷却,变压器通风机用于对主变压器的冷却柜进行通风冷却,它们都属于轴流式通风机,外形如图 3-8、图 3-9 所示。

图 3-8　制动通风机组

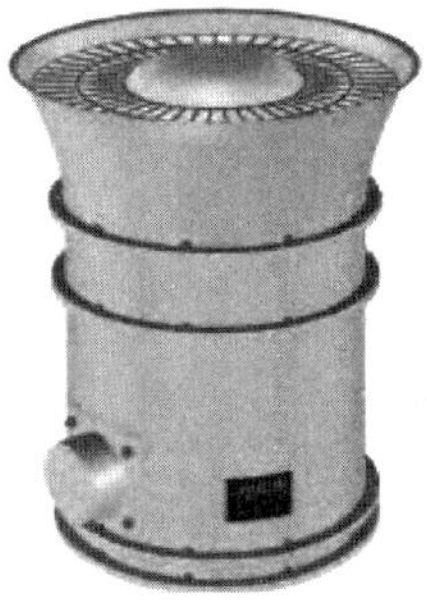

图 3-9　变压器通风机组

一、JD330 型制动通风机电机

JD330 型制动通风机电机是三相交流异步电动机,由定子、转子、端盖、轴承盖和轴承等组成,其外形如图3-10所示。在机车上该电机用来驱动制动风机,冷却制动电阻,其实际使用轴负荷不超过 22 kW。

该电机与普通三相异步电动机结构相似。定子铁芯和转子铁芯均采用 0.5 mm 厚 DW470-50 冷轧硅钢片冲制的冲片叠压而成。定子铁芯外径为 290 mm,内径为 164 mm,长度为 195 mm。导线采用 ϕ1.25 mm QP-2/200 聚酯漆包线。转子为铸铝转子结构,外径为 157.6 mm,槽形为刀形槽,槽斜 14 mm,端环、风叶、平衡柱及导条用 Al99.5 一次铸成。机座、端盖及轴承盖均用 HT200 铸成。

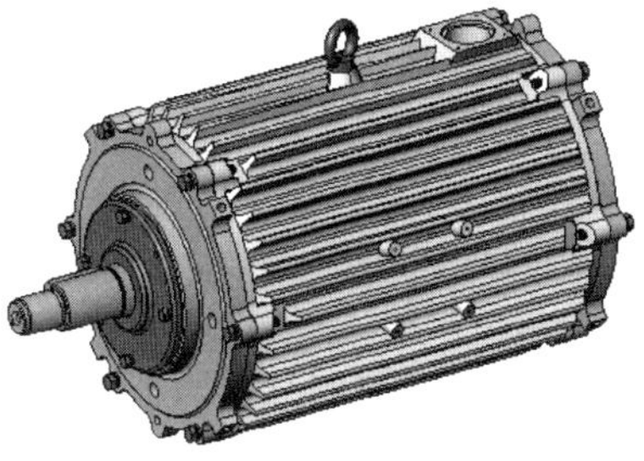

图 3-10　JD330 型制动通风机电机外形

二、日常检查、辅修、小修

日常检查、辅修、小修范围参见上节内容。

三、中　　修

中修项目和内容与牵引通风机电机检修基本相同。电机在中修期使用中没有出现定子、转子异常就不用拆卸电机,双次中修时如有运转异常应拆开电机检查。

1. 电机的拆卸

JD330 型制动通风机电机结构如图 3-11 所示。拆卸过程所需工装、工具和材料见表 3-4。拆卸过程与拆卸牵引通风机电机相同。

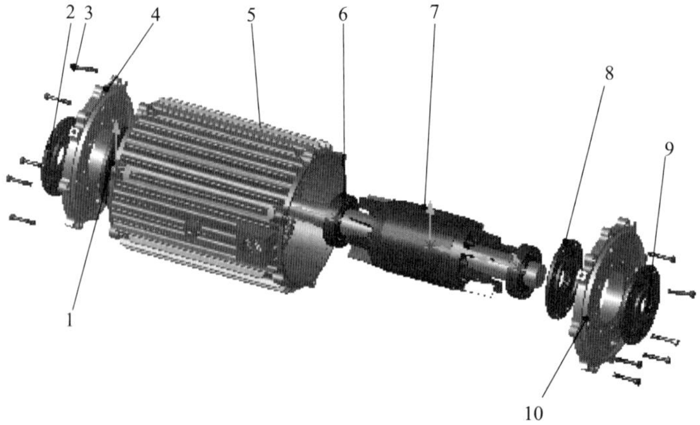

图 3-11　JD330 型制动通风机电机结构

1—前轴承内盖；2—前轴承外盖；3—螺栓；4—前端盖；5—机座；6—轴承；7—转子组装；8—后轴承内盖；9—后轴承外盖；10—后端盖

拆卸过程：螺栓→前轴承外盖→前端盖→挡圈→前轴承→前轴承内盖→转子→机座→后轴承外盖→后端盖→挡圈→后轴承→后轴承内盖。

2. 检修

(1) 定子：清扫定子各部。用 196～294 kPa(2～3 kg/cm^2)干燥压缩空气清除定子内部及外部的灰尘和污物。双次中修时须进行清洗、浸漆处理。检查定子机座、铁芯、绕组及端部绑扎、槽楔、接线端子等各部状态。槽楔不得开裂、松动；引接线外表应干燥、干净，无破损放电痕迹。测量定子绕组对地及相间绝缘电阻，并进行对地耐电压试验。如果绕组更新，需进行匝间绝缘试验，要求见表 3-7。

(2)转子：清扫检查转子与轴、导条与端环、风叶与平衡柱状态。用 196～294 kPa(2～3 kg/cm^2)干燥压缩空气清除转子内部及外部的灰尘和污物。电机振动过大时，转子应进行动平衡试验，要求见表 3-7。

(3) 端盖：清洗检查端盖及各零部件。端盖及各零部件不得出现裂纹。检查端盖与机座配合情况，要求见表 3-7。

④ 轴承：轴承清洗。检查滚珠与滚道状态，检测轴承与周、孔的配合状态。更新润滑脂，在轴承室和轴承中加入润滑脂。

3. 电机的组装

组装过程所需工装、工具和材料见表 3-5。组装过程与牵引通风机电机相同。

4. 组装后的试验

组装后的试验项目与牵引通风机电机相同，要求见表 3-7。

表 3-7　JD330 型制动通风机电机修理限度表

序号	项　　目	原　　形	禁　用　限　度
1	定子绕组相互间及对地绝缘电阻	冷态 10 MΩ 以上，热态 1 MΩ 以上	冷态 10 MΩ 以下，热态 1 MΩ 以下

续上表

序号	项　目	原　形	禁 用 限 度
2	耐电压试验	新电机工频 3 650 V,1 min;重复试验时工频 3 000 V,1 min	新电机工频 3 650 V,1 min 以下;重复试验时工频 3 000 V,1 min 以下
3	匝间耐电压试验	峰值 2 000 V,0.5 μs,3 s	峰值 2 000 V,0.5 μs,3 s 以下
4	转子不平衡量	90 g · mm	90 g · mm
5	机座止口公差	ϕ294H8	ϕ294H8 以外
6	端盖止口公差	ϕ294js7	ϕ294js7 以外
7	轴径有效面积拉伤	0	>5%
8	轴径拉伤深度/轴径	0	>2%
9	键槽公差	−0.012 mm～0	0.01 mm
10	键公差	−0.012 mm～0	−0.05 mm
11	定子电阻(75 ℃)	(0.152±0.007 6) Ω	(0.152±0.007 6) Ω 以外
12	轴承温升	50 K	>50 K

四、JD306A 型主变压器通风机电机

图 3-12　JD306A 型主变压器通风机电机外形

JD306A 型主变压器通风机电机是三相交流异步电动机,由定子、转子、端盖、轴承盖和轴承等组成,其外形如图 3-12 所示。在机车上该电机用来驱动 TZTF6.0A1(B1)型轴流式通风机。

JD306A 型主变压器通风机电机与普通三相异步电动机结构相似。定子铁芯和转子铁芯均采用 0.5 mm 厚 DW470-50 冷轧硅钢片冲制的冲片叠压而成。定子铁芯外径为 327 mm,内径为 182 mm,长度为 100 mm。导线采用 ϕ1.3 mm QZ(G)-2/155 改性高强度聚酯漆包线。转子为铸铝转子结构,外径为 180.4 mm,槽形为刀形槽,槽斜 16 mm,端环、风叶、平衡柱及导条用 Al99.5 一次铸成。机座由钢板制成,端盖及轴承盖均用 HT200 铸成。

检修维护项目和检修工艺与 JD330 型制动通风机电机检修基本相同。可参见前面内容,这里不再详述。

日常检查、辅修、小修范围和内容见表 3-3。

JD306A 型主变压器通风机电机限度见表 3-8。

表 3-8　JD306A 型主变压器通风机电机限度表

序号	项　目	原　形	禁 用 限 度
1	定子绕组相互间及对地绝缘电阻	冷态 10 MΩ 以上,热态 0.461 MΩ 以上	冷态 10 MΩ 以下,热态 0.461 MΩ 以下
2	耐电压试验	新电机工频 2 000 V,1 min;重复试验时工频 1 700 V,1 min	新电机工频 2 000 V,1 min 以下;重复试验时工频 1700V,1 min 以下
3	匝间耐电压试验	脉冲电压 2 000 V,1 min	脉冲电压 2 000 V,1 min 以下
4	接线板绝缘电阻	50 MΩ 以上	50 MΩ 以下
5	转子动平衡量	10 g · cm	20 g · cm
6	机座止口公差	前端 ϕ190H7,后端盖 ϕ330H8	前端 ϕ190H7,后端盖 ϕ330H8 以外
7	端盖止口公差	前端盖 ϕ190js7,后端盖 ϕ330js7	前端盖 ϕ190js7,后端盖 ϕ330js7 以外

续上表

序号	项　　目	原　　形	禁　用　限　度
8	轴径有效面积拉伤	0	>5%
9	轴径拉伤深度/轴径	0	>2%
10	键槽公差	−0.043 mm～0	−0.05 mm
11	键公差	−0.027 mm～0	0.01 mm
12	定子电阻(75 ℃)	(0.263 3±0.01) Ω	(0.263 3±0.013) Ω 以外

第四节　电机轴承清洗检修

电力机车上采用的各型辅助电机的滚动轴承清洗检查时所用的主要材料有变压器油、汽油、白布、砂布(00 号)、钢砂、擦铜油等。

一、轴承清洗

(1) 新轴承整备将轴承从纸盒中取出，然后连同紧贴轴承的油包纸放入电热烘箱内，在 90～100 ℃温度下进行烘烤，时间 5～10 min，烘后取掉轴承上的油包纸。

(2) 清洗前的整备(旧轴承必须去掉外部油垢)直接放入 20～80 ℃的变压器油中加热，待油脂全部溶去后取放在油箱上面的铁丝网上，滴净轴承上的附油。

(3) 清洗及吹净：逐件用钳子钳入第一汽油箱中，置专用工具上(或来回往复搅动数次)去清油垢后，再浸入第二汽油箱中(清洗汽油)洗净；对可分离轴承须进行解体清洗但不得将内外圈搞错；用手握紧清洗过的轴承的内外圈，以 200～300 kPa 干燥清洁的压缩空气对准轴承滚道部分整个圆周上依次缓慢地吹净。

二、轴承检查

1. 检查清洁状态

仔细检查轴承，通过目测辨别(或压塞尺片插入轴承外滚道间任意搅动，将塞尺片细心拖动，用手指的感觉辨别)，如发现有砂粒或杂质者，说明该轴承尚未清洗干净，应重新清洗。

2. 检查轴承滚道、保持架、滚珠(滚柱)状态

仔细检查轴承内件滚道间、保持架及滚珠(滚柱)表面有无不良情况，如遇轴承内外滚道只有轻微的锈迹时，允许用砂布擦去或用钢砂擦铜油擦拭后再清洗一次。轴承内外滚道间、保持架及滚珠(滚柱)表面应无锈迹、划痕烧伤(颜色变蓝发黑)、裂纹等缺陷。

3. 检查轴承转动的均匀性及灵活性

用手或工具穿入轴承内圈托住，将轴承外圈转动待其自由停下，在此过程中观察轴承转动的均匀性及灵活性，如遇卡住或过松现象不得使用。

4. 必要时需测量轴承内径尺寸

用内径百分表检测轴承内径尺寸须符合公差要求。

复习思考题

1. 劈相机解体前应做哪些检查？

2. 进行劈相机检修时一般需要哪几种工艺过程?

3. 通风机检修后应完成哪些试验?

4. 对电力机车辅助电机检修一般需要哪些工艺?

5. 如何对轴承进行清洗?

6. 如何检修轴承?

第四章

主变压器的检修

主变压器是电力机车上的重要部件，其作用是将 25 kV 的接触网电压变换为电力机车所需的各种电压，以满足机车各种电机、电器工作的需要。长期运行的主变压器，由于受到电磁力、热应力、电腐蚀、化学腐蚀、机车振动、受潮等影响，可能导致变压器发生各种故障，为了保证变压器安全运行，有必要定期进行检修，对不符合规定和要求的零部件，进行零部件更换或修复，通过检修，消除隐患和故障，保证变压器安全运行。本章以 TBQ19-8668/25 型主变压器为例来重点介绍。

第一节　TBQ19-8668/25 型主变压器的检修

机车主变压器的检修有着一套规范、科学的保养和检修方法，要按照检修工艺定期检查维修，确保行车安全。在不同的修程下主变压器的检修范围和技术要求是不同的，在实际工作中要严格遵守各修理工艺要求，保证检修质量。

变压器检修按是否吊心分为小修和大修。变压器大修是指吊心的检查和修理，小修是指不吊心的检查和修理。变压器的检修周期按机车检修周期结构确定。

一、主变压器日常检修要求

1. 检修用材料：抹布、清洁剂等。

2. 检修用设备与工具：锤子、卷尺、手电筒、激光测温枪等。

3. 检修内容：

(1) 检查和清除变压器外观缺陷，并进行局部清扫工作。

(2) 检查储油柜的油位和油色。

(3) 检查箱沿、蝶阀、出线装置、油流继电器、电阻温度计、50 活门、油样活门、波纹管等是否有渗漏油现象。

(4) 检查各紧固件是否紧固。

(5) 检查出线装置、油流继电器、电阻温度计、接地装置等接线是否良好。

(6) 根据需要补充相同型号的变压器油。

(7) 呼吸器的硅胶是否有过 2/3 变为红色。

(8) 检查压力释放阀是否有喷油痕迹，阀杆是否动作。

(9) 检查油箱壁、电缆及接线处是否过热。

(10) 检查主变压器出线装置是否有放电痕迹等。

二、主变压器辅修、小修、第一次中修要求

1. 检修用材料：白布、清洁剂等。

2. 检修用设备与工具：2 500 V 绝缘兆欧表、卷尺、电桥、各型扳手、手电筒等。

3. 检修内容：与日常检修内容相同。

4. 检查试验项目：

(1) 测量主变压器各绕组、滤波电抗器绕组、平波电抗器绕组的绝缘电阻。

(2) 测量主变压器各绕组、滤波电抗器绕组、平波电抗器绕组的直流电阻。

(3) 测量 25 kV 高压套管、出线装置的绝缘电阻。

三、主变压器第二次中修、大修要求

根据故障现象和试验数据，确定变压器内部存在的故障，或根据机车检修周期对变压器进行大修。变压器大修时，对所有附件包括保护装置、安全装置等都要进行检查、测试和修理，达到技术标准后才能组装，不合格的附件，经检修不满足技术标准要求时，须用合格品替换。

1. 检修用材料与工具设备

(1) 检修材料

相同牌号的变压器油 300 kg、白布带、清洁剂、玻璃丝带、抹布、变压器用各种密封件和绝缘垫圈及需更换的变压器配件。

(2) 检修用工具与设备

工具：专用吊具、焊机、钢丝钳、各型扳手、撬棍、储油桶、油盆、灭火器、存放架、线圈架、卷尺、压力表、主变压器器身边垫脚。

设备：真空滤油设备、变压器干燥设备、试验变压器、电流表、功率表、兆欧表、电桥。

2. 变压器大修项目

(1) 大修前的各项试验和变压器油化验工作。

(2) 检查变压器、平波电抗器和滤波电抗器绕组、铁芯和引线，并对故障进行处理。

(3) 检查变压器、平波电抗器、滤波电抗器的固定是否良好。

(4) 检查油箱、储油柜是否变形，焊缝和油漆是否良好。

(5) 检查蝶阀、出线装置、呼吸器、油流继电器、电阻温度计、50 活门、油样活门、出线装置、接地装置等是否正常。

(6) 清洗油箱、储油柜，处理渗漏及喷漆工作。

(7) 滤油或换油。

(8) 变压器器身干燥。

(9) 变压器解体与总装配。

(10) 试验。

3. 变压器第二次中修、大修步骤

(1) 主变压器解体前的检查

解体前对变压器做绝缘电阻、直流电阻测量、油化验和对故障进行检查记录等工作。

(2) 主变压器拆卸解体

① 放油:用带有连接法兰的软管将 50 活门连接至储油桶内,将储油桶置于低于 50 活门高度的位置,旋开 50 活门并完全泄放变压器油。

② 拆卸变压器出线装置与连接的母线上的螺栓。

③ 拆除电阻温度计、油流继电器、压力释放阀的连线。

④ 拆除变压器油箱与车体连接的油管路、接地线、快速接头、A 端子连线。

⑤ 拆除变压器与车体之间的防护罩。

⑥ 拆除油箱安装座与车体之间的安装螺栓。

⑦ 将变压器从车下运出,吊到预定位置。

⑧ 拆卸储油柜和储油柜支撑柜之间的箱沿螺栓和接地连线。

⑨ 将储油柜吊到存放架。

⑩ 拆卸变压器的出线装置、电阻温度计、油流继电器、压力释放阀。

⑪ 拆卸变压器油箱与箱盖的螺栓以及箱盖中间的拉杆螺母,卸去箱盖并吊到指定位置。

⑫ 用钢丝钳剪断变压器铁芯夹件与油箱壁之间安装螺栓上的铁丝,拆卸各安装螺栓、铁芯夹件与油箱之间的连板以及铁芯夹件与油箱之间的接地线。

⑬ 拆除滤波电抗器与油箱之间的安装螺栓及接地线。

⑭ 拆除平波电抗器与油箱之间的安装螺栓及接地线。

⑮ 将变压器器身、滤波电抗器、平波电抗器吊到预定的存放位置。

⑯ 将油箱内底部出油口处的密封圈拿出。

⑰ 卸下油箱底部的放油塞,将油箱内的余油排除干净。

(2) 主变压器的检修内容

① 变压器大修时须更换所有密封件。

② 绕组表面绝缘纸有无破损,颜色和韧性如何,用手按是否有弹性。

③ 引线绝缘包扎是否完好。

④ 线圈的压板和压钉是否松动,线圈座是否被压破,导线是否变形。

⑤ 接地装置是否牢靠,接地铜片有无断裂现象。

⑥ 检查线圈、引线等部位是否有放电痕迹和烧损情况。

⑦ 检查高、低压侧引线的支持件和铜排的安装是否良好,紧固件是否松动,接线片是否开裂。

⑧ 检查绕组老化程度。绝缘胶带是否有韧性、弹性,是否已脆化,用手按是否出现裂纹;各种绝缘材料外观颜色是否变深,纸制绝缘材料是否由浅黄色变成深褐色;绝缘纸板和底部垫块是否有油泥和爬电痕迹。

⑨ 检查主变压器 25 kV 套管是否清洁,是否有裂损、缺边及放电痕迹等。

⑩ 其他各部件的检修见检修说明。

⑪ 所有检修完成后,对变压器、滤波电抗器、平波电抗器器身进行干燥处理。在空气中停留时间超过下述规定时应进行烘干处理:干燥天气(即空气的相对湿度不超过 65%)16 h;潮湿天气(即空气的相对湿度不超过 75%)12 h;空气的相对湿度达到或超过 75%时,吊盖检查后应烘干。

(3) 主变压器组装

① 关闭变压器上的各个蝶阀,安装并检查压力释放阀、油箱底部的放油塞。

② 将变压器器身吊入油箱,对准油箱底板上的定位钉将器身安放好。将滤波电抗器、平波电抗器吊入油箱,对准油箱底板上的定位钉将电抗器安放好。

③ 将变压器、滤波电抗器、平波电抗器与箱体连接紧固,连接相应的接地线。

④ 新的密封圈安放在油箱的箱沿上,并拧紧螺栓,安装好出线装置及温度计。

⑤ 检查变压器各部分是否安装完好,是否有遗漏之处。

⑥ 从油箱下部 50 活门处缓慢注入变压器油至合适油位,油位可从储油柜处根据当时环境温度进行确定。

⑦ 变压器静放 24 h 后,需加压 0.05 MPa 进行压力泄漏试验 24 h,然后可进行各种试验。

⑧ 检验合格后,将变压器运到车体下方并进行安装。然后安装变压器与冷却器的连接管路,变压器与车体之间的接地线,拧紧母线与变压器出线装置接线头之间的螺栓。

⑨ 将储油柜吊到储油柜支撑柜上,并将垫圈和螺母安放好,拧紧螺母,连接好储油柜与油箱之间的快速接头。

⑩打开各蝶阀(包括压力释放阀处的碟阀),让变压器油充满冷却器和管路,拧松各放气塞,将管路内的空气排净;补充变压器油至油位表合适位置,油位可从储油柜处根据当时环境温度进行确定。

(4) 主变压器的检查试验项目

① 零部件检查:对照检查记录,看是否存在检修遗漏的地方。

② 铁芯和铁轭夹件的绝缘电阻测试。

③ 测试主变压器、滤波电抗器、平波电抗器绝缘电阻和吸收比试验。

④ 变压器油化验。

⑤ 工频耐压试验(出厂试验值的 85%)。

⑥ 感应高压试验(出厂试验值的 85%)。

第二节　TBQ19-8668/25 型主变压器部件的检修

一、油箱检修

1. 结构

变压器油箱是变压器的外壳,它与储油柜及其他部件构成密闭系统,通过呼吸器与大气相通,具有安装器身、充注变压器油、构成变压器油道、安装变压器附件等作用。

油箱主要由箱盖、箱体、箱沿、箱底及其附件组成。箱壁由 6 mm 厚钢板焊接而成,箱底由 8 mm 厚 Q345A 钢板焊接而成,箱沿由 10 mm 厚 Q345A 钢板焊接而成,箱壁焊有一些加强扁钢和槽钢。箱壁有油道,箱盖有出线装置,油箱内腔由铝板隔成两个腔,大腔放主变压器的器身,小腔放电抗器。铝板用于隔磁。箱壁焊有 4 个安装座,用于安装和起吊整台变压器。箱底设有放油塞,用以放净箱底残留的变压器油。箱壁多处开有长方形孔,侧壁的观察孔是安装变压器器身用的。

油箱壁下部装有 50 活门,以作注油、滤油和放油用。油箱壁下部的适当位置装有油样活门,由此取油样,以对变压器油进行化验用。油箱壁的上部装有压力释放阀。

2. 日常检修

(1) 要求

检查油箱有无渗漏,检查紧固件有无松动,检查四个悬挂安装座焊缝有无裂纹。

(2) 检修用材料与工具设备

检修材料:棉纱布。

检修工具:扳手、螺丝刀、手电筒。

(3) 检修内容

① 变压器断电后,用棉纱布将箱体擦拭干净,观察油箱各焊缝处有无渗漏,特别检查4个悬挂安装座及其周边焊缝有无裂纹。

② 用扳手查看各紧固件有无松动,特别是接地螺栓。

3. 月检、小修

(1) 要求

检查油箱焊缝有无渗漏、密封部位有无渗漏;检查各紧固件有无松动;检查4个悬挂安装座焊缝有无裂纹。

(2) 检修用材料与工具设备

检修材料:棉纱布、酒精、砂布。

检修工具设备:扳手、交流焊机、焊条。

(3) 检修内容

① 用棉纱布蘸酒精将箱体擦拭干净,观察油箱各焊缝处有无渗漏。

② 若油箱出现焊缝渗漏油时,先用砂布将渗漏处打磨,再进行补焊,可根据实际情况,启动油泵进行带油补焊,补焊后要打磨平整。

③ 若4个悬挂安装座焊缝有裂纹,则需用砂轮机磨掉原焊缝,清理干净后补焊,补焊后要打磨平整。

④ 检查密封部位有无渗漏,若渗漏,则需更换橡胶垫。

⑤ 用扳手检查各紧固件有无松动,若松动,则需拧紧。检查接地螺栓是否接地良好。

4. 中修

(1) 要求

各焊缝无裂纹、漏油现象;各密封部位无漏油现象;箱体油漆良好;检查4个悬挂安装座焊缝有无裂纹。

(2) 检修用材料与工具设备

检修材料:棉纱布、酒精、砂布、备用密封垫。

检修用工具设备:扳手、交流焊机、焊条、砂轮打磨机。

(3) 检修内容

检修内容与小修基本一致,除完成小修检修项目外,还需对4个悬挂安装座焊缝进行磁粉探伤或无损检测,并检查箱体油漆是否剥落,若有掉漆,则应先打磨除锈,刷底漆后再补涂同种型号的面漆。

5. 大修

(1) 要求

各焊缝无裂纹、漏油现象;更换密封垫圈;重新涂装油漆;箱体做打压试验。

(2) 检修用材料与工具设备

检修材料:棉纱布、酒精、砂布、油漆。

检修工具设备:扭矩扳手、交流焊机、焊条、高压气罐、砂轮打磨机、油漆喷枪。

(3) 检修步骤

① 待放油吊出器身后,应先用酒精清洗油箱内外表面油泥、油污、铁锈等脏物,油箱内必须保持干净,不得有焊渣、金属紧固件等异物出现。清理油箱后,最后要用合格的变压器油冲洗内部。

② 底座部分各焊缝要进行磁粉探伤或无损检测,若油箱有焊缝裂纹,则需补焊。补焊后要打磨平整。

③ 对 4 个悬挂安装座焊缝进行磁粉探伤或无损检测,若 4 个悬挂安装座焊缝有裂纹,则需用砂轮机磨掉原焊缝,清理干净后补焊,补焊后要打磨平整。

④ 更换全部密封垫圈。箱沿密封、箱体各密封部位必须擦净,在拧紧螺母时,螺母应对角逐步均匀拧紧,不可将一个螺母拧到位后再拧另一个。耐油橡胶压缩量在 25% 左右,压缩量过小,密封不良,压缩量过大,橡胶被过量压缩,造成渗漏油。拧紧力矩大小应符合相关规定。

⑤ 接地螺栓表面用砂布打磨,打磨后应平整干净,接地螺栓要拧紧,接地要良好。

⑥ 重新涂漆。先将箱壁打磨除锈,刷底漆后再补涂同种型号的面漆。

⑦ 确认压力释放阀与箱壁之间的蝶阀处于开启状态。

6. 检查试验项目及内容

(1) 一般试验

油箱检修后,应能承受 0.05 MPa 压力,经 24 h 不渗漏、残余压力不低于 0.04 MPa、不得产生永久变形为合格。

(2) 型式试验

除达到一般试验要求外,还要做注油抽真空试验,抽 380 mm 汞柱时,油箱不得有永久变形和任何损伤(如焊缝开裂),且弹性变形不得超过油箱壁厚 2 倍为合格。

二、油箱附件的检修

1. 压力释放阀

(1) 结构

压力释放阀的型号是 YSF5-70/50J,外形如图 4-1 所示。压力释放阀的作用是当变压器油箱内部因某种故障而使压力急剧增大,其压力达到标定值时,压力释放阀能迅速开启释放,从而防止变压器油箱破裂或爆炸。从压力释放阀排出的气体和油流流到车下,当恢复正常时,阀口处于关闭状态。压力释放阀动作时标志杆将弹出且不复位。

图 4-1 压力释放阀

1—密封圈;2—阀体;3—上罩;4—防雨罩

压力释放阀的开启压力为 70 kPa,关闭压力不小于 37.5 kPa。对压力释放阀以每秒 10 kPa 增压时,其打开速度小于 2 m/s。

(2) 检修

压力释放阀日常检修和小修要求从观察窗口检查压力释放阀是否漏油,阀杆是否处于复位位置。中修要求检查压力释放阀动作压力,检查紧固件、密封件。

2. 油样活门

(1) 结构

油样活门是为提取变压器油进行油样分析的专用装置,型号为 YZF-2 型,外形如图 4-2 所示。在提取变压器油时,应先进行油样活门出油口的清洁。油样活门安装在变压器下部,用来取油样,使用时先将罩拧开,将取油样软管套在软管接头上,然后徐徐拧动塞子,使油能从接头中放出为止。

(2) 检修

油样活门日常检修和小修要求用干净的棉布擦拭油样活门周围污垢,检查油样活门是否有变压器油渗出。中修要求拧开油样活门罩,清洁活门和罩。若橡胶垫漏油,则更换;若活门有裂纹,则补焊或更换。

3. 50 活门

(1) 结构

50 活门(图 4-3)作为补油、注油、放油和滤油而使用。主变压器的大量注油必须从此处注入。通过旋转手轮来关闭和打开活门。50 活门在投入工作时应将其密封板和遮盖卸下,工作完后,则应装上,以确保阀体内及变压器油不受污染。

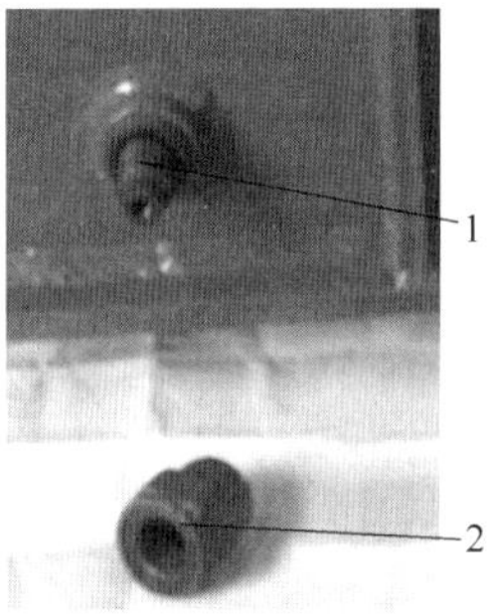

图 4-2 油样活门

1—活门;2—罩

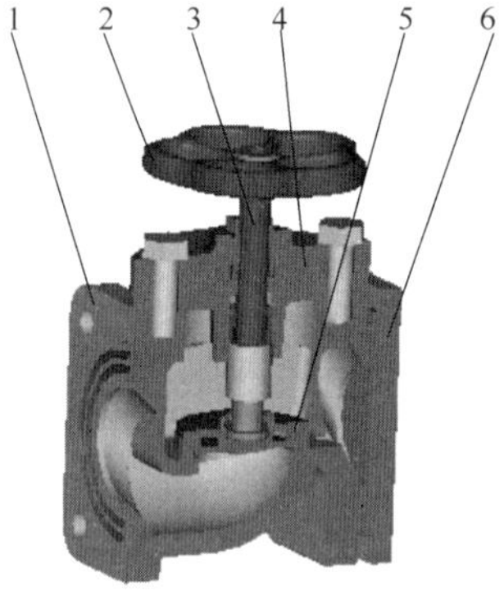

图 4-3 50 活门

1—阀体;2—手轮;3—阀杆;4—盖;5—阀座;6—压板

(2) 检修

50 活门日常检修和小修要求用干净的棉布擦拭 50 活门周围污垢,检查 50 活门是否有变压器油渗出。中修要求用干净的棉布擦拭 50 活门周围污垢,将封板打开,清洁阀体内部,检查阀体密封情况。大修要求用干净的棉布擦拭 50 活门周围污垢后,将封板、盖、阀杆打开,用火碱浸泡,除去污垢,用蘸酒精的棉布将阀体内部清洗干净,更换密封垫。活门应密封良好。

4. 蝶阀

(1) 结构

蝶阀(图 4-4)位于进油管和出油管中,在检修油路部件时应关闭该蝶阀,在变压器启动时应打开该蝶阀。

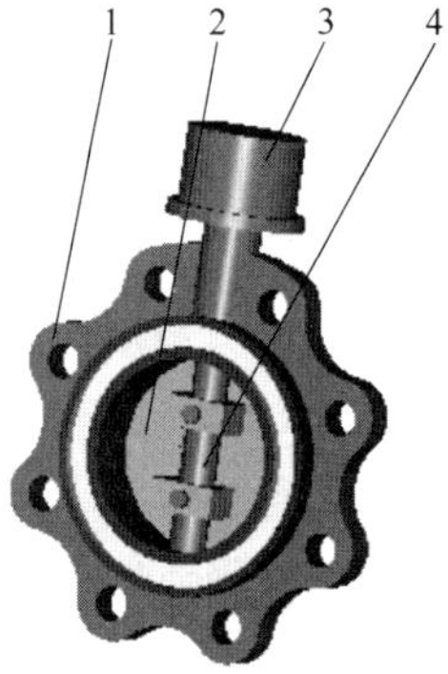

图 4-4 蝶阀

1—阀体;2—阀板;3—上盖;4—阀杆

蝶阀为铸钢结构。蝶阀的开关键具有防松功能,并可指示“开”和

"关"的方向。阀体和阀翼之间、阀体与周边管道的法兰之间均有O形密封圈。卸下蝶阀一边的管道，蝶阀仍可与另一侧的管道构成紧密密封，但蝶阀一侧若长期外露，则应加带密封板的盖板，以防蝶阀的密封圈和阀翼受污染。

(2) 检修

蝶阀日常检修和小修要求用干净棉布擦拭蝶阀周围污垢，检查蝶阀是否有变压器油渗出。确认蝶阀处于开启状态。蝶阀中、大修要求用干净棉布擦拭蝶阀周围污垢后，将阀门打开，用蘸酒精的棉布将阀体内部清洗干净。检查蝶阀密封情况，若渗漏，则更换密封垫。

三、铁　芯

1. 结构组成

铁芯是变压器的基本部件，由铁芯柱和夹紧装置组成，结构如图4-5所示。铁芯柱由硅钢片构成。铁芯的夹件不仅使铁芯柱成为一个机械上完整的结构，而且在其上面套有带绝缘的线圈，支持着引线，器身定位，几乎安装了变压器内部的所有零部件。铁芯心柱呈多级圆形截面。采用单相二柱心式叠铁芯。铁芯片以搭接方式叠积。

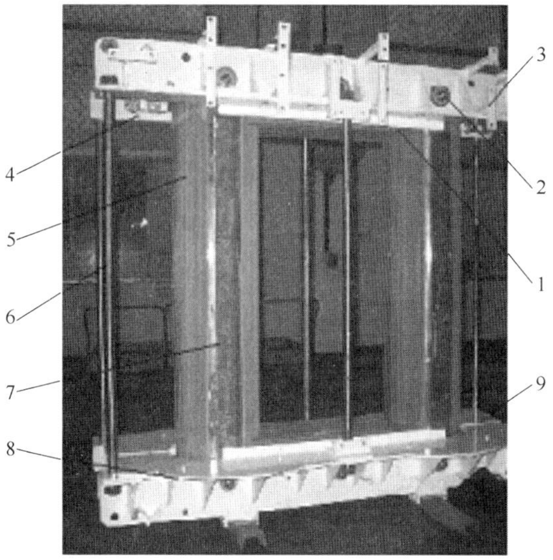

图4-5　变压器铁芯组装

1—夹件油道；2—铁轭螺杆；3—S侧上夹件；
4—D侧上夹件；5—铁芯；6—拉螺杆；7—铁芯夹板；
8—S侧下夹件；9—D侧下夹件

2. 铁芯检修

(1) 铁芯解体前检查

各部分应清洁，外观完好，标记清晰，各紧固件应紧固无松动。各接地线接头焊接部分无裂纹、脱落等非正常情况；各连线间连接完好，紧固无松动；连接处无变色、烧痕等现象；接地片接地可靠。铁轭螺杆、夹件油道、夹板油道绝缘不得有磨损、松散、过热现象。

(2) 铁芯解体步骤

① 释放压钉、拉螺杆、穿心螺杆。

② 取出高、低压侧上夹件和夹件油道。

③ 拆出上铁轭片。

④ 吊出线圈。

(3)检查试验项目及内容

对铁芯进行外部检查时，当发现有发黑、褪色、短接和短路的地方，有可能是铁芯发生短接、多点接地，甚至短路事故，须进行试验判定。

① 绝缘电阻测定：清除紧固件污垢和残渣后，把铁芯接地片和夹件接地线打开，用兆欧表检查铁芯对地绝缘电阻是否有10 MΩ，铁芯对地绝缘电阻为零，则说明夹件有多点接地。铁轭螺杆绝缘电阻是否有2～3 MΩ，若小于规定值，说明铁芯有短路现象，则应检查绝缘件是否完好。

② 铁芯空载试验：空载损耗显著增大，可能是铁芯片短接或夹紧件短路，有局部过热产生；空载损耗较大，可能是铁芯绝缘不良。

四、线　　圈

1. 结构

线圈是变压器输入和输出电能的电器回路，是变压器的核心部件。它是由不同规格的扁铜导线和换位导线绕制，再配置各种绝缘件组成。

(1) 外部结构

线圈组装由压板、上铁轭绝缘、线圈、下铁轭绝缘、线圈座等部分组成，如图 4-6 所示。

图 4-6　线圈组装

1—压板；2—上铁轭绝缘；3—线圈；4—下铁轭绝缘；5—线圈座

(2) 内部结构

主变压器有 8 种线圈：高压线圈、牵引线圈(内)、牵引线圈(外)、辅助线圈 1、辅助线圈 2、辅助线圈 3、采暖线圈、励磁线圈。

2. 中修

(1) 线圈中修要求

各部分应清洁，外观完好。线圈检查无短路、断路，外包绝缘不得有磨损、松散现象。线圈相互间及对地绝缘电阻值应符合有关技术条件规定。

(2)检查试验项目及内容

① 直流电阻测量：用 QJ-44 电桥，测量各绕组的直流电阻，应在允许偏差范围内，否则，检查是否存在匝间短路。

② 绝缘电阻测量：用兆欧表测量线圈相互间及对地绝缘电阻值，若小于规定值则应重新烘潮，再测量。

③ 外施耐压试验：绕组对地间外施频率 50 Hz 的电压，持续 1 min 不击穿为合格。

3. 大修

(1) 线圈大修要求

吊出线圈，压板、上铁轭绝缘、下铁轭绝缘、线圈座不得有油污。线圈检查无短路、断路，外包绝缘不得有磨损、松散现象。线圈相互间及对地绝缘电阻值应符合有关技术条件规定。

(2) 检查试验项目及内容

完成中修检查试验项目外，还应进行感应耐压试验。

五、储 油 柜

1. 结构

当变压器油的温度发生变化时，油的体积会发生膨胀或收缩。这样引起了油箱变压器油油面的升高或降低。为了使油箱内的油面能自由地升降，并使油不致吸入空气里的潮气而绝缘强度下降，因此专门设置了一个储油柜。储油柜能够满足变压器在环境温度最高(40 ℃)并在变压器持续运行时，油不溢出储油柜；在环境温度最低(－45 ℃)且变压器处于不工作时，储油柜中有油。储油柜是通过吸湿器通向大气的。

储油柜的箱体由 6 mm 厚防锈铝板焊接而成，箱体内部纵向有筋板加强，它是储油柜的储油的容器部分。箱体上焊有 4 个吊攀，用于起吊储油柜。储油柜底部设有放油塞，用来放尽储油柜里残留的变压器油。

2. 储油柜检修要求

(1) 储油柜各组件密封部位必须擦净，在拧紧螺母时，螺母应对称逐步均匀拧紧，不可将一个螺母拧到位后再拧另一个。耐油橡胶压缩量在 25%左右，压缩量过小，密封不良；压缩量过大，橡胶被过量压缩，造成渗漏油。

(2) 储油柜焊缝应无渗漏现象。

(3) 检查储油柜各紧固件是否有松动，若出现松动，则需重新拧紧。

(4) 检查各密封部位是否渗漏油，若渗漏，则应更换橡胶垫。

(5) 检查储油柜表面油漆是否脱落，若有掉漆，则应先打磨除锈，再补涂同种型号的油漆。

(6) 清除其表面灰尘。

储油柜月检、小修的检修内容按照储油柜日常检修要求进行。

储油柜大修要求更换所有橡胶垫，用白布带清除其表面灰尘；其余按照储油柜日常检修要求进行。

3. 检查试验项目及内容

用压力表对储油柜进行气压试验：试压 50.7 kPa，不得渗漏；试压 76 kPa，不得永久变形。

4. 储油柜附件

(1) 吸湿器

① 结构。吸湿器在油的膨胀、收缩呼吸时，吸收空气中的灰尘、水分，以缓和油质的劣化。吸湿器在吸入外面的空气时，首先通过下面的变压器油过滤空气中的灰尘，然后，通过上面的硅胶过滤空气中的水分。

在吸湿器中，变压器油的质量约为 100 g，硅胶的质量约为 1 500 g。硅胶经过浸氯化钴处理，在干燥状态下呈蓝色，在吸湿之后呈淡紫色状，在接近饱和状态时呈淡红色状。通过玻璃筒观察硅胶的变色程度，可判断吸湿器的吸湿程度。变色后的硅胶经烘干处理后，又呈蓝色，可以继续使用。

吸湿器由法兰盘、玻璃管、变色硅胶、座、变压器油、盖板、螺杆、密封垫圈、罩等组成，外形如图 4-7 所示。

图 4-7　吸湿器

② 吸湿器的解体更换硅胶。用扳手拧下吸湿器与储油柜上的呼吸管连接的螺母，卸下吸湿器（必须用一只手托住其下部，另一只手扶住其侧面），放置一平台上，拆下法兰盘、密封垫圈，这样就可以更换其中已变色的硅胶了。

更换硅胶以后，装上密封垫圈、法兰盘，再与储油柜上的呼吸管通过六角螺栓连接，用扳手拧紧螺母即可。

③ 吸湿器的检修。

a. 通过玻璃筒观察硅胶的变色程度，如果硅胶有 2/3 变成淡红色时，应用蓝色硅胶更换。

b. 观察玻璃筒是否存在裂痕，如果有则卸下吸湿器更换它。

c. 观察吸湿器与储油柜上的呼吸管连接的螺母有无松动，如果有则用扳手拧紧螺母即可。

d. 清除其表面灰尘。

e. 中修需检查密封垫圈，不得产生裂纹、剥离、老化等现象，否则应更新。

f. 大修需更换所有密封垫圈；用白布擦干净吸湿器表面的灰尘，用机油清洗六角螺栓、螺母、盖板等金属件。

(2) 油位表

① 结构。油位表装在储油柜上，用以显示油位。它是一个充有变压器油的玻璃管中放入一个空心的红色玻璃球。红色玻璃球浮在油面上，可清楚地指示油位。油位表上有刻度：+60 ℃、+40 ℃、+25 ℃、0 ℃、−25 ℃、−45 ℃，这些刻度是指主变压器未工作，环境温度分别是+60 ℃、+40 ℃、+25 ℃、0 ℃、−25 ℃、−45 ℃时，储油应具有的油位。储油柜里的油在车体倾斜时油面将会受到很大影响，所以必须要在车体处于水平状态时观察油位表。当油位表的读数与温度计的读数相比过低时，则应怀疑是否有漏油现象发生，并及时补足同型号的变压器油。油位表由法兰(焊在储油柜围板上)、盖板、密封圈、反光板、玻璃板等组成。

② 油位表的检修。油位表解体前检查玻璃板是否存在裂痕，否则应更换玻璃板。检查密封垫圈周围是否漏油，否则应更换密封垫圈。检查法兰周围是否漏油，否则应对其进行补焊。

用扳手拧下油位表上的螺母，然后依次取下六角螺栓、盖板、密封垫圈、玻璃板、密封垫圈。

更换所有密封垫圈。检查六角螺栓和螺母有无裂痕、变形，如果有则更换。玻璃板是否存在裂痕，否则应更换玻璃板。用白布擦干净油位表、玻璃板表面的灰尘，用机油清洗六角螺栓、螺母、盖板等金属件。

按油位表解体相反的步骤对其进行组装。

六、引　线

连接线圈各引出端和油箱上出线端子的导线称为引线。对引线有三个方面的要求：电气性能、机械强度和温升。引线在尽量减小器身尺寸的前提下，应保证足够的电气强度；为承受运行的颠簸、长期运行的振动和短路电动力的冲击，应具有足够的机械强度；对长期运行的温升、短路时的温升和大电流引线的局部温升、不应超过规定的限值。

1. 结构

变压器引线主体采用铜排，线圈出头通过钎焊焊在铜排上，铜排上焊有软连接，软连接与出线装置的接线头相连。绝缘支持件由层压玻璃布板制成，铜排通过胶木螺杆和胶木螺母固定在绝缘支持件上，绝缘支持件通过两端的螺栓固定在上、下夹件的支持件上。

2. 检修需用材料与工具设备

检修材料：清洗用酒精、银铜焊条、绝缘皱纹纸、绝缘胶带、1504 绝缘漆、乐泰绝缘胶262 号。

检修工具：力矩扳手、手焊枪、电阻焊机、夹线钳。

3. 检修内容

(1) 各部分应清洁，外观完好，各绝缘件无开裂、分层现象。

(2) 各紧固件应紧固，无松动、断裂现象。

(3) 引线焊接部分无裂纹、脱落等非正常情况；各连线间连接完好，焊接处无焊渣、炭黑等杂质，并无尖角、毛刺、烧痕等现象。

(4) 检查引线之间的电气距离，对电气距离小于 25 mm 之处，用绝缘皱纹纸、绝缘胶带进行包扎。

4. 检查试验项目及内容

(1) 引线焊接完后，测量线圈直流电阻。

（2）引线焊接完后，测量线圈各出头之间的绝缘电阻。

七、变压器附件

1. 电阻温度计

（1）结构

电阻温度计的型号为 Pt100，外形如图 4-8 所示。电阻温度计是用来测量变压器的油顶层油温的。其测量信号传入机车的计算机，车载计算机对变压器油温进行监控。电阻温度计由探温头、接线盒和密封圈等组成。电阻温度计有良好的耐低温性能和防水、潮、灰尘等性能。

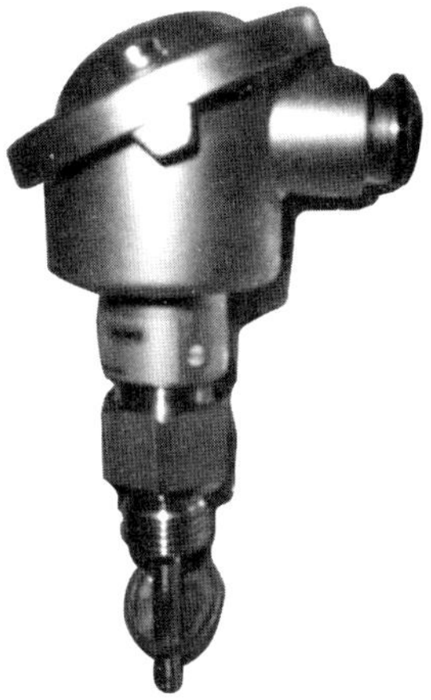
图 4-8　电阻温度计

（2）电阻温度计日常检修和小修要求

用干净棉布擦拭电阻温度计周围污垢，检查电阻温度计是否有变压器油渗出。确认电阻温度计接线良好。

（3）电阻温度计大修要求

卸下电阻温度计，用干净棉布擦拭电阻温度计周围污垢，校核电阻温度计的精度温度误差不超过 1 ℃。

2. 油流继电器

（1）结构

油流继电器是用来测量变压器的油流情况的，外形如图 4-9 所示。其测量信号传入机车的计算机，车载计算机对变压器油流情况进行监控。

油流继电器由叶片、接线盒、表盘和密封圈等组成。油流继电器有良好的耐低温性能和防水、潮、灰尘等性能。

图 4-9　油流继电器

（2）油流继电器日常检修和小修要求

用干净棉布擦拭油流继电器周围污垢，检查油流继电器是否有变压器油渗出。确认油流继电器接线良好。

（3）油流继电器大修要求

卸下油流继电器，用干净棉布擦拭油流继电器周围污垢，校核油流继电器的灵敏度。

3. 变压器油

（1）变压器油的作用

线圈带电部分和引线端部绝缘、渗入绝缘纸增强其绝缘性能、防止电火花和电弧、消除电火花和电弧、携带散发的热量并将其传到散热器。

（2）变压器油检验

① 服务中的变压器油老化的检查。为使变压器在一段时期内能准时运行，必须定期检查，每 6 个月取一次油样，观察其清洁度和纯度，每 5 年进行一次综合化学分析。

② 颜色和纯度。变压器内部结构上的固体物质和空气中的湿气会进入变压器油，这会降低变压器油的透明度。外观呈深色或黑色的程度表示变压器油的老化程度。

③ 酸、碱值。

④ 介质损耗因数。

⑤ 击穿电压。击穿电压允许值：新变压器油不小于 50 kV，运行变压器油不小于 30 kV。

⑥ 测试数据及建议见表 4-1。

表 4-1 变压器油检验指标

序　号	项　目	质量指标	实 测 值	建　议
1	酸值	0.002 mgKOH/g	>0.5 mgKOH/g	换油
2	碱值		>1.25 mgKOH/g	换油
3	击穿电压	≥50 kV	<30 kV	对变压器油干燥

八、平波电抗器与滤波电抗器检修

电力机车整流器输出的电压为脉动电压，在整流电路中流过的电流是脉动电流，为改善直流牵引电机的换向，减小电机的脉动，在牵引电机回路串接了平波电抗器。SS_9 型电力机车采用 TXP13 型平波电抗器，如图 4-10 所示。每台车有 2 台平波电抗器，每台有 3 个电抗绕组。封闭安装在主变压器中，它与主变压器的器身共油箱，位于主变压器的另一侧。平波电抗器共有 6 个线圈，分两组布置，其端子号分别为 C1Y1、C2Y2、C3Y3、C4Y4，C5Y5、C6Y6，分别与 6 个牵引电动机相连接，线圈的额定电流为 870 A。

滤波电抗器是电力机车功率补偿装置中的电感元件，SS_9 型电力机车采用的是 TXL21 型滤波电抗器，如图 4-11 所示。滤波电抗器与主变压器器身共油箱，位于主变压器的另一侧。SS_9 型电力机车滤波电抗器有两个绕组，其端子号分别为 L1K1、L2K2，电压等级为 1 000 V，额定持续电流为 667 A。采用壳式、分段式铁芯结构。

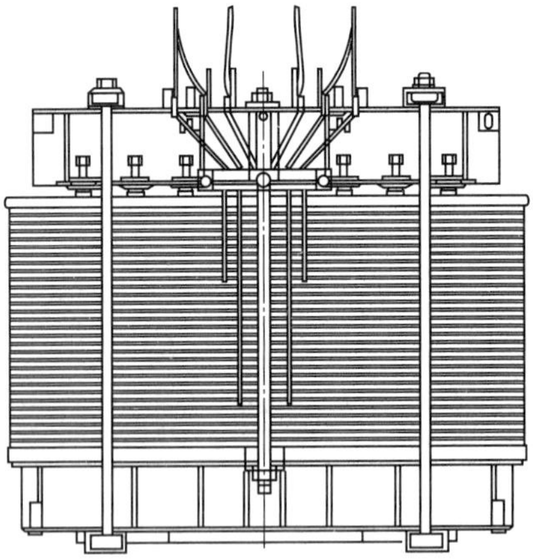

图 4-10　TXP13 型平波电抗器

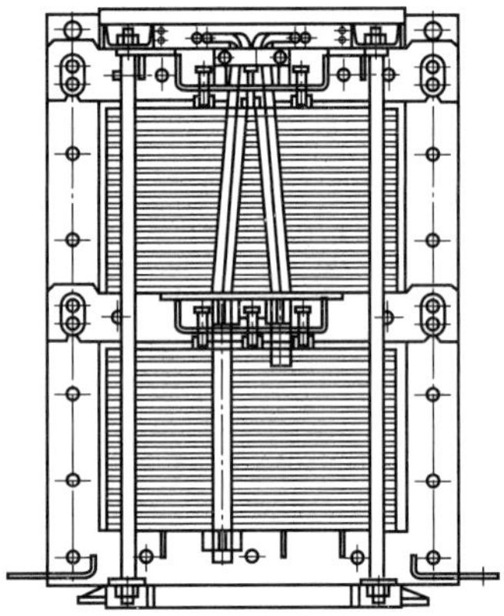

图 4-11　TXL21 型滤波电抗器

平波电抗器、滤波电抗器的检修与主变压器相同，不再详述。

九、安装装配

1. 油管装配

油管装配是连接全铝板翅式复合冷却器和变压器油箱之间的油管路装配体。为承受运行的颠簸、长期运行的振动的冲击，油管装配应具有足够的机械强度和密封性，不产生断裂、漏油现象。

油管装配包括波纹金属软管、蝶阀、联管和密封垫，波纹金属软管具有一定的伸缩性，可以消除装配时的尺寸偏差和机车运行时产生的振动力对油管装配的影响，油管装配下部通过支架固定在变压器安装梁上，目的是增加其机械强度。

日常检修应检查其外观是否完好，有无漏油现象。检查各紧固件是否紧固，有无松动、断裂现象。

中修应更换联管装配中所有密封垫。检查蝶阀，对不能可靠工作的蝶阀进行更换。与油箱箱体一起试压。

2. 器身安装

变压器铁芯与油箱之间的固定装置称为器身安装，安装必须牢固可靠，确保变压器铁芯在油箱内部不会产生摇晃。

器身安装包括挡板、压钉、螺栓、密封垫圈和调整垫等。通过拧紧压钉和螺栓的方式将变压器铁芯固定在油箱内部。

变压器进行解体检修时更换器身安装的所有密封垫圈。

复习思考题

1. 主变压器日常检修的内容有哪些？
2. 主变压器大修项目有哪些？
3. 简述变压器第二次中修、大修的检修步骤和工艺方法。
4. 简述主变压器油箱大修的检修步骤。
5. 主变压器铁芯检查试验项目及内容有哪些？
6. 主变压器线圈检查试验项目及内容有哪些？

第五章

低压电器柜的检修

电力机车低压电器柜主要安装机车辅助电路和控制电路中所用的电器，按其专业性可分为机车专用电器和通用型电器，专用电器是专为电力机车设计的电器，普通电器是针对机车使用的特殊性在普通型电器上做相应改进而派生的。低压电器柜内安装的大部分是通用型电器，包括了电磁接触器、真空接触器、中间继电器、时间继电器、三相自动空气开关等，低压电器柜也安装了劈相机启动继电器等机车专用电器。本章针对电力机车低压电器柜内的机车专用电器和通用型电器，详细介绍电力机车低压电器的检修工艺和方法。

第一节　接触器的检修

一、AF 系列电磁接触器

1. 结构

低压电器柜内 AF 系列电磁接触器主要有 AF260、AF185、AF110、AF95 型。其中 AF185、AF95 型外形如图 5-1、图 5-2 所示。

AF 系列电磁接触器结构如图 5-3 所示。AF 系列电磁接触器线圈为免维护结构，若损坏应更换新的接触器。

图 5-1　AF185-30-11 型电磁接触器

图 5-2　AF95-30-11 型电磁接触器

2. 主要技术参数(表 5-1)

表 5-1　AF 系列电磁接触器主要技术参数

型　号		AF110-30-11	AF185-30-11
主触头	额定电压(V)	AC 380	AC 380
	额定电流(A)	110	180
	分断能力(≤440 V 下)(A)	≥1 000	1 800
	接通能力(均方根值)(A)	≥1 000	2 000
辅助触头	额定电压(V)	DC 110	DC 110
	额定电流(A)	1.5	1.5
	约定发热电流	15	15
控制线圈	额定电压(V)	DC 110	DC 110
	线圈损耗	闭合:400 W 保持:2 W	闭合:500 W 保持:2 W
	线圈吸合时间(ms)	30～80	30～115
	线圈断开时间(ms)	55～125	25～80

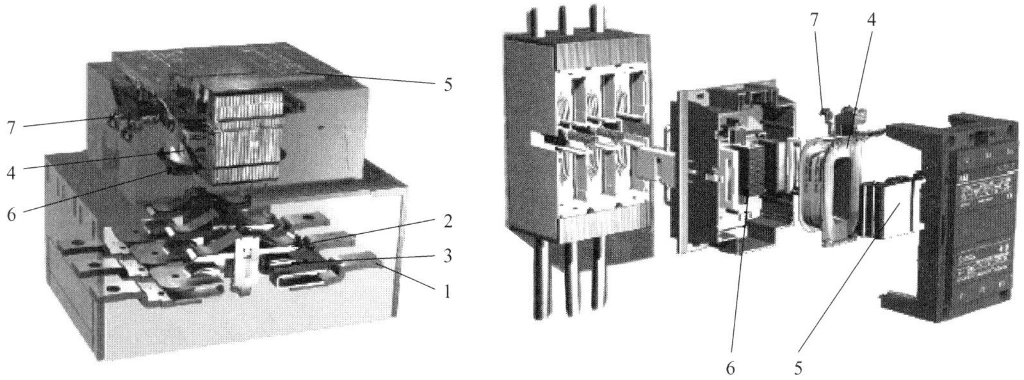

图 5-3　AF 系列电磁接触器结构

1—端子排;2—动触头;3—静触头;4—线圈;5—罩盖;6—铁芯;7—线圈端子

3. AF 系列电磁接触器检修范围(表 5-2)

表 5-2　AF 系列电磁接触器检修范围

序号	检修项目	检修内容及要求	检修范围		
			辅修	小修	中修
1	外观检查	1. 外观清洁,不许有破损,接线端、安装螺栓紧固齐全,接触器吸合时动作灵活,不许有异声	√	√	√
		2. 清理接触器外部,保持清洁,线号清晰	√	√	√
		3. 清扫擦拭动、静触头,清除烧痕,保持接触面洁净	√	√	√
		4. 动、静触头位置正常,不许有松动、移位现象	√	√	√
2	试验	在额定控制电压 DC 88 V 下检查吸合、释放状态,三相动作一致,保持可靠灵活			√

4. 机械磨损

机械操作的次数增加对接触器触头的机械和电气寿命的影响比较小,主要有以下几种机械磨损。

(1) 交流噪声

如果在铁芯表面有垃圾,接触器吸合时,接触器会有轻微的声音。可以用一块干的软布来清洁。交流噪声也有可能由铁芯表面变形造成。如果铁芯上的短路环损坏,交流噪声会较大,因为磁场会使接触器产生抖动。如果这样的话,接触器就需更换。

产生交流噪声的另外一个原因,可能是在超出接触器技术规范上允许的环境下使用,而产生了腐蚀。接触器应该在无凝露的环境下使用,这样可以避免铁芯表面受腐蚀。

(2) 触头抖动

接触器的线圈工作电压范围应在额定电压的 85%～110%之间。电压波动范围在±5%范围内时,触头的磨损最小。电压过高会导致铁芯吸合的速度加快,低电压则会降低吸合速度。以上因素都会在吸合时导致较高的触头抖动。高电压及吸合时的速度会导致吸合时声音增加。

5. 主触头的维护

如果仅是触头表面粗糙及变色,此时触头并未破坏或完全磨损。在图 5-4、图 5-5 中,触头看上去比较差,但经验告诉我们,下面的触头比一套新的还要好。这是因为触头已经"电气对位",整个触头表面已完全接触。如果仅根据触头表面外观来判断是否需更换触头,可能是错误的。

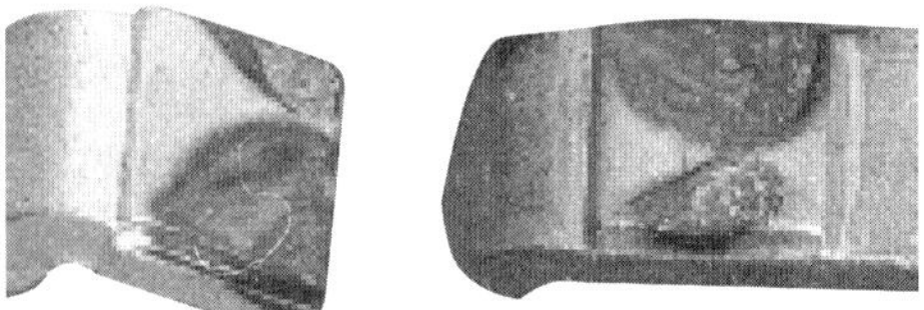

图 5-4 在 AC-3 应用中,接触器动作次数很少的情况下,触头外观

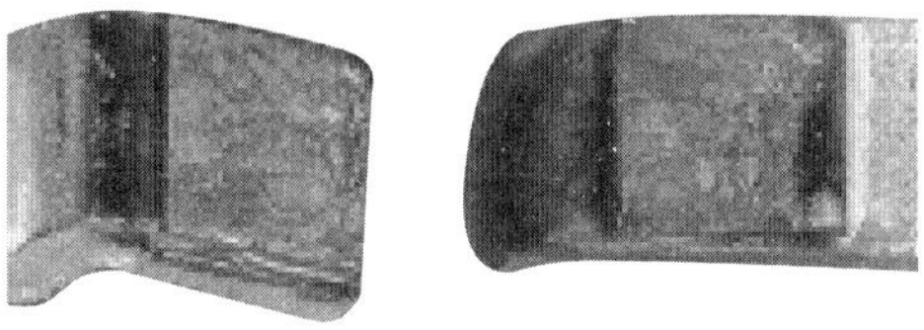

图 5-5 在 AC-3 应用中,触头达到"良好磨合"程度的外观

随着触头材料的发展及接触器性能的提高,锉、打磨或其他尝试修复触头或触头表面的方法都是不需要的。根据以往的经验,这样做会增加产生其他问题的风险。例如砂纸的残留物会增加触头的阻抗等。

同样在试图修复触头过程中,未进行清洁工作也会影响接触器的性能。

触头维护应仅限于检查触头的磨损程度。这样是为了保证到下一次维护这段时间中,接触器可以无故障运行。

检查触头,也可以判断接触器在应用中是否正常运行,及触头是否有异常的磨损或损坏现象。

无论是从功能还是经济的观点来看,确定触头的磨损程度是必要的。太早地维护接触器会增加总的费用,在适当的时候维护接触器,避免设备中断或事故是比较经济的。

不同的应用类别,不同的负荷触头的磨损率是不同的。对于电机控制还与电机的启动方式有关。

6. 更换触头

在已安装的接触器上更换触头,步骤如下。

(1) AF95 型电磁接触器

AF95 型电磁接触器更换触头的步骤如图 5-6 所示。

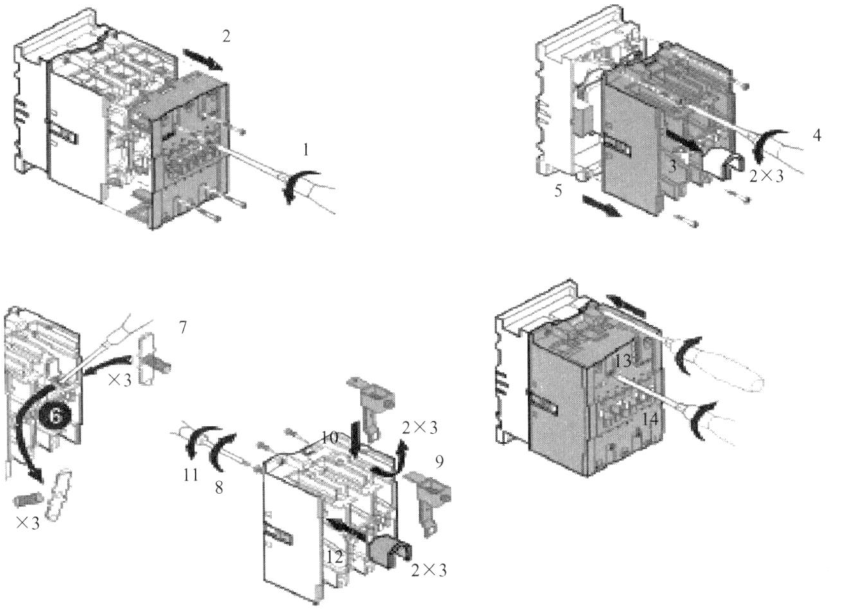

图 5-6　AF95 型电磁接触器更换触头步骤示意

(2) AF185 型电磁接触器、AF260 型电磁接触器

AF185 型电磁接触器、AF260 型电磁接触器更换触头的步骤如图 5-7 所示。

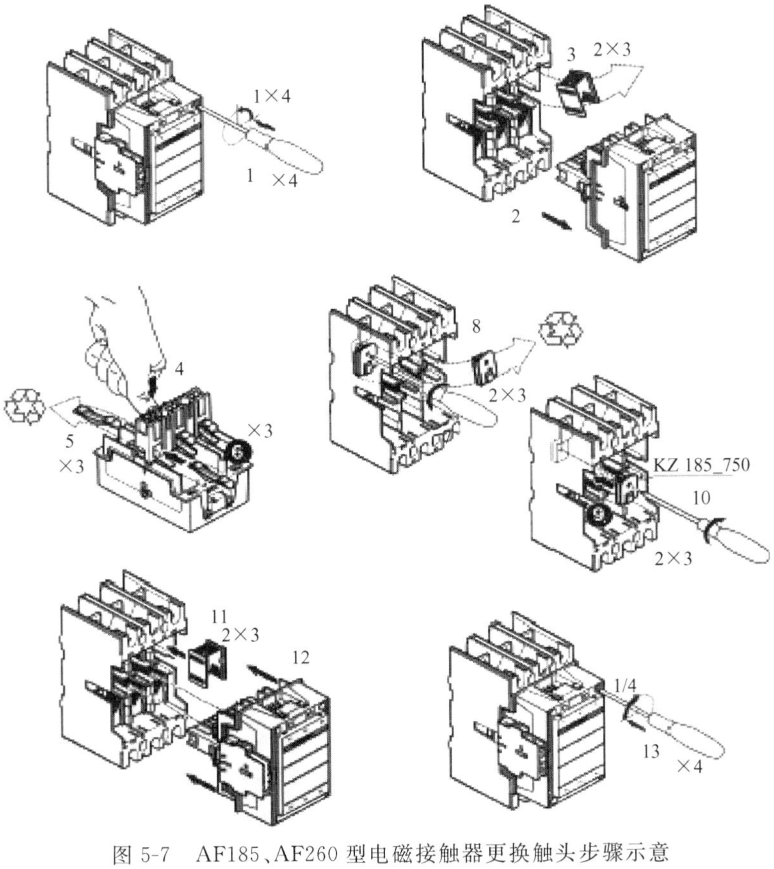

图 5-7　AF185、AF260 型电磁接触器更换触头步骤示意

二、6C 系列电磁接触器

1. 结构

6C 系列电磁接触器的外形如图 5-8 所示。

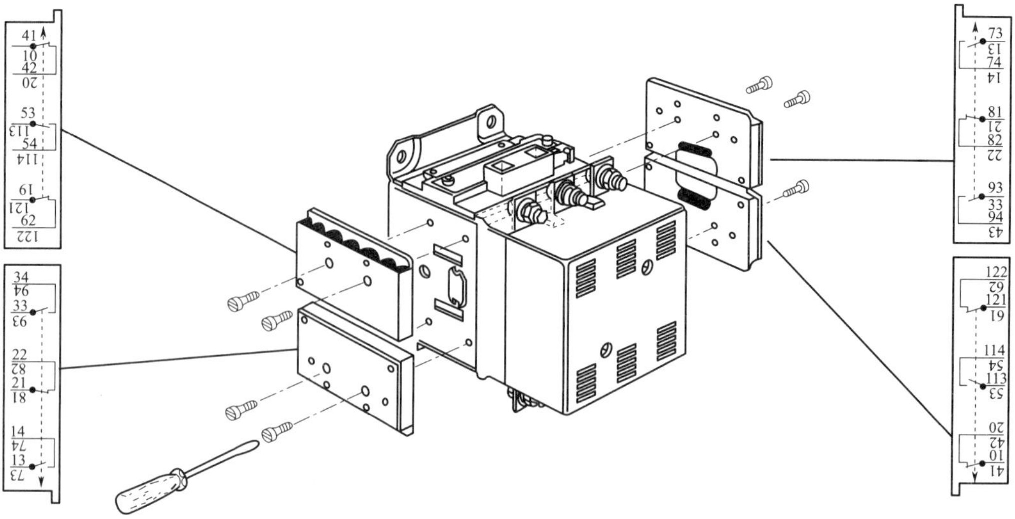

图 5-8　6C 系列电磁接触器的外形

6C 系列电磁接触器为直动式，立体布置、双断点结构形式，主要由底座、动触头、静触头、辅助触头、灭弧罩等组成。其结构设计方针为模块组合形式，各配件形成系统化、标准化、通用化，如主触头、辅助触头、线圈、桥式整流器、灭弧罩等均为组合式标准配件。

2. 主要技术参数

6C 系列电磁接触器有 6C110 型和 6C180 型，主要技术参数见表 5-3。

表 5-3　6C 系列电磁接触器主要技术参数

型号名称		6C110	6C180
主触头	额定工作电压(V)	AC 380	AC 380
	定工作电流(A)	110	180
	短时(1 min)最大电流(A)	550	750
	分断能力(＜440 V)(A)	1 300	1 800
	环境温度(℃)	－70～－50	－70～－50
辅助触头	额定电压(V)	DC 110	DC 110
	额定电流(A)	1.5	1.5
	约定发热电流(A)	1.5	1.5
	连接导线最大截面(mm^2)	2.5	2.5
控制线圈	额定电压(V)	DC 110	DC 110
	20 ℃时绕线电阻(Ω)	闭合:46×(1±5%) 保持:1 240×(1±5%)	闭合:46×(1±5%) 保持:1 240×(1±5%)
	闭路电感(H)	14.7	14.7

3. 检修范围

（1）辅修项目

在确认断电情况下清理接触器外部，应无尘垢油污。检查接触器外观，应无破损或异常。检查各接线端子应无松脱。检查接触器安装应无松动现象。

上述项目完成后，通电检查，接触器应无异音。辅修作业，无须打开接触器灭弧罩，并不必对动、静触头进行检修。

（2）小修项目

在确认断电情况下完成辅修项目检查维护。打开灭弧罩，用棉布蘸酒精清理触头、支架和灭弧罩上黑色碳粉，如触头上有凸起颗粒应将其去掉。

上述项目完成后，通电检查，接触器应无异音。

不允许用砂布、锉刀对动、静触头进行磨修。打开灭弧罩后不允许用强力推压动触头机构进行合、分检查。

（3）中修项目

在确认断电情况下完成辅修项目检查维护。清理灭弧罩内外。检查灭弧罩，如有破损或裂痕，应更换。检查灭弧罩栅片，如有脱落，应更换。检查动、静触头，应无松动或移位。用棉布蘸酒精清理触头上支架上的黑色碳粉，如触头上有凸起颗粒应将其去掉。检查灭弧罩安装应牢固。检查各接线端子，应无松脱。检查接触器安装应无松动现象。

上述项目完成后进行通电检查。接触器在正常工作状态下应无异音。检查接触器的动作性能：在－70～－50℃之间的环境温度下，在标准的额定控制电压范围内，接触器应能可靠闭合，可靠释放。

不允许用砂布、锉刀对动、静触头进行磨修。磨损或灼伤严重的触头应更换，操作次数大于 177 000 次的触头应更换，打开灭弧罩后，不允许用强力推压动触头机构进行合、分检查。

三、EVS630 型真空接触器

1. 结构

EVS630 型真空接触器外形如图 5-9 所示，结构如图 5-10 所示。

在接触器的基座中，驱动机构和装在其旁边的辅助开关组件位于真空开关管的上方，真空开关管的动触头经联轴节组件和驱动机构连接，并经软连接和上连接板连接，真空开关管的定触头支杆经连接弓形盖和下连接板连接。在断开状态下，真空开关管的两触头拉开 1.5 mm，由于在真空中断开，1.5 mm 的距离已能完全开断电路。触头被拉开的状态是由驱动系统中的压力弹簧实现的。在接通控制电源时，电磁铁对压力弹簧做功，释放动触头支杆，动触头支杆借助外部作用于真空开关管的大气压力使触头闭合。

图 5-9　EVS630 型真空接触器外形

EVS630 型真空接触器用 M8 的螺栓紧固，辅助开关组件上“a”“b”接线柱为控制电源输入端，主电路采用铜或铝制的汇流板或电缆用 M12 的螺栓连接，连接时特别注意，绝对不能使接触器上下连接板受外力而变形，辅助电路连接螺栓为 M4，为了防振，只允许采用软导线。

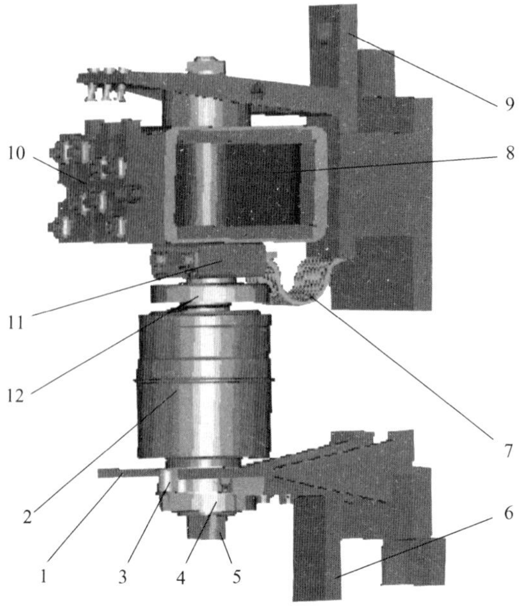

图 5-10　EVS630 型真空接触器结构

1—基座；2—真空开关管；3—弓形盖支撑；4—连接弓形盖；5—固定专用螺母座；6—下连接板；7—软连接；8—驱动机构；9—上连接板；10—辅助开关；11—联轴节；12—连接弓形板

2. 主要技术参数

(1) 主回路技术参数

额定工作电流	630 A
额定工作电压(交流)	1 140 V
额定工作频率	50 Hz
额定接通能力	6 300 A
额定分断能力	5 040 A
额定短时耐受电流	8 000 A
额定峰值耐受电流	13 600 A
机械寿命(次)	$\geqslant 5\times 10^6$
电寿命(次)	
AC 3	3×10^6
AC 4	0.6×10^6
最大机械操作频率(次/h)	2 000

(2) 辅助电路技术参数

额定工作电压	DC 220 V
约定发热电流	6 A
使用寿命(次)	机械$\geqslant 5\times 10^6$
	电气$\geqslant 3.2\times 10^6$
使用类别	DC 14
额定工作电流	DC 0.4 A

（3）驱动机构的功率和真空接触器的吸合时间及释放时间

额定电流	630 A
极数	1
功率消耗	
启动(直流)	300 W
维持(直流)	30 W
闭合时间	25 ms
断开时间	15 ms

3. 检修

（1）检修所需工具、设备及材料

塞尺、电器钳工常用工具、万用表、耐压设备。

（2）日常检查

① 检查接触器外观，不许有破损或异常。

② 检查各紧固件牢固不许有松动。

③ 检查各接线端子牢固，接线断股不超过10%，外包绝缘不许有破损。

④ 接触器动作正常，不许有异常现象。

（3）辅修

① 检查各紧固件牢固不许有松动。

② 检查各接线端子牢固，接线断股不超过10%，外包绝缘不许有破损。

③ 检查各部位积尘情况。清除各部位积尘。取下电磁铁中的衔铁，清除衔铁与电磁铁之间的灰尘。

④ 检查开关管开距。用塞尺检查磁轭和联轴节之间的间隙，不大于3.5 mm。开距如果大于3.5 mm，必须更换真空开关管。

⑤ 检查接触器外观，应无破损或异常。

（4）小修

① 滑杆冲程及超程检查，每一极真空接触器都配有一个辅助开关组件，它由3组独立的辅助触点组成。其中常闭触点"5""6"已用于控制电磁铁的串联电阻，另外两组触点"1""2"常闭触点和"3""4"常开触点为用户使用。常闭触点"1""2"，当接触器处于"断开"时，滑杆到调整螺钉的距离为0.3 mm以上。当接触器处于"接通"时，滑杆冲程为2.5 mm，超程为0.5 mm以上。常开触点"3""4"当接触器处于"接通"时，滑杆冲程为2.5 mm，超程为0.5 mm以上。

② 去除各触点表面的氧化层，用棉签蘸酒精清洁各触点。

③ 检查开关管开距，按辅修步骤进行。

④ 检查驱动机构的压力弹簧，无永久变形现象。

⑤ 检查各紧固件牢固无松动。

⑥ 检查各接线端子牢固，接线断股不超过10%，外包绝缘无破损。

⑦ 检查各部位积尘情况，按辅修步骤进行。

（5）中修

① 主触头检查。在接触器使用期间，必须随时检查主触头烧损的情况，当主触头烧损后，用塞尺检查磁轭和联轴节之间的间隙，如图5-11所示，标准间隙为1.5 mm，随着接触器的使用，间隙逐渐增大，当增大到最大许可值3.5 mm时，必须更换真空开关管。

② 真空开关管的拆装步骤和要求。更换真空开关管时，先取下防尘罩，然后在上下连接处取下连接弓形板和连接弓形盖，最后再取出真空开关管。装入新的真空开关管时，首先必须注意制造日期，因为真空开关管在最高为＋45 ℃的环境温度下，储存期限为10年，同时还应注意真空开关管的排气管保护帽不应脱落，注意使其与管子紧密配合。然后按相反的顺序进行安装，安装时先在磁轭和联轴节之间塞入一片1.5 mm厚的塞块，然后拧紧连接螺栓。在安装连接弓形板时应当注意使连接弓形板紧贴在真空开关管动触头支杆的台阶上，这样才能保证触头开距不会变动，最后抽出塞块，用塞尺检查开距应为(1.50＋0.3)mm。

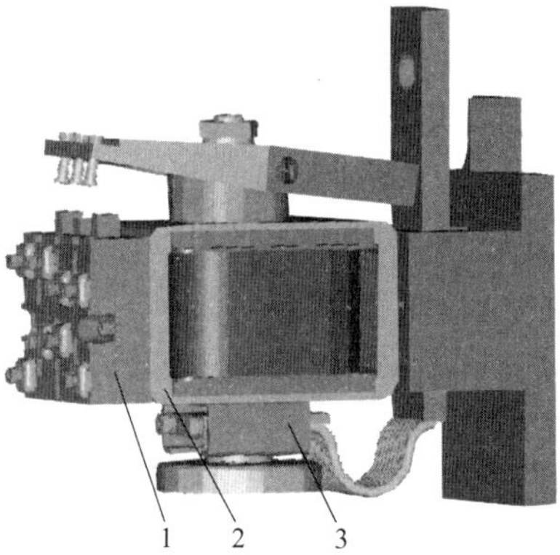

图5-11　主触头检查示意
1—辅助开关；2—磁轭；3—联轴节

③ 滑杆冲程及超程检查，按小修步骤执行。

④ 更换辅助开关，拆除连接线，松开紧固螺钉，将辅助开关及绝缘板一并取下。装配时则按相反顺序进行。

⑤ 性能检测。无论是小修还是中修，只要更换了真空开关管都必须做性能检测。

a. 用2.5 kV对真空开关管进行耐压检查。

b. 检查真空开关管闭合时间不超过25 ms，断开时间不超过15 ms。

⑥ 检查各紧固件牢固无松动。

⑦ 检查各接线端子牢固，接线断股不超过10%，外包绝缘无破损。

⑧ 检查驱动机构的压力弹簧，无永久变形现象，弹簧弹力正常。

⑨ 动作检查

a. 控制线圈通110 V直流电，接触器能可靠动作。

b. 控制线圈通最低88 V直流电，接触器能可靠动作。

(6) 限度表(表5-4)

表5-4　限度表

序　号	名　称	原　形	限　度
1	开关管开距(mm)	1.5	3.5
2	辅助触头超程(mm)	≥0.5	≥0.5
3	常闭触头开距(mm)	0.3～0.35	0.35
4	常开触头开距(mm)	2.5～3.0	3.0
5	闭合时间(ms)	≤25	25
6	断开时间(ms)	≤15	15

第二节　继电器的检修

一、JZ15系列中间继电器

中间继电器在电力机车控制电路中作为逻辑传递的一个环节元件，用于增加信号数量、量值放大以及开闭逻辑状态转换。

JZ15 系列中间继电器如图 5-12 所示。其磁系统采用螺管直动式，8 对双断点桥式触头分别布置在磁轭的两旁。

维护检查内容如下：

（1）在确认断电情况下进行以下项目检查维护。

① 清理继电器外部，应无尘垢油污。

② 检查继电器外观，应无破损或异常。

③ 检查各接线端子应无松脱。

④ 检查继电器安装应无松动现象。

⑤ 检查继电器触头组的开距，超程应符合表 5-5 的要求，否则更换新件。

⑥ 用干净棉布蘸酒精清理触头。

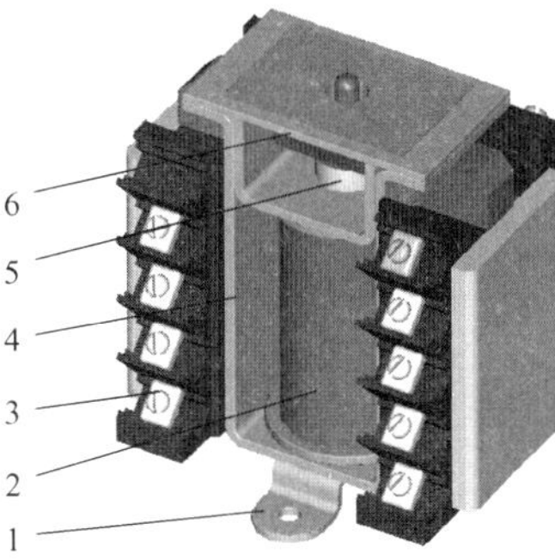

图 5-12　JZ15 系列中间继电器
1—底座；2—线圈；3—触头组；4—磁轭；5—铁芯；6—衔铁

（2）上述项目完成后，通电检查。在线圈两端施以88 V、110 V、121 V 三种电压下各动作 5 次，且动作灵活，无卡滞现象。

（3）不允许用砂布、锉刀对触头进行磨修。触头磨损或灼伤严重的则应更换新件。

（4）继电器的使用形成故障时应更换新件。

表 5-5　JZ15 系列中间继电器主要技术参数

名　称	参　数	名　称	参　数
额定电压(V)	DC 110	触头初压力(N)	0.7
触头额定电流(A)	10	触头终压力(N)	0.9
触头开距(mm)	≥3	线圈电阻(Ω)	1 000
触头超程	≥2		

二、JL14 系列电流继电器

电流继电器在电力机车上用作主电路原边过流保护和辅助电路过流保护。主电路原边过流保护用 JL14-20J5A 型电流继电器与高压电流互感器配合使用，辅助电路过流保护用 JL14-20J1200A 型电流继电器。

1. 结构

JL14-20J5A 型电流继电器如图 5-13 所示，JL14-20J1200A 型电流继电器如图 5-14 所示。

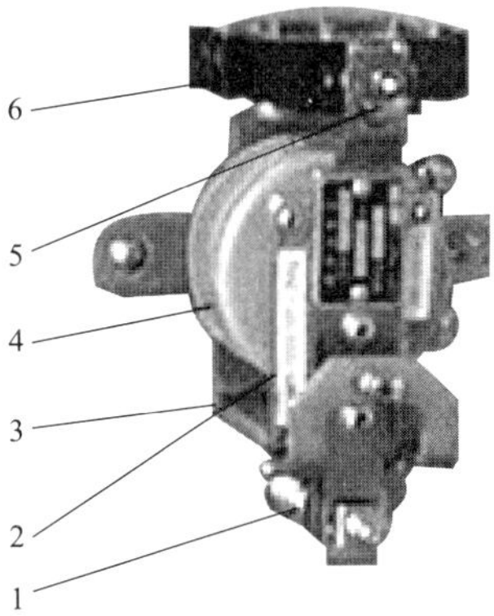

图 5-13　JL14-20J5A 型电流继电器
1—反力弹簧；2—衔铁；3—磁轭；4—线圈；5—调节螺母；6—触头组

图 5-14　JL14-20J1200A 型电流继电器

2. 主要技术参数(表 5-6)

表 5-6 JL14 系列电流继电器主要技术参数

名　称	参　数	名　称	参　数
额定电压(V)	DC 110	触头超程(mm)	≥1.5
触头额定电流(A)	5/1 200	触头终压力(N)	0.25
触头开距(mm)	≥2.5	线圈电阻(Ω)	0.417

3. 维护检查

(1) 在确认断电情况下进行以下项目检查维护。

① 清理继电器外部,应无尘垢油污。

② 检查继电器外观,应无破损或异常。

③ 检查各接线端子应无松脱。

④ 检查继电器安装应无松动现象。

⑤ 检查继电器触头组的开距,超程应符合表 5-6 的要求。否则通过调节图 5-13 中调节螺母来调整。

⑥ 用干净棉布蘸酒精清理触头。

(2) 上述项目完成后,通电检查。依据电流继电器在电路中的应用进行动作值整定,动作值的调整通过调节图 5-13 中反力弹簧和衔铁下的非磁性垫片来调整。

(3) 不允许用砂布、锉刀对触头进行磨修。触头磨损或灼伤严重的则应更换新件。

(4) 继电器的使用形成故障时应更换新件。

三、JT3 系列时间继电器

时间继电器在电力机车上的控制电路中作为时间控制元件,目的是延迟动作时间,为失电延迟式。JT3 系列时间继电器分成三个时间级:1 s(0.3～0.9 s);3 s(0.7～3 s);5 s(2.5～5 s)。在以 LCU 逻辑控制单元控制的电力机车上已被取消。

1. 结构

JT3 系列时间继电器如图 5-14 所示。其磁系统采用拍合式,铁芯上装有阻尼铜套(或阻尼铝套)。

2. 检修

(1) 在确认断电情况下进行以下项目检查维护。

① 清理继电器外部,应无尘垢油污。

② 检查继电器外观,应无破损或异常。

③ 检查各接线端子应无松脱。

④ 检查继电器安装应无松动现象。

⑤ 检查继电器触头组的开距,超程应符合表 5-7 的要求。否则通过调节图 5-14 中调节螺母来调整。

⑥ 用干净棉布蘸酒精清理触头。

(2) 上述项目完成后,通电检查。

在线圈两端施以 88 V、110 V、121 V 三种电压下各动作 5 次,且动作灵活,无卡滞现象。

依据时间继电器在控制电路中的应用进行延时整定，延时值的调整在时间继电器整定试验台上进行，延时值的调整通过调节图 5-15 中的反力调节螺母 5 和衔铁 6 下的非磁性垫片来调整。

（3）注意事项：不允许用砂布、锉刀对触头进行磨修。触头磨损或灼伤严重的则应更换新件。各时间继电器相对应的阻尼套都是专用的，由制造厂配置，在检修中确需改变继电器的使用等级，则应调换相应等级的阻尼套，以保证时间整定的足够精度。继电器的使用形成故障时应更换新件。

3. 主要技术参数（表 5-7）

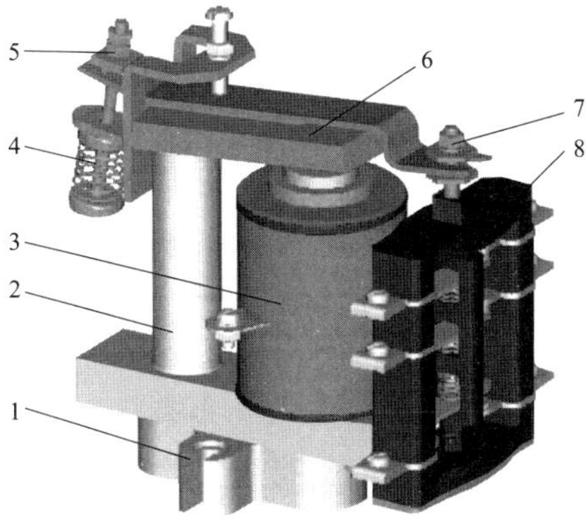

图 5-15　JT3 系列时间继电器

1—底座；2—铁芯；3—线圈；4—反力弹簧；
5—反力调节螺母；6—衔铁；7—调节螺母；8—触头组

表 5-7　JT3 系列时间继电器主要技术参数

名　称	参　数
额定电压（V）	DC 110
触头额定电流（A）	10
触头开距（mm）	≥3
触头超程（mm）	≥1.5
触头初压力（N）	0.7
触头终压力（N）	0.9
线圈电阻（Ω）	644

四、TJQ2S 型劈相机启动继电器

劈相机在启动时，必须接入启动电阻；当劈相机启动完成后必须切除启动电阻。劈相机启动继电器的作用就是当劈相机启动达到一定转速后切除启动电阻。机车上使用 TJQ2S 型的劈相机启动继电器。

1. 结构

TJQ2S 型劈相机启动继电器是一个电子控制装置，如图 5-16 所示。其面板上有两个指示灯和一个手动按钮，绿色指示灯为110 V电源指示；红色指示灯为工作指示灯，该指示灯亮起时，表示劈相机正在启动过程中，该指示灯熄灭时，表示启动电阻被切除；手动按钮用于手动切除启动电阻。

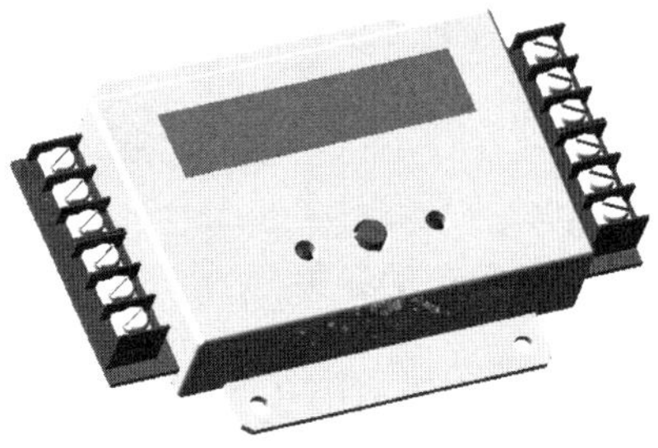

图 5-16　TJQ2S 型劈相机启动继电器

TJQ2S 型劈相机启动继电器工作原理如图 5-17 所示。

劈相机启动继电器有两个输入信号，一个是反应电网电压的 U_{AB}，另一个是劈相机发电相电压 U_{CN}。两个输入电压在比较电路中降压、整流后进行比较，其比值输出给检测电路。检测电路在检测到这个比值后，当这一比值即 $U_{CN}/U_{AB}=0.9\sim1$ 时，检测电路即翻转输出一高电位去触发执行电路。

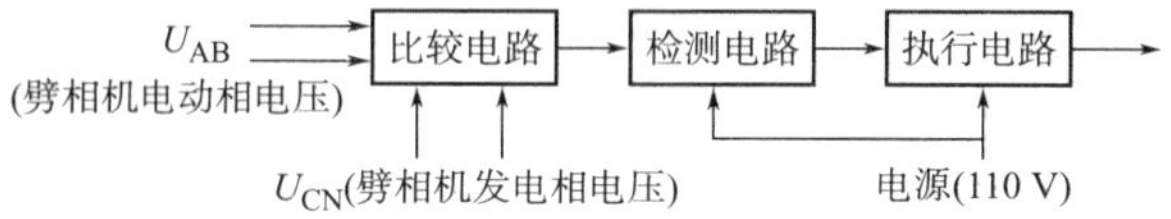

图 5-17　TJQ2S 型劈相机启动继电器工作原理

2. 主要技术参数(表 5-8)

表 5-8　TJQ2S 型劈相机启动继电器主要技术参数

名　　称	参　　数	名　　称	参　　数
网压输入(V)	AC 170～270	功耗(W)	≤5
发电相电压(V)	AC 170～270	延时保护时间(s)	9±1
电源电压(V)	DC 77～132	装置动作范围	$U_{CN}/U_{AB}=0.9\pm0.1$

3. 维修保养

未升弓时,将蓄电池电源合闸后,按下劈相机启动开关,启动继电器上的红色指示灯亮,8～10 s 后该指示灯应熄灭,表明启动继电器工作正常。否则,启动继电器故障,需要维修。

升弓时,网压供电正常的情况下,按下劈相机启动开关,启动继电器上的红色指示灯亮,一般该指示灯在 5 s 内应熄灭,表示劈相机启动完毕;网压较低时,8～10 s 后该指示灯也应熄灭。否则,启动继电器故障,需要维修。

4. 检查项目(表 5-9)

表 5-9　TJQ2S 型劈相机启动继电器维修检查表

检查项目	检查内容	检查周期				备　　注
		日常检修	辅修	小修	中修	
外观	有无裂痕、破损、变形等异常现象或附着有灰尘、水、油等	√	√	√	√	修理或更换,用干净布清扫
接点螺栓、安装螺栓	有无松动	√	√	√	√	若有松动现象时则加以旋紧
试验	动作性能				√	TJQ2S 型劈相机启动继电器试验台

如果启动继电器故障,应更换新件。

注意事项:启动劈相机时应注意观察辅机电压,如果在超过 10 s 辅机电压没有达到额定值,应采取措施终止劈相机的启动。两次劈相机的启动应有一定的间隔时间。

第三节　低压柜其他电器的检修

一、三相自动开关

三相自动开关在电力机车上用作辅机的单相、堵转、短路等故障保护,有 TO-100BA 型及 TO-225BA 型,是一种集电磁保护与热动保护于一体的保护电器。

1. 结构

三相自动开关如图 5-18 所示。

图 5-18　三相自动开关

三相自动开关主要由操作机构、脱扣装置、灭弧装置及触头系统等组成。全部结构除接线处外均装于塑料壳内,外壳上仅露出作为“分”

“合”闸的操作手柄。采用热动—电磁式脱扣器，作为过载和短路保护执行机构。

2. 主要技术参数(表 5-10)

表 5-10 三相自动开关主要技术参数

型　　号	TO-100BA	TO-225BA
额定电压(V)	AC 600 以下，DC 250 以下	
额定壳架电流(A)	100 A	250 A
额定频率(Hz)	50/60	
脱扣器额定电流(A)	15,20,30,40,50,60,75,100	125,150,175,200,225
脱扣器形式	热动—电磁式	
短路分断能力	AC 380 V,50 Hz,18 kA $\cos\varphi=0.3$	AC 380 V,50 Hz,25 kA $\cos\varphi=0.25$

3. 维护保养

自动开关壳体正面的手柄可以处于 3 个位置，即闭合位、断分位、脱扣位三种状态。当手柄处于脱扣位置时，应先将手柄拉向“分”位，使自动开关挂扣，然后再将手柄推向“合”位，方可使自动开关闭合。

自动开关各种特性均由制造厂整定，在使用中不可自行调整。

外观检查自动开关绝缘不许有裂损，手动断开和闭合正常，自动脱扣机构性能良好，通断作用可靠，接线和安装紧固。

自动开关在安装和运行一段时间后(一般每隔 1 个月)，须在开关闭合状态下，按动面板上的脱扣按钮，以检查自动开关能否脱扣。

自动开关在机组过载起保护作用断开后，若立即人为合上则会发生合不上的现象，这是正常情况，应让其稍等片刻才能合上，若跳闸断开后再也合不上时则应更换。

二、劈相机启动电阻器

TZQ2A 型劈相机启动电阻器串联在劈相机启动电路中。当劈相机进行分相启动时，必须在第二电动相绕组与发电相绕组间接入启动电阻，以获得启动力矩进行分相启动。启动完成后断开启动电阻。

1. 结构

TZQ2A 型劈相机启动电阻器由电阻元件、支架、绝缘安装和连接母线组成，其外形如图 5-19 所示，其基本结构如图 5-20 所示。电阻元件的结构可吸收因温度上升而引起的伸胀。该电阻器包含有两组启动电阻，在运行途中，若发生启动电阻因故障损坏，可通过转换刀开关 296QS 切除原来的电阻器而接入另一组，维持机车正常运行。

2. 主要技术参数

额定电压	380 V
额定电流	200 A(系短时 20 s 内允许电流)
额定电阻值(20 ℃)	0.79 Ω，允差±5%
电阻带允许最高工作温度	640 ℃
电阻带材料规格	1.6×16 1Cr13Al4 电阻合金带
冷却方式	自冷却

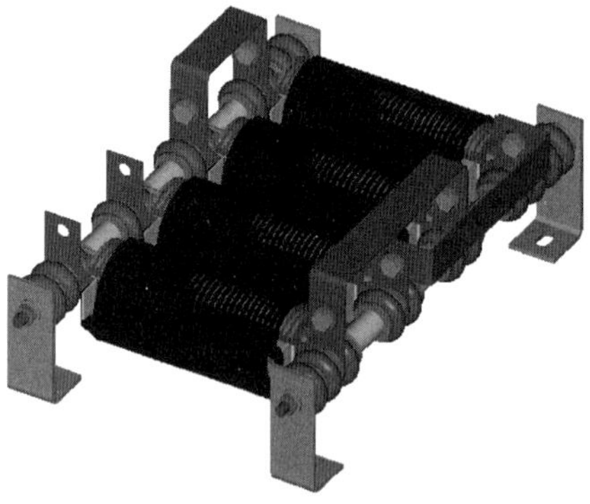

图 5-19　TZQ2A 电阻器

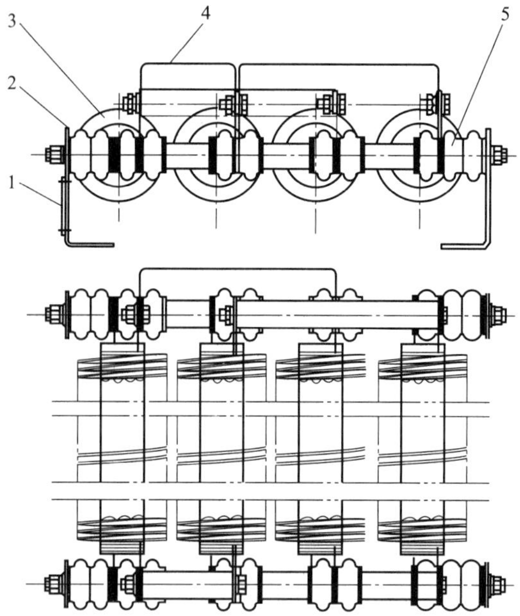

图 5-20　TZQ2A 电阻器结构

1—铭牌；2—支架；3—电阻元件；4—连接母线；5—绝缘安装

3. 检修范围(表 5-11)

表 5-11　检修范围表

序　　号	检修项目	检　修　类　别			
		日常检查	辅修	小修	中修
1	外观检查	√	√	√	√
2	电阻值测量				√
3	绝缘电阻测量			√	√

4. 检修工艺

(1) 注意事项

注意在检修电阻器之前，必须确认在断电的情况下才能进行。

瓷件不耐冲击，电阻带易变形，因此在拆卸和组装时应予以注意。

(2) 拆卸

电阻器在一般情况不需拆卸，当电阻元件、绝缘子损坏时应按以下顺序进行更换：用扳手从安装绝缘杆和电阻元件上卸下母线；用扳手将电阻元件从安装绝缘杆上卸下。

(3) 组装

按拆卸时的相反顺序进行组装。检查安装绝缘杆各瓷绝缘子间石棉橡胶板衬垫有无损伤，如损伤应予更换；安装绝缘杆的绝缘子之间，装配有调整垫圈，在重新组装时应用该垫圈将电阻元件两端调整到同一平面。

(4) 测试

组装后进行如下测试：

① 测定电阻值。

方法:利用开尔文电桥法。

测定值与额定值的偏差在±5%以内。

② 测试绝缘电阻。电阻带对地不低于5 MΩ,用2 500 V兆欧表。

③ 耐电压测试。电阻带对地,工频有效值2 000 V,1 min无击穿和闪络现象。

复习思考题

1. 低压电器柜的中修有哪些项目内容?
2. 交流接触器的主触头该如何维护?如何更换AF系列电磁接触器主触头?
3. 6C系列电磁接触器的中修范围和项目有哪些?
4. 真空接触器的中修范围和项目有哪些?
5. 电磁继电器的检查与维护有哪些项目?
6. 简述劈相机启动继电器的原理和维护检修项目。

第六章

高压电器柜的检修

高压电器柜集中安装除平波电抗器和制动电阻外主电路直流供电电路的所有电气设备，分为Ⅰ号高压电器柜和Ⅱ号高压电器柜。Ⅰ号高压电器柜安装驱动Ⅰ端转向架的电路的有关设备，Ⅱ号高压电器柜安装驱动Ⅱ端转向架的电路的有关设备。Ⅰ、Ⅱ两柜电气设备基本相同，仅励磁供电略有区别。高压电器柜安装的都是机车专用电器，本章针对电力机车高压电器柜内的机车专用电器，详细介绍电力机车高压电器的检修工艺和方法。

第一节　位置转换开关的检修

一、结　　构

SS_{4G} 型电力机车采用 TKH4-840/1020 型位置转换开关，SS_{7E} 型电力机车采用 TKH9-1000/1000 型位置转换开关，SS_9 型电力机车采用 TKH10 型位置转换开关。其作用：一是改变机车运行方向；二是实现机车牵引工况与制动工况的转换。位置转换开关结构原理基本相同，检修工艺也基本一致，本节以 SS_9 型电力机车采用的 TKH10 型位置转换开关为例来详细说明其结构和检修工艺。

TKH10 型位置转换开关外形如图 6-1 所示，其结构如图 6-2 所示。

图 6-1　TKH10 型位置转换开关

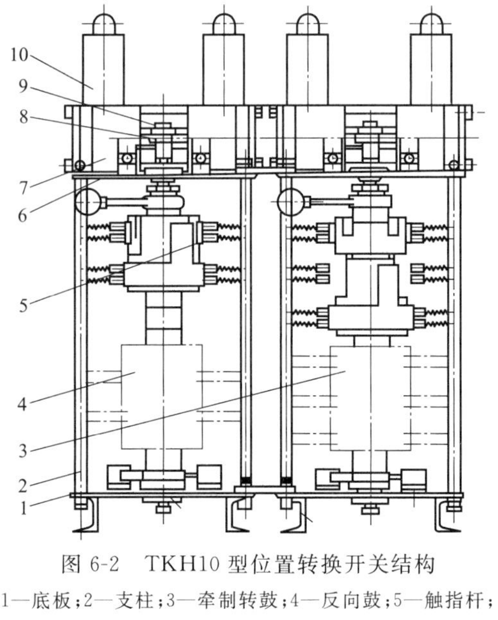

图 6-2　TKH10 型位置转换开关结构

1—底板；2—支柱；3—牵制转鼓；4—反向鼓；5—触指杆；6—面板；7—传动汽缸；8—拨叉；9—销；10—电空阀

二、主要技术参数

TKH10 型位置转换开关的主要技术参数如下：

额定电压	DC 1 020 V
额定电流	DC 870 A
额定控制电压	DC 110 V
额定控制电流	DC 10 A
额定风压	490 kPa
主触头单个终压力	39～49 N
主触指超程	2～3 mm
主触指接触线长	不小于 14 mm
传动风缸行程	(44±1)mm
最低工作风压	368 kPa
最高工作风压	637 kPa

三、检　　修

1. 检修类别

位置转换开关检修分为辅修、小修、中修。

辅修为一般性检查，清扫；小修、中修按下面程序进行。

2. 检修用材料与工具

材料：汽油、棉布、砂布、凡士林、轴承润滑脂、白铅油、机油。

检修用设备与工具：毛刷、兆欧表、测力计、紫铜棒、可调直流电源、压缩空气装置、塞尺、电器钳工常用工具、接触电阻测试仪。

3. 检修过程

(1) 解体前检查

整体试验：在 0.4 MPa 风压下，检查转鼓动作情况。在 0.6 MPa 风压下，检查风管接头、风缸、电空阀密封情况。

检查转轴旷动量：检查底座与盖板上的尼龙轴套与转轴的旷动量不大于 1 mm。否则应更新尼龙轴套。

检查主触头：检查牵制鼓在牵引位，反向鼓在向前位时，触指与触片的相对位置。

检查风缸行程：按动电空阀，检查风缸活塞往返移动的距离。

(2) 解体

拆除连接母线、电空阀、盖板及底座上的连接板的各固定螺栓，使牵制鼓部分与反向鼓部分各自独立。将电空阀按相关工艺检修。

拆除固定螺栓，取下联锁盒及传动风缸。松开拨叉螺钉，拆卸时不得损伤螺纹。用紫铜棒敲出圆锥销，拔出夹叉。

松开触指件下安装螺栓，取出触指件。拆下转鼓。

检查盖板与底座上尼龙套与转轴配合，其旷动量不大于 1 mm，过大时应更新尼龙轴套。拆除 4 根支柱下端螺母，将盖板与支柱一起取下，再拆除 4 根支柱、尼龙轴套，然后拆下转鼓。

(3) 检查修理和部件组装

① 传动风缸的检修

传动风缸外形如图 6-3 所示,其结构如图 6-4 所示。

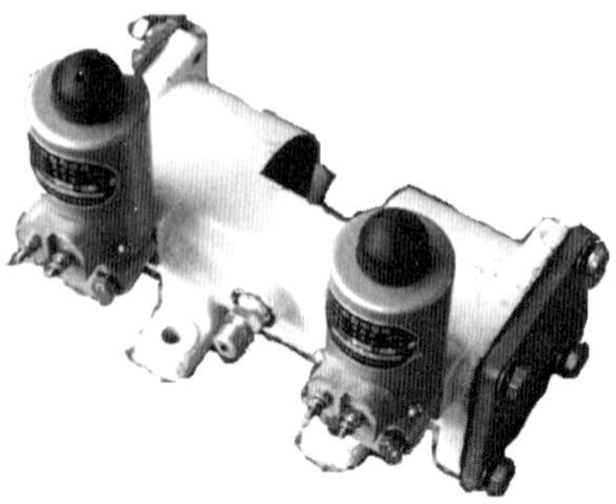

图 6-3 风缸外形

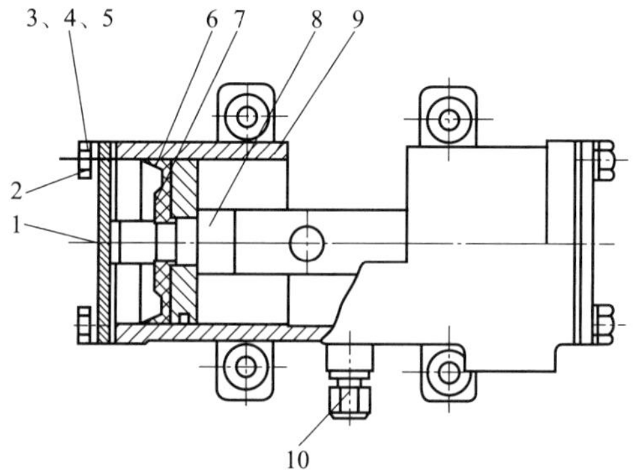

图 6-4 风缸结构

1—汽缸盖;2—密封垫;3、4、5—螺栓、螺母及垫圈;6—皮碗;7—活塞;8—活塞杆;9—汽缸体;10—毛毡

用 14 mm 开口扳手拧下汽缸盖螺栓,取下两端汽缸盖,更新密封垫。清洗风缸。冲出一端活塞,取下皮碗,从另一端将活塞取出,用汽油清洗。清洁度符合要求。皮碗、毡圈更新。拆除风管接头,检查螺纹应完好。检查风缸,缸壁不许有划伤,活塞杆、圆柱销不许有裂损。

组装时,风缸内壁涂适量轴承润滑脂。汽缸盖密封圈和风管接头密封圈两面涂白铅油。活塞毛毡圈装上后,用机油湿润。

调整风缸行程:用调整密封圈厚度来调整风缸行程为(44±0.8) mm。

试验:装上电空阀,在 0.65 MPa 风压下试验,要求活塞动作灵活,不许有卡滞现象,管路不得泄漏。

② 触指组件的检修

用汽油、毛刷清洗触指组件,清洁度符合有关规定。检查软连线,其折损截面不大于原形的 1/10,否则应更新。检查弹簧,不许有变形、疲劳、裂损,否则应更新。检查触头弹簧螺杆及止钉,不许有开焊,止钉铆接牢固,不许有松动。锉修打磨触指烧痕,更换烧损严重及到限的触指。触指厚度要求不小于 6 mm,接触良好。每组两触指位置应与安装板垂直,相互间不应有卡滞与不平行现象。

③ 转鼓的检修与组装

取下手柄后用汽油清洗,清洁度符合要求。外观检查挡圈、圆柱销、胶木座、辅助凸轮、玻璃布板、垫圈等,不许有弯曲、裂损,与挡圈配合良好。触片检修。锉修打磨触片烧痕,更换烧损严重及到限的触指。触片厚度要求不小于 5 mm,触片接触面应光洁。检查沉头螺钉埋入触片量不小于 1 mm。用钢片塞紧胶木座与转轴之间的间隙,要求各胶木座与转轴间不得松动。

解体后的转鼓组装方法:辅助凸轮、触片组件、手柄座的“0”位标记应在一个方向,并均应向上或在上方。转鼓的组装,轴向尺寸应符合图纸要求,组装后旋削外圆并倒角,转鼓外径不小于 113 mm(中修限度)。允许用电工钢纸板或青壳纸调整轴向尺寸。检查外圈跳动量,表面跳动量不大于 0.5 mm。

④ 盖板检修

用汽油清洗盖板底座及支柱。根据解体前的检查,更新磨耗过量的尼龙轴套,检查支柱绝缘套管，不许有裂损、烧痕。

⑤ 低压控制部分的检修

用汽油清洗各部。打磨触点烧痕，触点表面应光洁。更换烧损严重的触点。检查安装板、推杆滑块，不许有裂纹、损伤。

测量辅助联锁超程应为 1～2 mm。检查联锁动作应灵活，不许有卡滞及与外罩不得相碰。

⑥ 总组装

按解体相反顺序组装。

组装时注意：转鼓轴与轴套配合处涂适量润滑油，保证转鼓转动灵活，不许有阻滞现象；保持触指与触片相对高度一致；给主触头接触面涂凡士林；板后接线按图纸要求进行；主轴转动位置正确（可通过调整风缸行程达到）。

4. 检查试验

(1)检查并调整触头触指

用测力计（弹簧秤）测量并调整单个主触头压力应为 39～49 N。

用塞尺检查并调整主触头触指超程，应为 2～3 mm。

检查并调整主触头接线长度，单个主触头接触线长度应不小于 14 mm。

必要时进行单个主触头接触电阻测量，应不大于 200 μΩ（参考值）。

(2)动作性能试验

在 77～137 V 电压、368～637 kPa 风压下进行动作试验，检查转鼓应转动灵活，不许有卡滞；主轴转动位置正确。

(3)泄漏试验

在 0.6 MPa 风压下，检查风缸、电空阀、风管路均不得有泄漏。

(4)绝缘电阻测定

用 2 500 V 兆欧表测量各导体间及对地绝缘电阻值应不小于 6 MΩ。

(5)工频耐受电压试验

主电路不同极间及对地能承受 4 500 V、1 min 的耐电压试验，以及控制回路各极间对地能承受 1 500 V、1 min 的耐电压试验，而绝缘不许有击穿或闪络现象（中修限度）。

5. 限度表（表 6-1）

表 6-1 位置转换开关限度表

序号	名　　称	原形	中修限度	禁用	序号	名　　称	原形	中修限度	禁用
1	主触指厚度(mm)	7.1	≥6	≤4	5	主触头触指超程(mm)	2～3	2～3	
2	主触片厚度(mm)	6	≥5	≤4	6	辅助联锁超程(mm)	2～3	2～3	
3	转鼓外径(mm)	116±0.5	≥113		7	触头单个接触线长(mm)	14	≥5	
4	单个主触头压力(N)	39～49	39～49		8	触头接触电阻(μΩ)		≤200	

第二节 电空接触器的检修

一、结　　构

SS_{4G} 型、SS_{7E} 型和 SS_9 型电力机车采用的电空接触器型号为 TCK7F-1000/1500 型和 TCK7G-1000/660 型，两者结构大同小异，前者外形如图 6-5 所示，其结构如图 6-6 所示。

二、检　　修

TCK7F-1000/1500 型电空接触器检修分为辅修、小修、中修。辅修为一般性检查，清扫；小修、中修按下面程序进行。

1. 检修用材料

汽油、白布、砂布、绝缘漆、机油、轴承润滑脂、环氧树脂。

2. 检修用设备与工具

压缩空气装置、可调直流电源、测力计、电器钳工常用工具、什锦锉、兆欧表、毛刷。

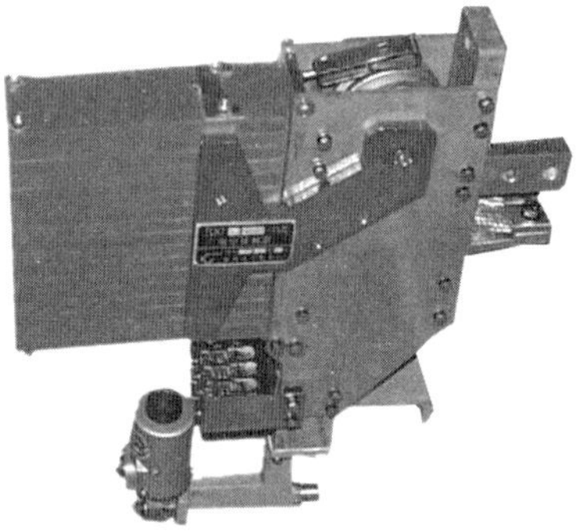

图 6-5　TCK7F 型电空接触器

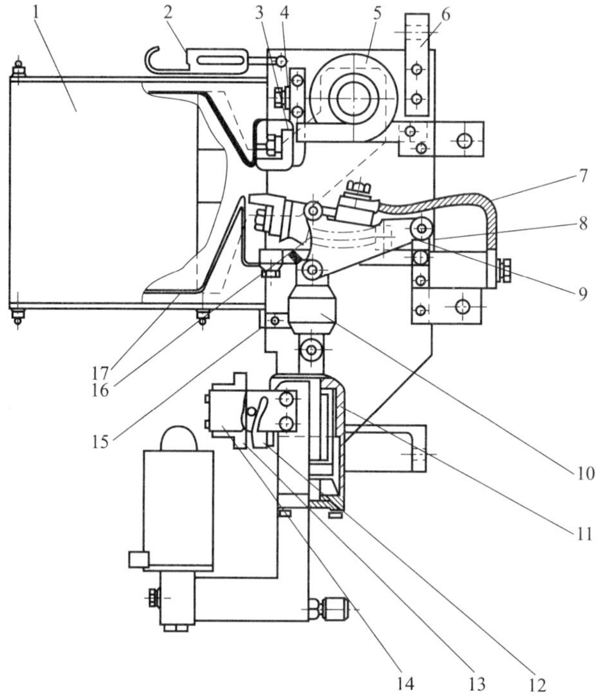

图 6-6　TCK7F 型电空接触器结构

1—灭弧罩；2—挂钩；3—静触头；4—静弧角；5—吹弧线圈；6—安装杆；7—软连线；8—出线座；9—杠杆组装；10—绝缘杆；11—汽缸；12—联锁板；13—联锁开关；14—联锁支架；15—灭弧罩支板；16—动触头弹簧；17—动弧角

3. 检修过程

(1) 解体清洗

拆卸灭弧罩。提开灭弧罩挂钩，取下灭弧罩并清扫。

拆除电空阀接线及阀座螺栓，取下电空阀按相关工艺检修。

拆下主动、静触头及灭弧角，用 0.2～0.3 MPa 压缩空气吹扫各部尘垢，并用汽油清洗各部，用白布擦净。

拆下联锁接触元件(联锁或联锁支架)及联锁板，并用汽油清洗干净。

解体汽缸(传动风缸)。拆除汽缸活塞与绝缘杆连接穿销及汽缸下盖，取出皮碗、活塞及反力弹簧并拔下皮碗。用汽油清洗并用白布擦净，用压缩空气吹净风缸内腔污垢，保证畅通。

（2）检修

灭弧罩用砂布打磨灭弧板上电弧烧痕，锉修引弧角上烧痕。有裂纹及严重缺损的或壁板厚小于原形 1/2 的灭弧罩应更新。灭弧罩外形如图 6-7 所示。

吹弧线圈及弧角如图 6-8 所示，检查铁芯外套绝缘管，不许有过热、老化、破损等不良现象，否则应更新。吹弧线圈安装应牢固，不得有变形、短路、断路及裂损，外刷绝缘有脱落时应用绝缘漆涂刷。灭弧角应清洁，不得有裂损、变形。测量吹弧线圈匝间距离不小于 0.5 mm。

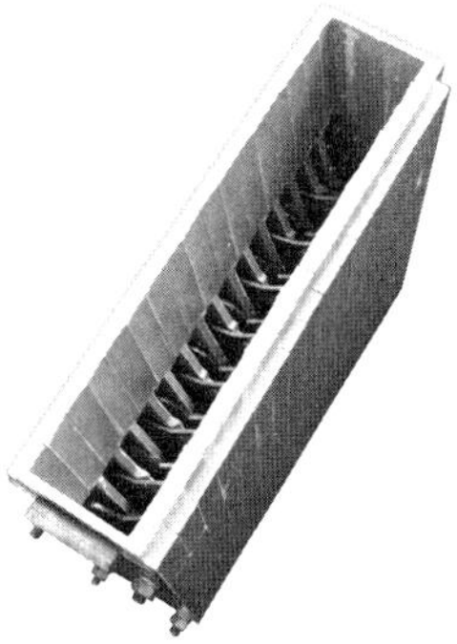

图 6-7　TCK7F 电空接触器灭弧罩

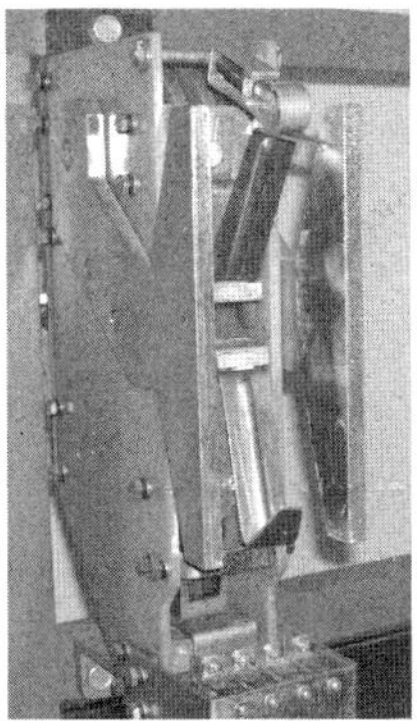

图 6-8　TCK7F 电空接触器吹弧线图与弧角

锉修并打磨主触头，使其保持原有（R300 mm）的接触面弧度，主触头（触片）厚度不小于 1.5 mm。

检查软连线，不许有过热，软连线折损面积不大于原形的 1/10，否则应更新。

外观检查触头弹簧，不许有变形、疲劳、裂损、圈距不均等不良现象，否则应更新。

检查联锁动、静触头。动、静触头安装应牢固正确。用砂布打磨其烧痕处。更换严重烧损、过热的触头及其压力弹簧。检查联锁板不许有剥离及过量磨耗。滚轮转动应灵活，不许有过量磨耗。杠杆滑动灵活，不得有卡滞、变形，裂损、变形者应更换。弹簧不许有裂损、变形，弹性良好。联锁盒不得破损。检测联锁触头接触压力不小于 3.2 N。

检查汽缸应光滑、不得拉伤。活塞不许有裂损、变形及拉伤。

汽缸皮碗更新。检查活塞杆不许有裂损、老化、变形。

检查汽缸反力弹簧不许有疲劳及断裂现象，否则应更新。

外观检查绝缘杆，不许有过热、老化、烧损等不良现象。用砂布打磨绝缘杆烧痕处至本色后，再涂一层晾干绝缘漆，烧损严重、表面龟裂者更新。

（3）组装

组装传动汽缸。将汽缸弹簧套在皮碗活塞杆上，在皮碗外表面涂润滑脂后装入汽缸；将活塞连杆与绝缘拉杆连接的穿销及开口销穿好，向汽缸内注入足量的机油，装上汽缸座；装上电空阀及风管，手动 10～20 次，检查汽缸各部不许有泄漏；用钢板尺测量活塞行程 22～24 mm。

组装动、静触头。装上动、静触头及弧角，静触头组装后应贴靠上端，检查与安装座下方伸出距离为 3～4 mm，并应保证让齿面啮合良好。手控开闭 10～20 次，检查接触偏差、接触线长应符合触头间接触偏差不大于 1 mm，动、静触头接触线不小于 31 mm。在额定工作风压下测量开距、超程及接触压力应符合开距 19～23 mm，超程 7～14 mm，接触压力 196.2～247.68 N。

装联锁及联锁板。在滚轮及活动关节部涂适量润滑脂，将联锁及联锁板安装牢固。调节开距在 $2\times3^{+0.5}_{0}$ mm。

装灭弧室（罩）。在活动关节部位涂适量机油；装上灭弧室（罩）；检查触头与灭弧室（罩）两侧间隙应均匀；手拉灭弧室（罩）挂钩，使弹簧压死，检查并调节其行程适当。检查灭弧角不得与灭弧室壁相碰。

4. 检查试验

（1）绝缘电阻测定

用 2 500 V 兆欧表测量主触头对地绝缘电阻不低于 5 MΩ。

（2）动作性能及气密性检查试验

外加 88～121 V 的直流电压、工作风压 0.375～0.650 MPa 下，断开、闭合动作灵活，状态良好，触头开闭自如，不许有卡滞。汽缸及风管路、电空阀不得有泄漏（用皂液检查，皂泡 5 s 不破灭）。

第三节　电压、电流传感器的检修

一、电压传感器

TQG3A 型电压传感器利用霍尔效应，采用磁补偿原理，通过霍尔元件实现对直流、交流及脉动电流的电隔离测量，输出信号正比于被测电流。

1. 原理

电压传感器中使用的关键器件是霍尔元件。如图 6-9(a)所示，霍尔元件加入适当的控制电流 I_c 后，在磁场方向不变的情况下，其输出电压 U 正比于所在磁场的磁通密度 B。

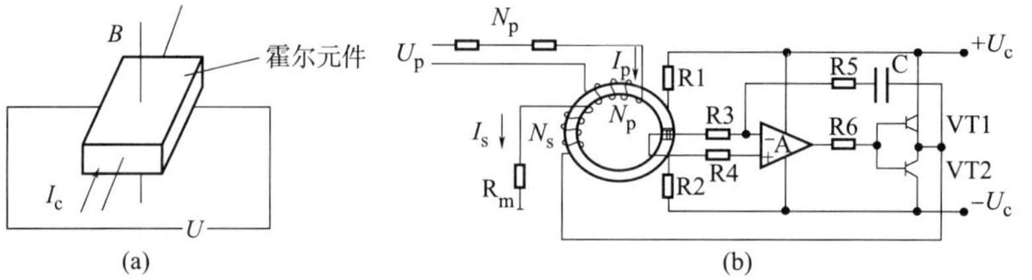

图 6-9　电压传感器原理

如图 6-9(b)所示，在电压传感器中，为了得到合适的一次侧磁场，首先将被测电压通过一次电阻降压，产生一次电流 I_p，再通过多匝 N_p 一次线圈产生一次侧磁场，该磁场的磁通密度 B_p 与被测电压成正比($U_p\propto B_p$)，引起霍尔元件产生霍尔电势 U_B，该电势经运算放大器差分放大后，推动功放形成二次电流 I_s，该电流流过二次线圈 N_s，到测量取样电阻 R_m。与此同时，流过二次线圈的电流 I_s 也会在磁路中产生与 I_s 成正比的磁通密度 B_s($I_s\propto B_s$)，两磁场方向相反，引起磁路中总磁通密度减小，最终达到平衡，从而使处于该磁路中的霍尔元件工作在零磁通状态。整个过程是一个动态平衡过程，二次线圈中的电流 I_s（或测量取样电阻上的电压）同样真实地反映了待测电压 U_p。

2. 主要技术参数

电压传感器主要技术参数见表 6-2。

3. 检修

TQG3A 型电压传感器如图 6-10 所示。电压传感器辅修、小修只进行清扫，中修、大修作性能试验。若高压主电路发生故障，则必须作性能试验，性能试验不合格则必须更换。

表 6-2　电压传感器主要技术参数

型号	额定测量值	工作电源	额定输出	准确度	线性度	隔离电压	响应时间
TQG3A	2 000 V	DC ±24 V	80 mA	5%	0.1%	7 kV	≤120 μs

(1) 检修用材料

汽油、棉丝。

(2) 检修用设备与工具

电器钳工常用工具、毛刷、专用测试仪。

(3) 检修过程

电压传感器从高压柜内拆下。

用毛刷清扫，并用汽油、棉丝擦拭干净。

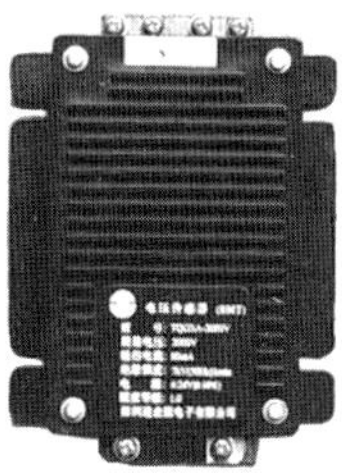

图 6-10　TQG3A 型电压传感器

(4)性能试验

电压传感器准确度测量按图 6-11 接线，其中，E 表示可调直流电源(0～1 000 A)；En 表示晶体管稳压直流电源；Ⓐ表示 0.1 级数字万用电表；Ⓥ表示 0.2 级电压表；R_m 表示精密电阻，不超过 80 Ω。当一次侧电压表达到 2 000 V 时，从电流表上读得读数 A_1 mA，则准确度为

$$W=\frac{A_1-80}{80}\times 100\%\leqslant 5\%$$

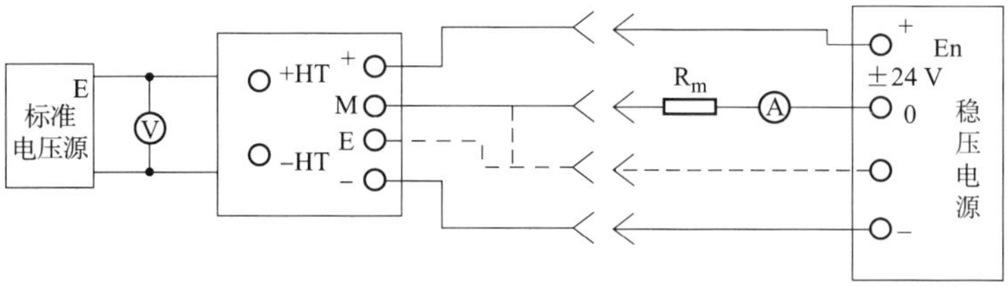

图 6-11　TQG3A 型电压传感器接线

二、电流传感器

TQG4A 型电流传感器利用霍尔效应，采用磁补偿原理，通过霍尔元件实现对直流、交流及脉动电流的电隔离测量，输出信号正比于被测电流。

1. 原理

电流传感器中使用的关键器件是霍尔元件。如图 6-12(a)所示，霍尔元件加入适当的控制电流 I_c 后，在磁场方向不变的情况下，其输出电压 U 与所在磁场的磁通密度 B 成正比。

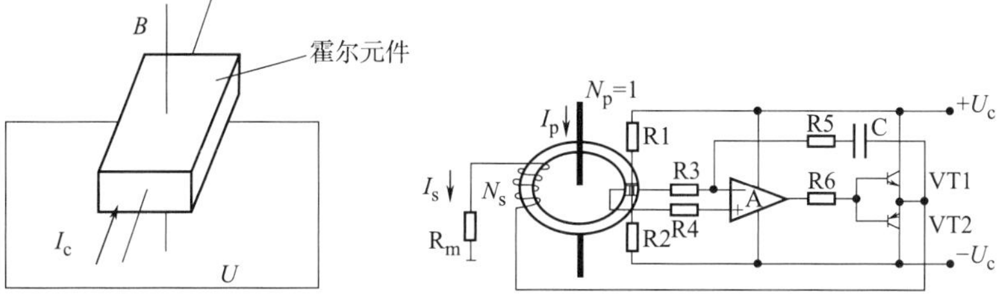

图 6-12　电流传感器原理

如图 6-12(b)所示，当传感器一次侧 N_p 流过待测电流 I_p 时，在磁路中产生与 I_p 成正比的

磁通密度 B_p（$I_p \propto B_p$），引起霍尔元件产生霍尔电势 U_B，该电势经运算放大器差分放大后，推动功放形成二次电流 I_s，该电流流过二次线圈 N_s，到测量取样电阻 R_m。与此同时，流过二次线圈的电流 I_s 也会在磁路中产生与 I_s 成正比的磁通密度 B_s（$I_s \propto B_s$），两磁场方向相反，引起磁路中总磁通密度减小，最终达到平衡，从而使处于该磁路中的霍尔元件工作在零磁通状态。整个过程是一个动态平衡过程，二次线圈中的电流 I_s（或测量取样电阻上的电压）真实地反映了待测电流 I_p。

为了增强对外磁场的抗干扰能力，在 TQG4A 型电流传感器中采用了双霍尔原件，对称的两组线圈结构，输出并联。这样外磁场对霍尔元件的影响将在输出中得到抵消。

2. 主要技术参数

电流传感器主要技术参数见表 6-3。

表 6-3　电流传感器主要技术参数

型号	额定测量值	工作电源	额定输出	准确度	线性度	隔离电压	响应时间
TQG4A	1 000 A	DC ±24 V	200 mA	2.5%	0.1%	12 kV	≤1 μs

3. 检修

TQG4A 型电流传感器如图 6-13 所示。电流传感器辅修、小修只进行清扫，中修、大修作性能试验。若高压主电路发生故障，则必须作性能试验，性能试验不合格则必须更换。

图 6-13　TQG4A 型电流传感器

(1) 检修用材料

汽油、棉丝。

(2) 检修用设备与工具

电器钳工常用工具、毛刷、专用测试仪。

(3) 检修过程

电流传感器从高压柜内拆下。

用毛刷清扫，并用汽油、棉丝擦拭干净。

(4) 性能试验

电流传感器准确度测量按图 6-14 接线，其中，E 表示可调直流电源（0～1 000 A）；En 表示晶体管稳压直流电源；11SC 表示电流传感器；Ⓐ表示 0.1 级数字万用电表；R_m 表示精密电阻，不超过 18 Ω。准确度为

$$E_h = \frac{D}{I_{som}} \times 1\,000‰ \leqslant 25‰$$

式中　D——传感器在所测点的绝对误差值，即被测试传感器所测值与理论值之差（mA）；

I_{som}——传感器额定测量电流输出值。

当一次侧电流 I_p = 1 000 A 时，I_{som} = 200 mA。

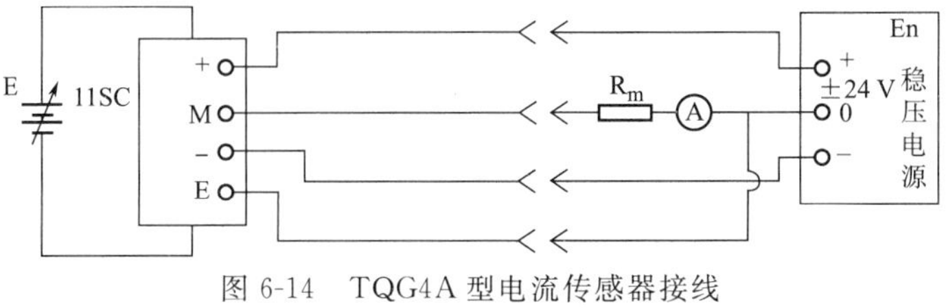

图 6-14　TQG4A 型电流传感器接线

第四节　接地继电器的检修

一、结　构

TJJ2 型接地继电器用于电力机车主电路接地保护，如图 6-15 所示，结构如图 6-16 所示，它主要由电磁系统、触头系统、指示器、接线端子及有机玻璃罩、底板等组成。

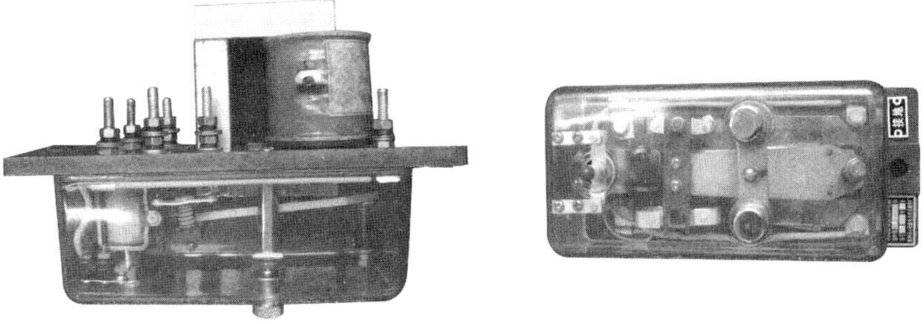

(a)　(b)

图 6-15　TJJ2 型接地继电器

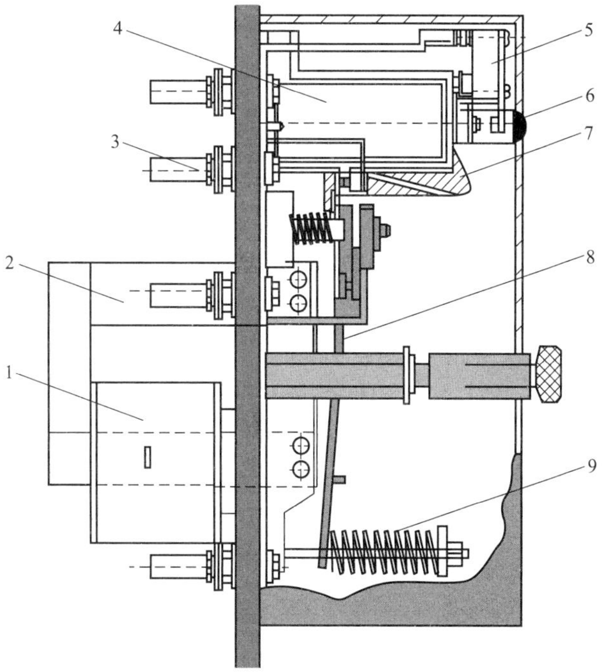

图 6-16　TJJ2 型接地继电器结构

1—线圈；2—铁芯；3—接线柱；4—恢复装置；5—联锁触头；6—指示杆；7—钩子；8—衔铁；9—反力弹簧

电磁系统为拍合式并带有吸引线圈，指示器带有恢复线圈及螺管式磁路。

一旦发生接地故障，吸引线圈得电，触头动作，开闭有关控制线路，从而达到保护目的。与此同时，指示器的红色指示杆跳出外罩，显示动作信号，同时辅助触头也闭合，在司机台上显示相应信号。

当故障消除后，触头在反力弹簧的作用下返回原位。但是红色指示杆并未回复，只有通过主断路器“合”按钮的恢复电路环节，使恢复线圈短时得电，将指示杆吸入，辅助触头断开，继电器恢复正常状态。

二、主要技术参数

TJJ2 型接地继电器主要参数如下。

1. 动作整定值

18 V。

2. 触头参数

数量　　2 常开，1 常闭

额定电压　　DC 100 V

额定电流　　DC 5 A

开距　　>4 mm

超程　　1. 5 mm

初压力　　0. 9 N

终压力　　1. 4 N

3. 吸引线圈

线径　　ϕ0. 29 mm

匝数　　4 000

4. 恢复线圈

线径　　ϕ0. 12 mm

匝数　　3 000

阻值　　200^{+32}_{-20} Ω

三、维护、检修

1. 检查维护项目

(1) 直观检查继电器的状态是否正常，动作是否灵活可靠。

(2) 检查各紧固件是否松动，接线是否松动。

(3) 检查继电器的动作整定值，如有偏差，需做仔细的调整。

(4) 检查触头表面是否有烧损，测量各线圈的直流电阻是否正常，如有任何故障，则更换接地继电器。

(5) 绝缘性能和耐压试验按图纸要求进行。

2. 检修项目及类别(表 6-4)

表 6-4　检修项目及类别表

序号	检 修 项 目	日常检查	检修类别		
			辅修	小修	中修
1	直观检查接地继电器的状态	√	√	√	√
2	检查紧固件及接线		√	√	√
3	检查动作整定值			√	√
4	检查触头和线圈			√	√
5	绝缘电阻及耐压检查			√	√

注意事项：继电器的紧固件、触头等切勿随意拆卸和组装。整定值的不正确易使其丧失保护功能。

复习思考题

1. 高压电器柜内有哪些电器？
2. 简述位置转换开关中修的检修过程和检修方法。
3. 位置转换开关的检查试验有哪些项目？
4. 简述电空接触器的中修检修过程和检修方法。
5. 如何进行 TQG3A 型电压传感器、TQG4A 型电流传感器的性能试验？
6. 简述接地继电器的动作原理和维护检修项目。

第七章

司机室设备的检修

司机室设备是司乘人员经常操作的设备，其技术状态良好与否直接关系到行车状况。由于其部件动作要求精确，对它的日常维护和定期检修非常重要。本章针对司机室内的司机控制器、扳键开关等主令控制电器，详细介绍其检修工艺流程和检修方法。

第一节　司机控制器的检修

一、主司机控制器

1. 结构特点

SS_{7E} 型、SS_{9} 型电力机车采用 S640 型主司机控制器（图 7-1），SS_{4G} 型电力机车采用 S640H 型主司机控制器。

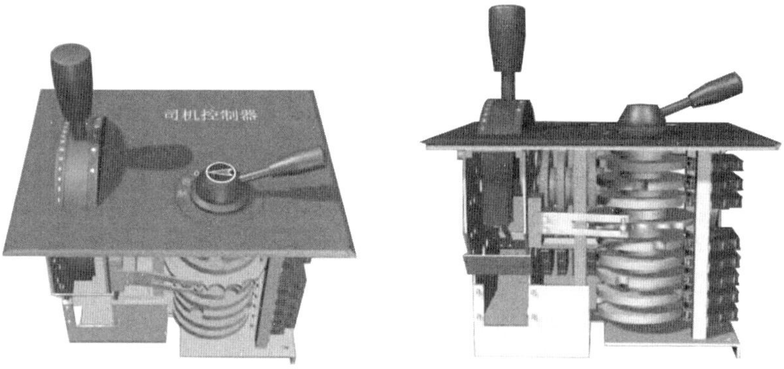

(a)　　(b)

图 7-1　S640 型主司机控制器

S640 型主司机控制器由上、中、下三层组成：上层（面板上）有推拉式调速手柄和换向手柄以及限位器，中层为面板，下层主要为机械传动联锁装置、调速部分和换向部分的辅助触头组、调速电位器和接线插座，其结构如图 7-2 所示。该控制器左侧为调速手柄，通过传动齿轮连接调速主轴，再通过联轴器连接调速电位器。调速手柄有“牵引”区、“零”区、“制动”区三个区域，用于调节机车的速度。右侧为换向手柄，连接换向轴，用于控制机车的运行状态及方向，有“后”“0”“前”“制”四个位置，这四个位置由机械联锁装置定位。

S640H 型主司机控制器由上、中、下三层组成：上层（面板上）有推拉式调速手柄和换向手柄以及限位器，中层为面板，下层主要为机械传动联锁装置、调速部分和换向部分的辅助触头组、调速电位器和接线插座。从司机控制器面板上看：有两个控制器，一个为推拉式，它是机车

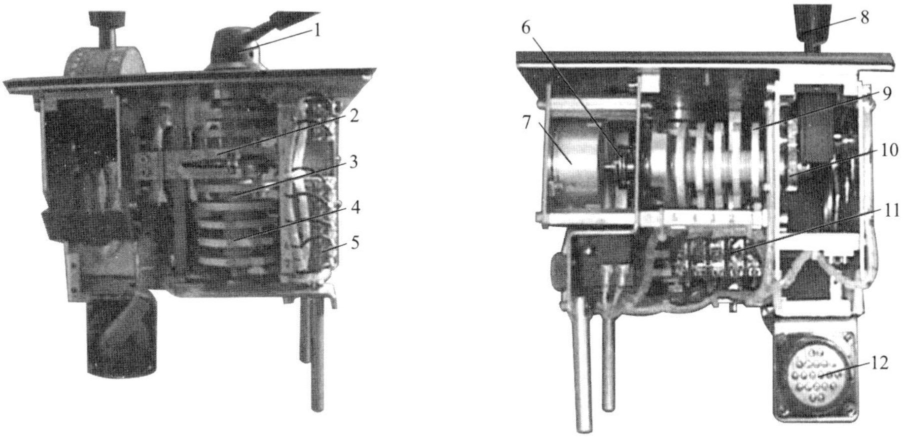

(a) 主司机控制器正面　　(b) 主司机控制器反面

图 7-2　S640 型主司机控制器结构

1—换向手柄；2—联锁杆；3—换向轴；4—换向凸轮；5—辅助触头组；6—连轴器
7—电位器；8—调速手柄；9—调速凸轮；10—传动齿轮；11—辅助触头；12—接线座

调速用控制手柄，有“牵引”区、“零”区、“制动”区三个区域；另一个为手柄式，它是机车换向用，有“后”“0”“前”“制”“Ⅰ”“Ⅱ”“Ⅲ”七个位置。

司机通过调速手柄和换向手柄来实现对司机控制器的操作。调速手柄为推拉式，司机通过推动不同的角度来实现机车不同的速度。换向手柄采用可取式(钥匙式)，利用面板上限位器的缺口来保证换向手柄只有在处于“0”位时，才能插入和取出。为了防止可能产生的误操作，确保机车设备及机车运行安全，调速手柄和换向手柄之间装有机械联锁装置，其联锁关系如下。

(1) 换向手柄在“0”位时，调速手柄被锁住而不能推动。

(2) 换向手柄在“前”或“后”位时，调速手柄可推向“牵引”区域。

(3) 换向手柄在“制”位时，调速手柄推向“制动”区域。

(4) 调速手柄在“0”位时，换向手柄可在所有位置任意转换。

(5) 调速手柄在“牵引”区域时，换向手柄被锁在“前”或“后”位。

(6) 调速手柄在“制动”区域时，换向手柄被锁在“制”位。

为了保证夜间行车时司机也能看清标牌，主司机控制器带有夜光照明功能，在夜间黑暗情况下指示标牌会发出柔和的绿光。

主司机控制器通过 20 芯插座与机车控制电路连接。

2. 技术参数

(1) 技术规格

额定电压：DC 110 V。

约定发热电流：10 A。

(2) 电位器输出电压

电位器输入 DC 15 V 电压时：

① 在牵引小零位和制动小零位时，输出电压小于 0.15 V。

② 在牵引最大位和制动最大位时，输出电压大于 14.6 V。

③ 牵引最大位和制动最大位时输出电压差不超过 0.3 V。

④ 在牵引和制动区域内电位器输出电压应平滑变化。

(3) 发光装置

额定电压:DC 24 V。

功率:小于 2 W。

3. 维护

(1) 清洁

用干净的干棉布擦除主司机控制器的污垢。用 0.2～0.3 MPa 的压缩空气吹扫各部及用毛刷清扫各部灰尘。

(2) 一般检查

直观检查主司机控制器的状态是否良好,各操作手柄应操作灵活,无过紧、卡滞或松旷现象。检查各紧固件是否有松动,外表面的镀层、油漆是否有脱落,绝缘件是否有裂纹等。检查定位簧片和定位杠杆是否松动变形,检查定位凸轮是否磨损过度。检查主轴和换向轴凸轮的完整性,是否有裂纹、变形或者脱落等。检查辅助触头盒(图 7-3)是否烧损,接插件是否正常等。检查电位器上的联轴器是否松动。检查各连接线,接线应牢固,接线端子、线号齐全,标牌完整清晰,导线不得与其他机件碰磨,绝缘无破损。

(3) 性能检查

机械性能检查,检查调速手柄和换向手柄是否能正常操作,对其机械联锁的可靠性和准确性进行检查。要求符合主司机控制器机械联锁要求。

电性能检查,检查在各个级位时,辅助触头的开闭状态是否与图纸所给的闭合表相符合。

电位器的检查,电位器接线如图 7-4 所示,电位器常态电阻总阻值:250 Ω 允差±15%。将电位器的 1 端接 DC 15 V,3 端接地,然后测量 2、3 端的电压 U_{23}。调速手柄在“0”位时,U_{23} 不大于 0.2 V。从 0 位到最大位时,电压应该是平滑变化,调速手柄在最大位时,U_{23} 不低于 14.6 V。

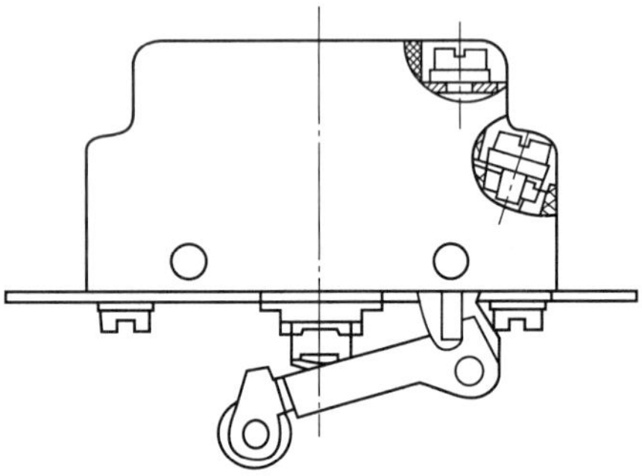

图 7-3 主司机控制器辅助触头盒

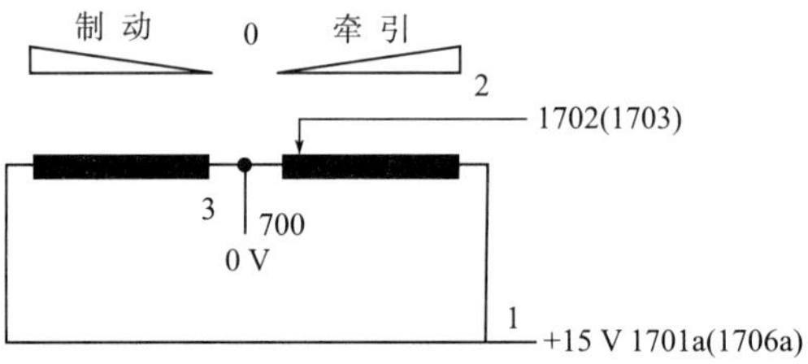

图 7-4 主司机控制器电位器接线

夜光照明部分检查,通过主司机控制器插座给夜光照明电路板通以 DC 24 V 电压,调速部分标牌字符应发出柔和绿光。换向部分标牌字符发出柔和的绿光,同时手柄所在位置的字符为红光。转动换向手柄,随着手柄转到不同的位置,其对应字符应由绿光变为红光。

绝缘性能检查按司机控制器技术条件进行。

(4) 润滑

加油前必须先去除零部件上原有已污染的油脂。用润滑油脂对轴的转动接触处、定位凸轮的齿以及对应杠杆的滚轮、弹簧、轴连锁杆等需润滑的部分进行轻微润滑。

4. 检修

检修项目见表 7-1。

表 7-1　主司机控制器检修项目表

序号	检修内容与要求	段修类别		
		辅修	小修	中修
1	各部件应齐全良好，不许由裂损，擦净灰尘及油污	√	√	√
2	检查速动开关内部触点状态、滚轮架及滚轮转动状态应灵活可靠，架与轮之间不许有摩擦现象并加润滑油		√	√
3	触头接触电阻小于 200 mΩ(触头闭合，流入 1 A 电流时的接触电阻)。如果电阻超标，可用感性负载，由触头分断 1 A 电流(时间常数位 20～50 ms)。由分断弧光清除触头表面氧化膜。如经清除后电阻仍超标应更换		√	√
4	检测速动开关动作力应≤2 N(力加在滚轮上)		√	√
5	检查弹片根部，不许有裂断现象		√	√
6	检查换向手柄与调速手柄间机械联锁性能应符合要求，手轮各位闭合应符合闭合表要求，并能转动灵活可靠，不许有卡滞现象		√	√
7	检测速动开关行程及转换位置 ① 开关未动初始距：(20±0.5) mm ② 触头闭合时距：(16.6±0.25) mm ③ 触头压死不能再动距：(13.2±0.5) mm(最终位) ④ 压力减小，触头释放点距：(18.4±0.25) mm 如不能满足上述要求应调整相应动作机构并注入少许稀 6 号汽油机油，否则更换			√
8	绝缘电阻试验：用 500 V 兆欧表测量各触点对地绝缘电阻应大于 1.5 MΩ，用 250 V 兆欧表测电位器对地电阻应大于 1.5 MΩ			√
9	电位器滑动触头转动灵活，电阻由 0 升到 250 Ω，不许有跳变，电位器电阻膜磨损严重时应更换同型号电位器		√	√
10	20 芯插座，插头不许有断裂，接触不良现象		√	√

5. 故障处理(表 7-2)

表 7-2　主司机控制器故障处理表

故障情况	原　　因	处　　理
手柄不能推动	联锁机构卡住	去除杂质
手柄无定位感	定位簧片断裂	更换簧片
闭合表不正常	凸轮块损坏	更换凸轮
	辅助触头盒故障	更换触头盒
	接插件松脱或连线断裂	重新连接
电位器输出电压不正常	联轴器松脱	重新紧固调整
	电位器故障	更换电位器

二、辅助司机控制器

辅助司机控制器主要是在调车时用来转换机车的牵引与制动工况，改变机车的运行方向，实现机车的启动和调速等工况。SS_{4G} 型、SS_{7E} 型和 SS_9 型电力机车采用 S650 型辅助司机控制器，如图 7-6 所示。

1. 结构特点

S650 型辅助司机控制器由上、中、下三层组成，上层(面板上)有调速手柄和限位器。中层为面板，下层主要为机械定位装置、辅助触头组、调速电位器和接线插座。

该控制器的调速手柄直接连接调速主轴，再通过联轴器连接调速电位器。调速手柄有“向前”和“向后”两个区域，用于控制机车的运行方向和调节机车的速度。

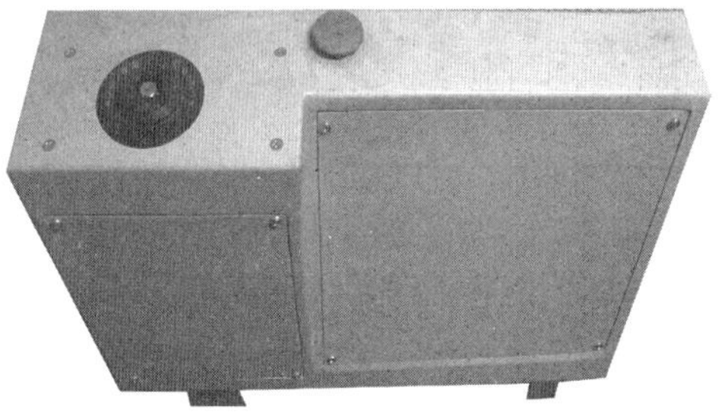
图 7-5　S650 型辅助司机控制器

司机通过调速手柄实现对辅助司机控制器的操作。利用面板上限位器的缺口来保证调速手柄只有在处于“取”位时，才能插入和取出。为了防止可能产生的误操作，确保机车设备及机车运行安全，调速手柄和 S640 型司机控制器的换向手柄共用，一台机车只有一个操作手柄，这样司机只能操作某一台司机控制器，而其他控制器都被锁在“0”位而不能操作。

为了保证夜间行车时司机也能看清标牌，辅助司机控制器带有夜光照明功能，在夜间黑暗情况下指示标牌会发出柔和的绿光。

2. 技术参数

(1) 技术规格

额定电压：DC 110 V。

约定发热电流：10 A。

(2) 电位器输出电压

① 在向前小零位和向后小零位时，输出电压小于 0.15 V。

② 在向前最大位和向后最大位时，输出 5 V。

③ 向前最大位和向后最大位时输出电压差不超过 0.3 V。

④ 在向前和向后区域内电位器输出电压应平滑变化。

(3) 夜光照明部分

额定电压：DC 24 V。

功率：小于 2 W。

调速标牌为绿光背光照明。

3. 维护

(1) 清洁

用干净的干棉布擦除司机控制器的污垢。用 0.2～0.3 MPa 的压缩空气吹扫各部及用毛刷清扫各部灰尘。

(2) 一般检查

直观检查司机控制器的状态是否良好，各操作手柄应操作灵活，无过紧、卡滞或松旷现象。检查各紧固件是否有松动，外表面的镀层、油漆是否有脱落，绝缘件是否有裂纹等。检查定位簧片和定位杠杆是否松动变形，检查定位凸轮是否磨损过度。检查主轴和换向轴凸轮的完整性，是否有裂纹、变形或者脱落等。检查辅助触头盒是否烧损，接插件是否正常等。检查电位器上的联轴器是否松动。检查各连接线，接线应牢固，接线端子、线号齐全，标牌完整清晰，导线不得与其他机件碰磨，绝缘无破损。

(3) 性能检查

机械性能检查，检查调速手柄是否能正常操作，对其机械定位的可靠性和准确性进行检查。

电性能检查，检查在各个级位时，辅助触头的开闭状态是否与图纸所给的闭合表相符合。

电位器的检查，电位器常态电阻总阻值：250 Ω 允差±15%。将电位器的 1 端接 DC 15 V，3 端接地，然后测量 2、3 端的电压 U_{23}。调速手柄在“0”位时，U_{23} 不大于 0.2 V。从 0 位到最大位时，电压应该是平滑变化，调速手柄在最大位时，U_{23} 不低于 4.8 V。

夜光照明部分检查，通过司机控制器插座给夜光照明电路板通以 DC 24 V 电压，调速部分标牌字符应发出柔和绿光。

绝缘性能检查按司机控制器技术条件进行。

(4) 润滑

加油前必须先去除零部件上原有已污染的油脂。用 SY1067-77 润滑油脂对以下部分进行轻微润滑：轴的转动接触处；定位凸轮的齿以及对应杠杆的滚轮；弹簧；轴连锁杆等需润滑的部分。

4. 限度

包括主、辅助司机控制器，见表 7-3。

表 7-3　司机控制器限度表

序号	名　　称		原　　形	限　　度	
				中　修	禁　用
1	速动开关	开距(mm)	20±0.5	20±0.5	
		行程(mm)	3.4±0.25	3.4±0.25	
		全程(mm)	6.8±0.5	6.8±0.5	
		压力(N)	≤2	≤2	
2	调速手柄操作力(N)		≤20		
3	换向手柄操作力(N)		≤20		
4	触头接触电阻(mΩ)		≤200	≤200	
5	开关对地绝缘电阻(500 V 兆欧表)(MΩ)		≥1.5	≥1.5	
6	电位器对地绝缘电阻(250 V 兆欧表)(MΩ)		≥1.5	≥1.5	

第二节　司机台扳键开关的检修

扳键开关是 DC 110 V 控制电路中的转换开关，采用突变式结构，具有通断迅速、体积小、结构紧凑、外形美观、维护方便和使用寿命长、安全可靠等优点。经检验测试，已达到 DC 110 V、额定电流 10 A、通断能力为 2.5 A 的设计能力，在司机室规范化设计中以扳键开关替代了原机车中使用的琴键开关。电力机车标准化司机台上分别装有 2 组扳键开关组，型号为 S460 及 S470，它采用突变式结构，如图 7-6 所示。

一、扳键开关结构

扳键开关组由扳键开关组合而成，扳键开关分为小容量触点扳键开关和大容量触点扳键开关两种。开关组设有电联锁。

扳键开关结构如图 7-7 所示。

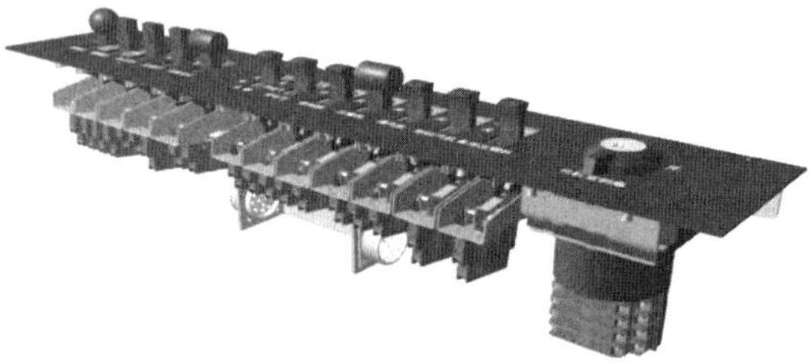

图 7-6　标准化司机台扳键开关

图 7-7　扳键开关结构

二、主要技术参数

触点额定工作电压　DC 110 V
触点额定工作电流
　大容量触头扳键开关　25 A(40 A)
　小容量触点扳键开关　1 A(2 A)
　约定发热电流　10 A(20 A)
最大可靠分断电流　2 A(4 A)
最小应可靠接通负载　DC 12 V、5 mA(适合于接通及分断小电流信号)
机械寿命　不低于 20 万次

大容量扳键开关触头承受接通与分断能力见表 7-4。

表 7-4　大容量扳键开关触头的通断能力表

电流级别	试验类别	试验条件			时间间隔(min)	通断次数
		电压(V)	电流(A)	时间常数(ms)		
40 A	极限通断能力	132	160	15	2	3
	额定通断能力	110	40	15	1	180
	临界通断能力	132	4	15	2	3
25 A	极限通断能力	132	100	15	2	3
	额定通断能力	110	25	15	1	180
	临界通断能力	132	2.5	15	2	3

三、维护及保养

必须按照规定的电压和电流使用,以保证正常使用。
电源线应采用阻燃电线、功率应满足使用要求。
勿置于 50 ℃以上温度的环境中使用。
在扳键开关组中可单个更换扳键。
应经常检查各紧固件是否松动。

四、检　修

扳键开关检修项目见表 7-5。

表 7-5　扳键开关检修项目表

序号	检修内容与要求	段修类别		
		辅修	小修	中修
1	开关干净，动、静触头上不许有异物、绝缘良好，不许有裂纹、放电、烧损现象；各零部件、紧固件齐全、完好，标牌清晰，定位销等安装牢固、不许有松动现象	√	√	√
2	扳把等运动件动作灵活，无卡滞。分断电路正常	√	√	√
3	扳键开关的绝缘应符合以下要求： 带电部分之间及对地的绝缘电阻(500 V 兆欧表)不小于 10 MΩ 带电部分对地及相互间施以 50 Hz、1 100 V、正弦波交流 1 min，无击穿、闪络现象		√	√
4	触头未动作时，滚轮与凸轮间隙不小于 0.5 mm；触头动作后，触头开距(6±0.8) mm 动、静接点表面磨耗深度应不大于 0.4 mm。超过磨耗限度，应更换		√	√
5	转动桥臂与引出螺栓圆弧接触面涂接点润滑油		√	√
6	触头上的簧托必须落在动接点凹槽内，簧托上的开槽应与触头侧边平行		√	√
7	5008 系列触头接线极性应符合“上正下负”			√

第三节　司机室辅助设备的检修

一、电空制动控制器

S660 型电空制动控制器(俗称大闸)是司机用来操纵全列车制动或缓解的控制装置。它通过在不同位置使触头开闭，利用控制电路来间接控制电空阀的开放或关闭，使风路导通或截断，从而实现列车充风缓解或排风制动的目的。

1. 结构特点

S660 型电空制动控制器结构如图 7-8 所示，由上、中、下三层组成，上层(面板上)有限位器和可卸式操作手柄。中层为面板，下层是机械定位装置和作为控制用以实现电逻辑要求的凸轮及辅助触头盒。与外部线路连接的插座在最下面。

为了保证夜间行车时司机也能看清标牌，电空制动控制器带有夜光照明功能，在夜间黑暗情况下指示标牌会发出柔和的绿光。

电空制动控制器通过 20 芯插座与机车控制电路连接。电空制动控制器的操纵手柄为可取式。

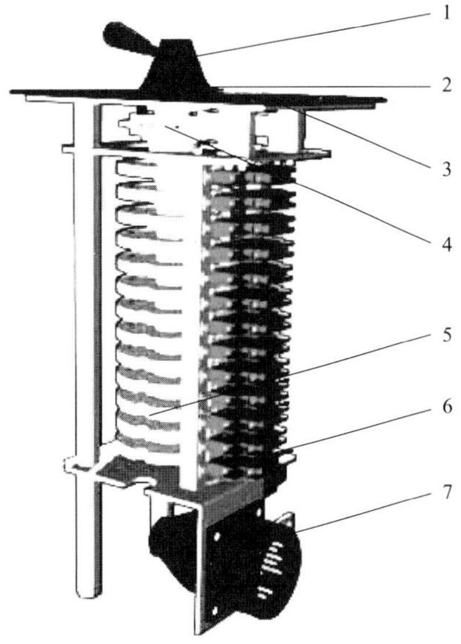

图 7-8　S660 型电空制动控制器结构
1—操纵手把；2—限位装置；3—安装面板；4—定位机构；5—轴组装；6—辅助触头盒；7—插座

2. 主要技术参数

(1) 技术规格

额定电压：DC 110 V。

约定发热电流：10 A。

手柄有紧急、重联、制动、中立、运转、过充 6 个位置。

(2) 夜光照明部分

额定电压：DC 24 V。

调速标牌为绿光背光照明，字符在夜间为柔和的绿色。随操作手柄的位置不同，相应位置的字符由绿色变为红色。

3. 维护

(1) 清洁

用干净的干棉布擦除电空制动控制器的污垢。用 0.2～0.3 MPa 的压缩空气吹扫各部及用毛刷清扫各部灰尘。

(2) 一般检查

电空制动控制器结构分解如图 7-9 所示。

直观检查电空制动控制器的状态是否良好,操作手柄应操作灵活,无过紧、卡滞或松旷现象。

检查各紧固件是否有松动,外表面的镀层、油漆是否有脱落,绝缘件是否有裂纹等。

检查手柄插入锁定部分是否松动,检查定位簧片是否变形。

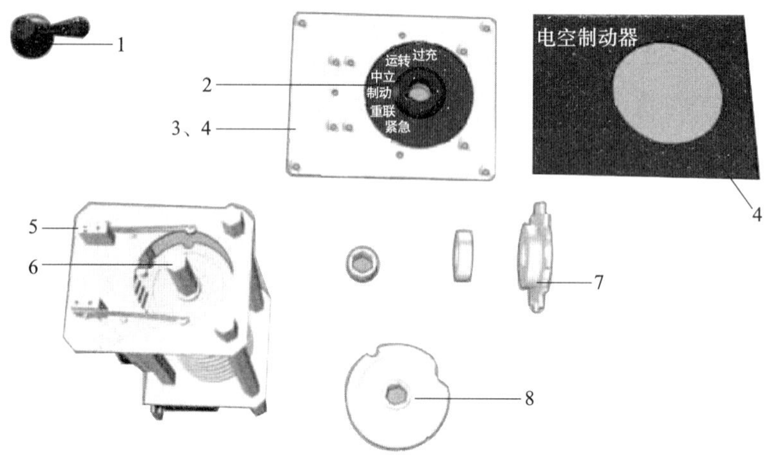

图 7-9 S660 型电空制动控制器结构

1—操纵手把;2—限位装置;3、4—安装面板;5—出线座;6—轴转;7—定位机构;8—凸轮

检查主轴上凸轮的完整性,是否有裂纹、脱落或者变形等。

检查辅助触头盒是否烧损,接插件是否正常等。

检查各连接线,接线应牢固,接线端子、线号齐全,标牌完整清晰,导线不得与其他机件碰磨,绝缘无破损。

(3) 性能检查

机械性能检查,检查手柄是否能正常操作,对其指示的准确性进行检查。

电性能检查,检查在各个级位辅助触头的开闭状态是否与图纸所给的闭合表相符合。

夜光照明部分检查,通过控制器插座给夜光照明电路板通以 DC 24 V 电压,其标牌字符在夜间为柔和的绿色。随操作手柄的位置不同,相应位置的字符由绿色变为红色。

(4) 润滑

加油前必须先去除零部件上原有已污染的油脂。用 SY1067-77 润滑油脂对以下部分进行轻微润滑:轴的转动接触处;定位凸轮的齿以及对应杠杆的滚轮;弹簧;轴连锁杆等需润滑的部分。

4. 检修

电空制动控制器故障检修见表 7-6。

表 7-6 电空制动控制器故障检修表

故障情况	原　因	处　理
手柄不能插入	手柄锁定机构松动	重新紧固
手柄不能推动	定位机构卡住	去除杂质
手柄无定位感	簧片断裂	更换簧片
闭合表不正常	凸轮破损	更换凸轮
	辅助触头盒故障	更换触头盒
	接插件松脱或连线断裂	重新连接

二、压力仪表、语音箱组合模块

ZDY1 型压力仪表、语音箱组合模块是由双针压力表(以下简称压力表)、语音箱及供风指示灯组成一体,安装于机车的操纵台上专门用来向司机表达列车运行参数及相关信息的重要装置,如图 7-10 所示。

1. 主要技术参数

量程　　0～1 000 kPa、0～1 600 kPa

精度　　1.5 级

连接方式　　软管连接

照明电压　　DC 24 V

指示灯电压　　DC 24 V

2. 接线方式

照明接线:红接线柱接电源+、黑接线柱接电源－。

双管供风(指示灯)正极接信号+、负极接信号－。

压力表的连接采用软管螺母接头固定。

图 7-10 ZDY1 型压力仪表、语音箱组合模块

3. 检修

压力仪表、语音箱组合模块故障检修见表 7-7。

表 7-7 压力仪表、语音箱组合模块故障检修表

常见故障	产生原因	排除方法
前快后慢	曲柄和连杆夹角小	转动齿轮机构,改变封口末端位置,使夹角增大
前慢后快	曲柄和连杆夹角大	转动齿轮机构,改变封口末端位置,使夹角减小
压力变差大	传动机构摩擦大或松动	传动机构间研磨或改变传动机构之间尺寸
指针局部跳动或轻敲跳动	中心齿轮和扇形轮有磨损不能紧密啮合或有毛刺灰尘	修正清除中心齿和扇形轮之间状况
	连杆的某一头卡住现象不灵活	研磨或者使连杆灵活
	游丝外圆碰扇形轮	调整游丝位置
	中心齿轮与底板相碰	加强加工中不圆度要求
指示误差不一	连杆和扇形齿轮的传动比调整不当	调整传动比或调整连杆长短
	表盘和中心轮不同心	调整中心
	弹簧管长期受压、疲劳、蠕变	调换弹簧管

续上表

常见故障	产生原因	排除方法
指针不回零	游丝没有足够盘紧	调整游丝
	漏油	检查校验设备或弹簧管焊锡部位逐一封堵
	连杆太短	加长连杆长度
	传动机构啮合位置不当	重新确定啮合位置
	定针时原来就不在零位	重新定针

三、多功能状态仪表组合模块

ZDZ1 型多功能状态仪表组合模块(以下简称电表模块)由机车双针速度表、电测量双针仪表、状态指示灯等组成,如图 7-11 所示。它是安装于机车的操纵台上专门用来向司机表达列车运行参数、设备运转状态以及相关信息的模块。它采用模块式结构,具有安装方便、显示直观、运行可靠等优点。

图 7-11　ZDZ1 型多功能状态仪表组合模块

1. 主要技术参数

电表模块的技术条件是由其综合指标、机车双针速度表技术条件、机车电测量双针仪表技术条件、状态指示灯技术条件等部分组成。

(1) 电表模块综合指标

工作电压:DC 110×(1±20%) V。

照明电压:DC 24×(1±20%) V。

最大功耗:10 W。

绝缘电阻:不小于 5 MΩ。

防护性能:防尘。

(2) 机车双针速度表主要技术指标

量程:0～120 km/h、0～160 km/h、0～200 km/h、0～300 km/h。

输入信号:0～20 mA。

精度:1.5 级。

(3) 机车电测量双针仪表的主要技术指标

精度:1.5 级、2.5 级。

阻尼:不大于 4 s。

(4) 状态指示灯技术条件

状态指示灯采用 LED 发光管为光源,颜色在红、黄、绿、蓝、白中选择。每个指示灯可指明对应机车的工作状态,指示灯的亮度可调,并有自校功能。

2. 接线及接插件的定义

ZDZ1 型多功能状态仪表组合模块接线如图 7-12 所示(图为后视图)。

3. 检修

速度表、电表故障检修见表 7-8。

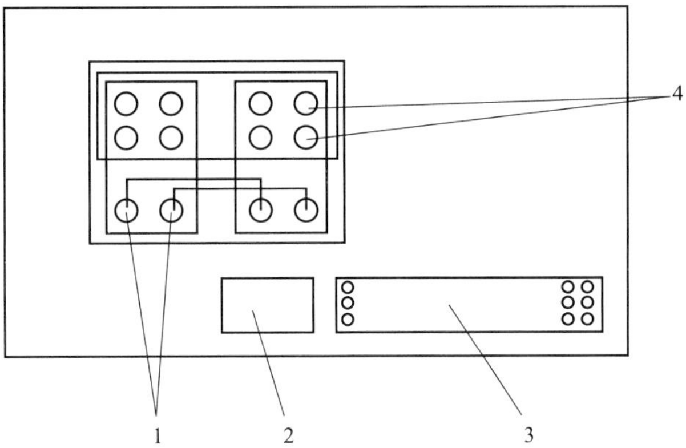

图 7-12　ZDZ1 型多功能状态仪表组合模块接线

1—照明接线柱(4 个);2—9 芯插座;3—指示灯信号线插座;4—双针表信号接线柱(8 个)

表 7-8　速度表、电表故障检修表

常见故障	主要原因	排除方法
误差大	1. 机芯灵敏度下降 2. 接触点(焊点)电阻大 3. 元器件变值 4. 轴承松动	1. 调节电位器 2. 重新安装或焊接 3. 更换或调节元器件 4. 调节轴承
不回零、卡滞	1. 指针不在机械零位 2. 游丝变形 3. 卡针	1. 调节调零器 2. 整理游丝 3. 清除机芯内毛刺
平衡差误差大	平衡系统被破坏	校正平衡
指针不稳	线路元件焊接不良	检查并重新焊接松动的元件
通电后不偏移	测量线路短路或断路	消除短路或断路现象
通以额定电流后,偏移很小	1. 分流电阻短路 2. 局部短路	1. 更换分流电阻 2. 消除短路或断路现象
转速表指示值偏低	1. 测速传感器缺相 2. 二极管开路、电阻阻值变化	1. 调换电机 2. 调换二极管、调换电阻
温度表不指示	1. 电阻开路、假焊 2. 稳压管短路	1. 重新焊接和调换电阻 2. 调换稳压管
温度表指示误差大	1. 稳压管质量不好 2. 桥路电阻阻值不对 3. 元件变值,假焊	1. 更换稳压管 2. 更换电阻 3. 调整或更换元件,重新焊接
温度表打表针	1. 温度传感器铂电阻断路、短路 2. 桥路电阻断路或开路	1. 更换传感器 2. 更换电阻

调光电路故障检修见表 7-9。

表 7-9　调光电路故障检修表

常见故障	主要原因	排除方法
开机指示灯不闪烁	1. 电源正负线接反 2. 内部电子电路损坏	1. 对换电源线极性 2. 检查电路
亮度不能调、自校不工作	内部电子电路损坏	检查电路
开机(自校)个别指示灯不闪烁、有控制信号此灯不亮	指示灯损坏	更换指示灯

四、直流无刷转页扇

直流无刷转页扇安装特点是沉入司机室顶棚之内，利用内装饰材料多孔铝的无数小孔从司机室内取风，具有美观、实用等多种优点。

1. 主要技术参数

额定电压：DC 110 V。

额定功率：40 W。

2. 原理

直流无刷转页扇的电气原理如图 7-13 所示。

3. 维护及检修

（1）日常维护

用中性洗涤液清洗，切忌用汽油及苯类溶剂擦洗，以免擦伤表面；保持电机齿轮的含脂量，6 个月补充一次润滑脂；转页处禁止悬挂任何物品。

（2）故障检修

转页扇不转：检查自动开关是否送电，若未送电，则合上自动开关；检查电机引线处的熔断器是否熔断，若已熔断，则更换熔断器；线路板损坏，则更换线路板；电机短路或断路，则更换电机。

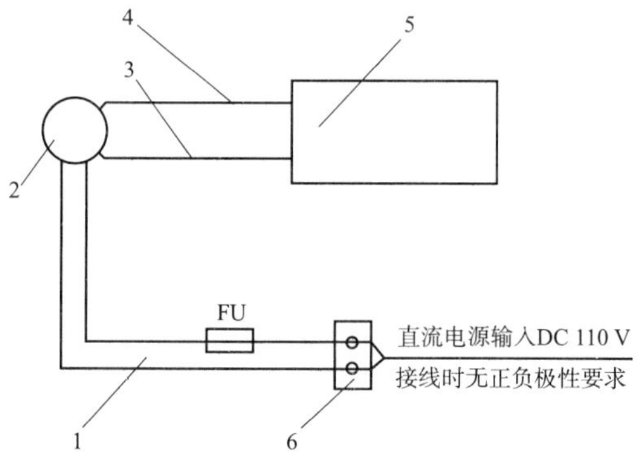

图 7-13　直流无刷转页扇电气原理

1—电机引线；2—电机；3—五芯电机动力线；4—六芯输入信号线；5—功率驱动线路板；6—接线端子

风叶转、转页不转：电机减速齿轮损坏，则更换减速齿轮；转页损坏，则更换转页。

转页转、风叶不转：风叶固定螺母松动或脱落，将固定螺母重新拧紧；止动垫圈损坏，则更换止动垫圈；风叶损坏，则更换风叶。

五、机车通信装置

ZDJ-1 型机车通信装置是用于机车各司机室内部相互通信联系的装置，如图 7-14 所示。整机采用系列专用模块集成电路组装，线路简单，性能可靠，抗干扰能力强，维护方便。该装置采用有关抗强噪声的专利技术，能有效地抑制周围环境噪声的干扰。单机车运行时在司机室内强噪声环境下，用普通的讲话声音即可保证清晰的通信。为不影响无线列调，该装置采用有线传输，全双工方式工作。

1. 主要技术参数

供电电源：DC 110×（1±30%）V。

工作方式：全双工通信、全呼方式。

电源保护：当电源降低到(75±3) V 时，电源保护电路动作，切断供电，电源指示灯灭，当电源上升到(83±5) V，自动恢复供电，电源指示灯亮。

工作模式：单列、双列重联、三列重联。

电源指示灯兼顾夜间照明。

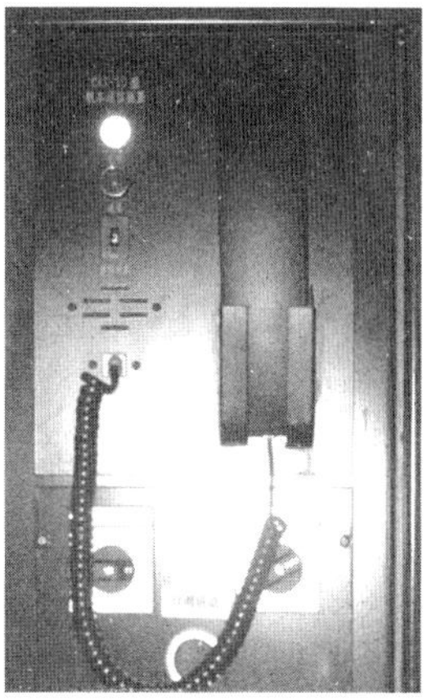

图 7-14　ZDJ-1 型机车通信装置

通信装置对外接口采用 Y2M-7 型航空插座，插脚定义：1—110 V 正；2—110 V 负；3—信号正；4—信号负；5—屏蔽地线；6—控制线；7—备用。

安装尺寸如图 7-15 所示。

2. 使用方法

根据通信装置的数量设置到相应的数字上即可完成重联设置；装置待机时电源指示灯半亮，提供盘面照明；通信时摘下手柄，电源指示灯全亮；对方自动振铃，当对方摘机后即可通话，通信完毕后将手柄放回原处即可。

3. 检修

机车通信装置故障检修见表 7-10。

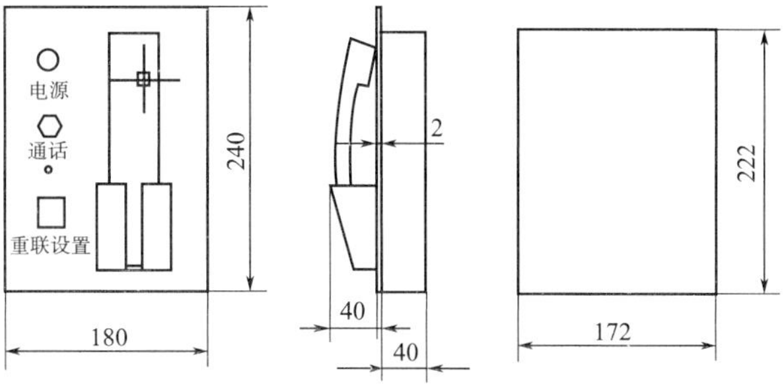

图 7-15　机车通信装置安装尺寸(单位：mm)

表 7-10　机车通信装置故障检修表

现　　象	原　　因	解决方法
电源指示灯不亮	熔断器熔断	更换
啸叫	重联设置开关选择错误	重新选择
	话筒放置不当	正确放置
摘机后电源指示灯仍半亮	电源电压过低，装置处于保护状态	待电源恢复

复习思考题

1. 简述司机控制器的结构组成。
2. 简述调速手柄和换向手柄之间的联锁关系。
3. 如何对司机控制器进行日常检查和维护？
4. 司机控制器的中修有哪些项目？简述司机控制器的检修步骤。
5. 司机控制器的常见故障有哪些？如何处理？
6. 司机台扳键开关的中修有哪些项目？
7. 司机台电表模块有哪些常见故障？如何处理？

第八章

车顶高压电器的检修

电力机车车顶上安装布置有受电弓、主断路器、高压隔离开关、避雷器、高压电压互感器、高压电流互感器等电器。这些电器都工作在25 kV网压下，并且暴露在空气中，工作环境较恶劣。为保证其能正常工作，对车顶电器的维护保养和检修相当重要。其中主要的电器设备有受电弓、主断路器，这是电力机车的主型电器，也是本章要求掌握的重点。

第一节　受电弓的检修

受电弓是电力机车从接触网接触导线上受取电流的一种装置。它通过绝缘子安装在电力机车的车顶上，当受电弓升起时，其滑板与接触网导线直接接触，从接触网导线上受取电流，通过车顶母线传送到机车内部，供机车使用。

电力机车上采用有各种型号的受电弓，如TSG1-600/25型受电弓、TSG3-630/25型单臂受电弓、DSA-200型受电弓等。各型受电弓的某些零部件虽略有不同，但其基本结构具有相似之处。本节以DSA-200型受电弓为例进行详细介绍。

DSA-200型受电弓是一种采用气囊驱动升弓的单臂式受电弓，该受电弓装有阻尼器和ADD自动降弓装置。

一、维护检查

维护检查时应注意：在车顶工作时，必须切断接触网线供电电源；在任何情况下，必须采取必要的安全和防护措施；受电弓升弓时，应确保压缩空气供应无意外故障发生，因为一旦压缩空气供应发生故障，受电弓就会下降，可能造成受电弓臂下人员的人身伤害；维修时，需用约0.9 m长的木棒支撑在底架和上交叉管间。当调节受电弓的接触压力时，为防止受电弓意外下降（如自动降弓装置出现故障时），应使自动降弓装置关闭阀处于关闭状态。

1. 日常维护检查

在降弓位置检查钢丝绳的松紧程度，两边的张紧程度应一致。清理阀板上的过滤器，拧开滤清器的外罩，清理尘土和水。

目测整个受电弓。若存在损坏的绝缘子、破损的软连接线、损坏的滑动轴承和变形的部件都应更换。若磨损部件超过其磨损极限，也应当更换。

清洁车顶与受电弓之间的绝缘管，用干棉纱擦拭，可用中性清洁剂，不得使用带油棉纱。防止灰尘吸附，导致一次短路。

目测软连接线，用卡尺测量滑板厚度，若磨损到限则应更换。

检查螺栓，尤其是整个弓头弹性系统的零部件。如果需要拧紧螺母，应注意保证相应的扭矩。M8 螺栓扭矩为(12±2)N·m。

润滑轴承，滑动轴承可自润滑，对于下导杆两端的关节轴承以及升弓装置销轴处的润滑，可用注油枪向润滑油杯内注润滑脂。注完后用油杯帽密封。下臂上的 6 个滚动轴承的润滑，需拆下下臂，从有弹性挡圈一端将轴拆下，衬套内注润滑脂后，装上下臂。

2. 更换滑板

出现下列情况时，必须更换滑板：

(1)碳条磨耗后高度小于 5 mm 或滑板总高度小于 22 mm。

(2)由于产生电弧，发生变形或缺陷。

如果仅需更换一个滑板，新滑板与另一个旧滑板的高度差应不超过 3 mm，且应注意滑板 ADD 接口安装的正确位置。

3. 调试更换阻尼器

阻尼器(图 8-1)在安装受电弓前必须经过调试。如果受电弓实际动作特性与额定值之间有较大差别，有必要检查阻尼器的安装情况。磨损、动作不灵活、漏油时，须更换阻尼器。具体操作如下：

先把阻尼器拉伸、压缩 5 次，长度 $a=54$ mm，落弓位置的安装长度 $b=(480\pm1.5)$mm。

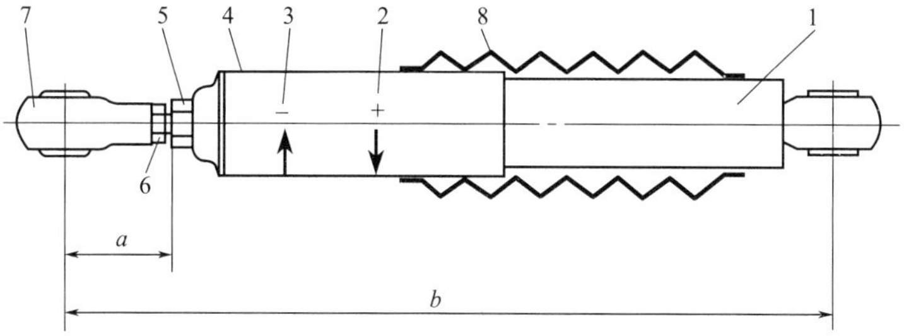

图 8-1　阻尼器调试说明图

1—阻尼器；2—右；3—左；4—防尘盖；5—锁紧螺母(汽缸)；
6—锁紧螺母(接头)；7—接头；8—保护套

4. 检查升弓装置

建议每 4～6 周在落弓位置检查一次钢丝绳的松紧。如需要，则把钢丝绳拉紧，但两螺母拧紧量要相同，避免升弓装置松弛(落弓位置)。

5. 检查自动降弓装置

注意：在操纵台上转动旋钮开关至升弓位后，降弓范围内不许有人。

根据调试结果，自动降弓装置应有如下性能：

(1) 如果自动降弓装置关闭阀在“开”的位置，试验阀在“工作状态”位置，网线与滑板接触力良好，则气囊工作正常。

(2) 如试验阀处于“试验状态”位置，快速降弓阀排气，则受电弓快速下降。

检查自动降弓装置后重新启动受电弓。如果受电弓运行中由于滑板磨损或断裂而导致自动降弓装置作用，受电弓在重新使用前应由专门技术人员检查，要检查静态接触压力和升弓、降弓时间。降弓时，在离落弓位置 1 m 高处要注意降低下降速度。发生过自动降弓的受电弓须经全面调试，才能重新使用。

二、检　　修

当发生弓网故障，造成受电弓滑板、弓头、上臂等零部件变形或损坏，应将受电弓从车顶拆下，进行全面调修或更换零部件，检修完成后在专用试验台上对受电弓进行例行试验（包括动作试验、弓头自由度测量、气密性试验、静态压力特性试验、ADD 性能试验等），试验合格后方可重新装车投入使用。对于较轻的刮弓，可在车顶调试升降弓时间、静态压力特性试验、ADD 性能试验等。

1. 检修范围（表 8-1）

2. 解体检修

（1）解体受电弓，清扫检查底架、活动关节、风管及接头。

（2）各软连接编织导线状态良好，断股应更换。擦拭检查绝缘子。表面光洁，安装牢固，不允许有裂纹，如表面缺损面积大于 3 cm^2 时需经 75 kV 耐压试验，缺损面积大于 30 cm^2 时更换。

（3）调整阻尼器。当受电弓实际运行值与额定值间有差别，应检查调整阻尼器。具体操作如下（参见图 8-1）：卸下保护套；松开调整螺栓的锁紧螺母；将防尘盖拧到上接头；标好位置，向左拧紧，旋转的圈数与调整的圈数相对应；向右旋转所需的圈数，同时数好该圈数。将缓冲器拉长 10 mm，将防尘盖拧到原先的位置，固定好，装上防尘套，注意保护套的排水口须在底部。

缓冲器磨损、运行不佳、漏油时，必须更换缓冲器。更换缓冲器操作步骤如下：将新缓冲器固定在垂直位置；拉出缓冲器，压 5 次；使长度 a 为 54 mm，落弓位置的安装长度 b 为（480±1.5）mm；如受电弓上的实际长度大于 481.5 mm，可在下臂和螺栓之间装入 ϕ8.4 mm 垫圈，或最多拉出接头 5 mm，并用螺母固定。如在受电弓上的实际长度小于478.5 mm，可将上接头最多拧入 3 mm，并用螺母固定。

（4）解体清洗阀板上的过滤器，拧开外罩，清理灰尘和水。

表 8-1　受电弓检修项目表

序号	检修内容与要求	段修类别		
		辅修	小修	中修
1	各紧固件齐全、完好、紧固，各软连接编织导线断股不许超过 10%。各部件状态良好，不许有变形及弯曲，轴承良好。钢丝绳两边松紧一致	√	√	√
2	拧开阀板上过滤器外罩，清除灰尘及水。不许有污垢、阀板上物件应完整	√	√	√
3	绝缘子表面良好、清洁，不许有裂痕现象	√	√	√
4	检查弓头滑板，不许有松动、切口、缺口及由电弧发生引起的变形或缺陷，碳条高度小于 5 mm 或滑板总高度小于 22 mm 时更换。同弓新、旧滑板高度差不大于 3 mm。中修全部更新	√	√	√
5	下导杆两端轴承、升弓装置销轴、下臂 6 个轴承注入润滑脂。油杯密封		双小	√
6	检测受电弓性能，进行 3 次升、降弓试验，并记录数据。静态压力调整要求： 额定静态接触压力，滑板在工作高度范围内对网的压力值（70±10）N 同高度压力差不大于 15 N 在工作高度范围内同向压力差不大于 10 N 升降弓时间 升弓时间小于 5.4 s 降弓时间小于 4 s 自动降弓时间小于 1.2 s（离网 150 mm） 受电弓高度（工作气压：0.36～0.38 MPa） 最大升弓高度 3 000 mm 最大工作高度 2 800 mm 最小工作高度 888 mm 绝缘介电强度试验 50 Hz、正弦波 75 kV，1 min 无击穿闪络		√	√

续上表

序号	检修内容与要求	段修类别		
		辅修	小修	中修
7	检测各弹簧，紧固相应紧固件：M8 螺栓扭矩(12±2)N·m		√	√
8	缓冲器状态良好，当有漏油、磨损、动作不良时应更换		√	√
9	检查钢丝绳：受电弓在降弓位置检查钢丝绳的松紧(两边松紧一致)。避免气囊下弯。出现断股更新，中修时更换钢丝绳	√	√	√
10	检查气囊，发现漏气更换		√	√
11	受电弓底座应保持水平，受电弓由 3 个橡胶减振器支撑	√	√	√

(5) 更换升高装置：卸下主通气管，然后提取出气囊装置；卸开固定钢丝绳的螺栓，拆下钢丝绳；卸下开口销、销轴，提出升高装置；更新升弓装置后，在受电弓垂直运动几次后，重新绷紧钢丝绳，把气囊装置的可动部分固定在钢丝绳中间。

(6) 更新滑板条，更新牵引钢丝绳。

(7) 对整台受电弓外露铁质零件除锈、涂漆。

3. 受电弓各部件的组装

(1) 下导杆和底架

① 下导杆(左旋螺纹端)安装在底架上。

② 在关节轴承处使用油杯润滑(油杯帽要安装可靠，防止灰尘和水的进入，在油杯内注入润滑脂进行润滑)。

(2) 下臂和底架

① 组装下臂和底架，在底架下臂支撑放置垫圈，如图 8-2 所示。

② 软连接线的安装(两边的连接突出大约 30°角)。

③ 在软连接线和底架之间不须放置垫圈。

④ 由于接触不充分(如螺栓未拧紧)而引起电弧时则必须重新安装。必要的话，应使用备用连接点或连接线进行连接。

(3) 下臂和升弓装置

用木棒支撑下臂，安装升弓装置上的钢丝绳，把升弓装置安装在底架上，插上销轴和开口销，轻轻放下下臂，确保钢丝绳的两端张紧程度一样。在下限位置，升弓装置的桁架装配不能从底架底部突出超过 20 mm，钢丝绳不得绷紧，待组装完后应重新调节它的张紧状态，同时进行润滑。

(4) 阻尼器

在装配前，在竖直方向上完整地拉伸和压缩阻尼器 5 次，无卡死现象。

在落弓位置按尺寸 a=54 mm，尺寸 b=480 mm 进行安装，如图 8-3 所示。

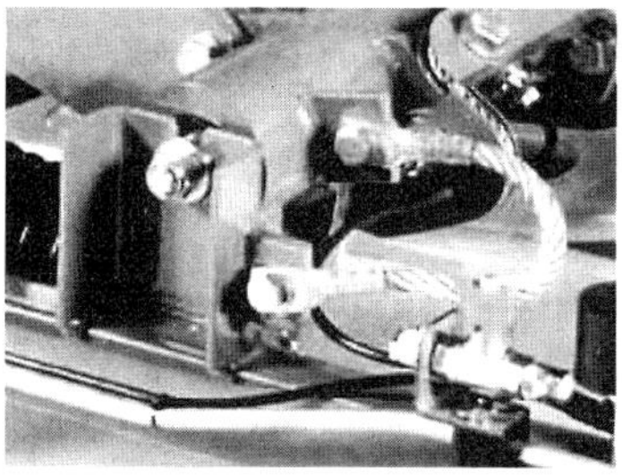

图 8-2　下臂和底架的装配

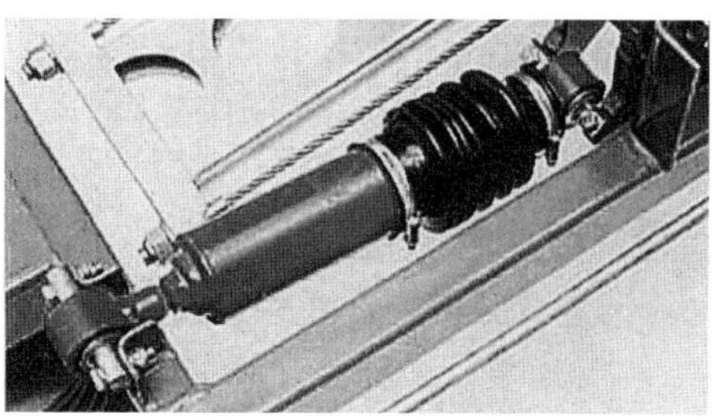

图 8-3　阻尼器的装配

(5) 上臂

① 在落弓位置组装上臂、安装下导杆(右旋螺纹端),安装过程中下导杆两端关节轴承应在同一面上。

② 用紧固件安装下臂和上臂之间的软连接线,角度位置如图 8-4 所示。

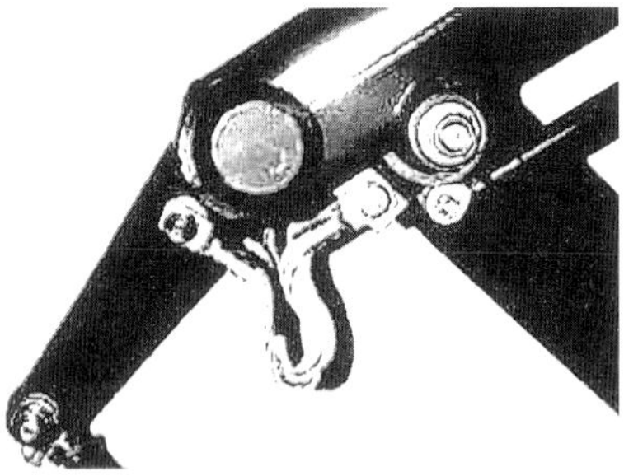

图 8-4 上臂与下臂的组装

(6) 弓头

带有弓头翼片的弓头结构如图 8-5 所示。

① 把管轴插入上臂、柱头、传力柱头中,把左支撑装配和右支撑装配伸入轴里并用 M8×60 螺栓固定拧紧。

② 把弓角插入支架并用 M6×35 螺栓固定。

③ 依据图 8-6 装配拉簧和其他部件。

④ 调整上导杆,使弓头在运行时处于水平位置(在升弓约 1.6 m 高处调节)。

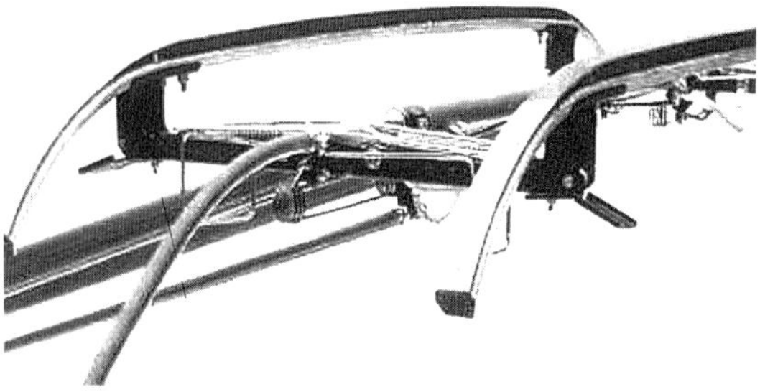

图 8-5 弓头与上臂的组装

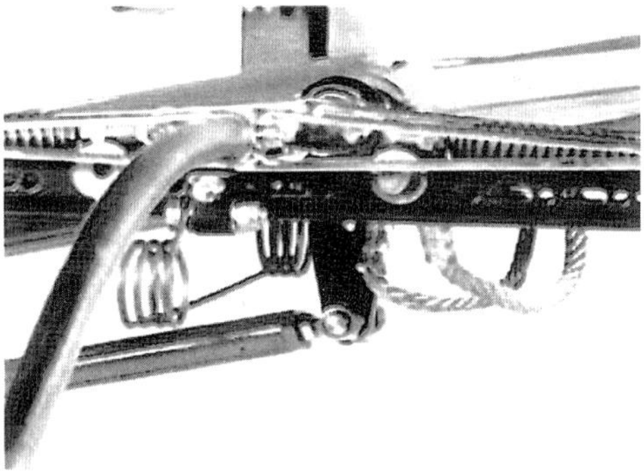

图 8-6 弓头与上臂之间各连接部件的组装

(7) 自动降弓装置

① 安装关闭阀、快速降弓阀和 ADD 试验阀。

② 调整受电弓的总高度 3 000 mm(包括绝缘子)。

(8) 受电弓装配检查项目

受电弓在各部件装配后,应检查以下项目:

① 各轴的机械连接:调整上导杆的长度,使弓头在 1.6 m 高处保持水平。

② 空气管路:ADD 管路、快速降弓阀、断主断系统,各管路密封、无泄漏。

③ 升弓装置:钢丝绳张紧适中,落弓位置无凹陷、扭曲。

④ 上臂:张紧绳应绷紧。

⑤ 弓头和软连接线:软连接线组装时不应扭曲,任何位置下软连接线不应突出滑板;在最终位置上无死弯,所有的接线端子应紧固。

⑥ 自动降弓装置。

4. 受电弓的调整与试验

受电弓调整试验应在受电弓安装后进行,并在调试工作前做几次(至少 2～3 次)升弓和降弓试验。

(1) 静态压力特性调整

接入压缩空气管并打开精密调压阀,首先初调受电弓静态接触压力,将精密调压阀完全转到“一”位置，打开升弓电空阀。在受电弓顶管上挂弹簧秤，再调精密调压阀，直到受电弓慢慢上升为止。然后，在弓头升高 1.6 m 时，人力阻止受电弓上升，使弓头能在这一高度处停留。弹簧秤应显示为 70 N。

再精调静态接触压力：用弹簧秤使受电弓缓慢地朝下运动，而后，再向上缓慢运动（上升和下降运动均是在大约 1.6 m 的高度上进行，且每次上、下移动距离为 0.5 m），取平均值为 70 N。受电弓向下运动时，力的最大值不超过 85 N，向上运动时，力的最小值不小于 55 N。在同一高度两个值之差都不应大于 20 N。由于滑板的磨损（重量的损耗），接触压力最大可以增加 10 N。此时不必调节压力，因为一旦安装上新的滑板时，又恢复到以前接触压力值。调压阀上的压力表只能做粗略检查，不能做校正依据。拧紧精密调压阀手轮防松螺母，固定调压阀的最终调整压力。

(2) 调整试验要求

① 额定静态接触压力：在静止状态下，弓头滑板在工作高度范围内对网线的压力。要求压力值(70±10)N。

② 同高压力差：受电弓在同一高度下，上升和下降静态接触压力差，要求不大于 20 N。

③ 同向压力差：工作高度范围内，受电弓上升或下降时的最大静态接触压力差，要求不大于 10 N。

(3) 升降弓时间调整

调整要求：调整过程应在 0.36～0.38 MPa 额定气压下进行。通过阀板上的两个节流阀调整。静态接触力调整好后，从受电弓的落弓位置到工作位置，即受电弓从落弓位置上升 2 m 高（包括绝缘子）的升弓时间和降弓时间。升弓时间不大于 5.4 s，降弓时间不大于 4 s。

升弓时，受电弓不允许有任何回跳。降弓时，受电弓必须有缓冲，并落在两个橡胶减振器上，允许降弓时在降弓位弹跳。调整方法：调整调节阀控制受电弓的运动速度，使其满足升、降弓时间的要求。

(4) 橡胶减振器位置检测

受电弓在落弓位，受电弓应放在三个橡胶减振器上。三个橡胶减振器承载着受电弓的上、下臂和弓头，且由弓架防护弓头。受电弓安装后应检查受电弓是否由橡胶减振器支撑着。通过调整橡胶减振器的高度来保证，并通过调整弓架使弓架与弓头间留有 8～10 mm 间隙。要确保上臂组装的上交叉管由两个橡胶减振器均匀支撑。支撑下臂的橡胶减振器位置应稍低于落弓位置。

(5) 自动降弓装置 ADD 的调试

① 自动降弓装置试验。试验前必须对自动降弓装置进行一次全面的检查，确认无误后方可通电、通气试验。试验可在库内或库外有电区进行，首先关闭“自动降弓装置”，反复升降弓 3 次，确认受电弓升降弓正常后，开启“自动降弓装置”，反复升降弓 3 次，确认受电弓升降弓正常后，再进行模拟“自动降弓”试验。试验步骤如下：

a. 合主断路器。

b. 在车内持续按住电气控制箱的“试验按钮”。此时“自动降弓装置”将迅速反应：主断路器断开、快速自动降弓、电气控制箱报警灯亮，内置报警器发出声响。如果装置与机车语音箱连接，将会同时发出语音提示：“Ⅰ位端自动降弓动作”或“Ⅱ位端自动降弓动作”。

c. 模拟降弓试验完成后，松开“试验按钮”。受电弓恢复正常。

② 试验阀、关闭阀调试。

a. 将自动降弓装置的关闭阀在“开 ON”位置、试验阀在“关闭 OFF”位。气囊工作正常。受电弓升起。

b. 将试验阀在“工作 OPERATION”位。快速降弓阀排气，受电弓快速下降。

c. 关闭阀放在“关闭 NO”位，可重新启动受电弓。

d. 试验后打开关闭阀、关闭试验阀，恢复受电弓正常工作状态。

第二节　主断路器的检修

主断路器连接在受电弓与主变压器一次线圈之间，安装在机车车顶中部，它是电力机车电源的总开关和机车的总保护电器。当主断路器闭合时，机车通过受电弓从接触网导线上获得电源，投入工作；若机车主电路和辅助电路发生短路、超载、接地等故障时，故障信号通过相关控制电路使主断路器自动开断，切断机车总电源，防止故障范围扩大。

主断路器属于高压断路器的一种，电力机车主要采用了空气断路器和真空断路器。本节主要针对的 TDZ1A-10/25 型空气断路器和 BVAC. N99 型真空断路器来进行阐述。

一、TDZ1A-10/25 型空气断路器

1. 结构

TDZ1A-10/25 型空气断路器是一种利用压缩空气来灭弧并用压缩空气作为操作能源的电器，其外形如图 8-7 所示，结构如图 8-8 所示。它分成高压和低压两个部分，两部分以底板为界。高压部分主要包括灭弧室、非线性电阻、隔离开关等部件；低压部分主要由储风缸、辅风缸、主阀、启动阀、延时阀、传动汽缸、电磁铁等部件组成。

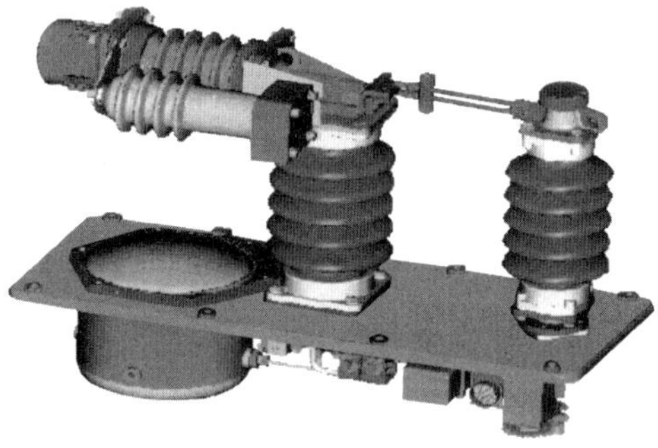

图 8-7　TDZ1A-10/25 型空气断路器

TDZ1A-10/25 型空气断路器是一种带外隔离开关的断路器。分断时，主触头先行分开将电流切断，经过一定延时后，隔离开关再分开形成电路隔离。待隔离开关分开后主触头又自行恢复闭合状态，此时断路器处于分断状态。闭合时只需将隔离开关的闸刀合上即可。

2. 主要技术参数

TDZ1A-10/25 型空气断路器主要技术参数如下：

额定电压	25 kV
额定电流	400 A
额定频率	50 Hz
额定分断电流	10 kA
额定分断容量	250 MV·A
额定工作气压	700～900 kPa
固有分闸时间	≤30 ms
延时时间	35～55 ms

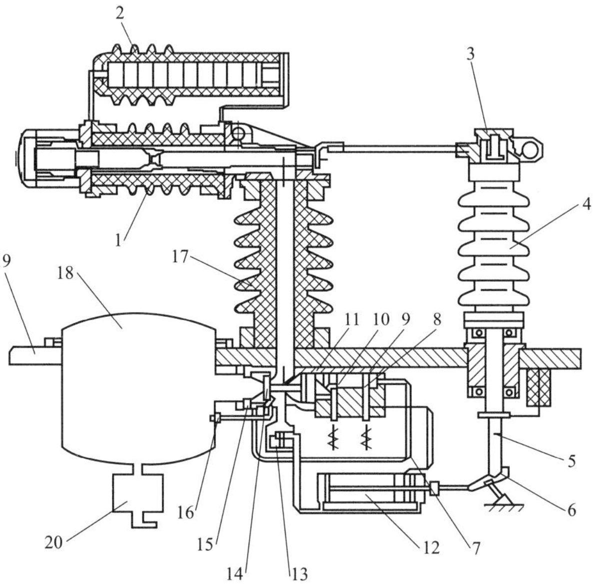

图 8-8　TDZ1A-10/25 型空气断路器结构

1—灭弧室；2—非线性电阻；3—隔离开关；4—转动瓷瓶；5—控制轴；6—传动杠杆；7—气管；8—合闸阀杆；9—启动阀；10—分闸阀杆；11—活塞；12—传动汽缸；13—延时阀；14—主阀阀门；15—主阀；16—通风塞门；17—支持瓷瓶；18—储风缸；19—底板；20—辅风缸

合闸时间	≤0.1 s
额定控制电压	DC 110 V

3. 动作原理

(1) 分闸动作原理

主断路器处于闭合状态时，控制线路中的分闸信号通过辅助开关的常开触头使分闸电磁铁的线圈得电，其衔铁受力，撞击分闸阀杆，使压缩空气经过启动阀进入主阀，推动主阀活塞动作，使主阀阀口打开；储风缸内的压缩空气经过主阀阀口一路进入灭弧室，推动动触头移动，动、静触头分开，产生的电弧在压缩空气的强烈作用下冷却、拉长，最终熄灭；另一路压缩空气经过主阀进入延时阀，经延时后进入传动汽缸，推动传动汽缸活塞动作，其活塞杆带动隔离开关在水平方向转动 70°，借助弹簧定位机构使其稳定在分闸位置。同时，由于隔离开关的转动带动辅助联锁开关的开闭关系变换，从而切断分闸电磁铁的电源，分闸阀杆复原，主阀阀门关闭，压缩空气停止进入灭弧室，动触头在弹簧作用下恢复到闭合状态。此时整台断路器由隔离开关断开而处于分断状态。

(2) 合闸动作原理

主断路器处于分闸状态时，合闸信号通过辅助联锁开关的常闭触点，使合闸电磁铁的线圈得电，合闸闸杆被撞击而动作，压缩空气经过启动阀进入传动汽缸，推动活塞动作，其活塞杆带动隔离开关由分闸位转动至合闸位，也由弹簧定位机构使其稳定在合闸位置。同时，由于隔离开关的转动变换了辅助联锁开关的开闭关系，从而切断合闸电磁铁的电源，合闸阀杆复原，压缩空气停止进入传动汽缸，合闸过程结束。

4. 检修

(1) 日常检查与辅修

日常检查需检查各紧固件应无松动，气管及接头应无漏风现象；给储风缸排水(潮湿天气，每乘运前排水；干燥天气，每3天排水）；各绝缘子表面应无破损、裂纹。

辅修在完成日常检查项目外，还需用洁瓷剂清洁灭弧室瓷瓶表面，然后用清水清洗，最后用干净毛巾将其擦干。当断路器处于闭合状态时，检查隔离开关两触指末端（靠近弹簧盒这端）之间的间隙，此间隙必须不小于1.2 mm。辅修时，如果断路器的工作一直正常，则不用解体检查；如果有异常情况，则需解体发生异常的部件，其详细步骤见小修或中修内容中对应部件的检修内容。

（2）小修

① 低压部分。

a. 检查气管及接头是否漏风。

b. 给储风缸排水。

c. 用润滑脂润滑各滑动配合面及连杆销处。

d. 检查辅助联锁各触点是否牢固，开闭关系是否正确。

e. 用棉签蘸酒精清洁辅助联锁各触点。

② 高压部分。

a. 隔离开关触指及静触片。

b. 旋下紧固螺栓，取下触指及静触片。

c. 检查触指是否有机械损伤，如果仅单面有损伤，可以将触指换边继续使用。如果双面都有损伤，则必须更换新的触指。

d. 检查静触片是否有损伤，如果有机械损伤，则必须更换。

e. 用汽油清洗触指及静触片表面，然后将它们重新安装紧固。

f. 安装好之后在触指及静触片表面涂石墨润滑脂。

③ 灭弧室（图8-9）。松开螺栓，将非线性电阻从灭弧室上取下来，然后将灭弧室从支持瓷瓶上取下来放在一个水平面上；移开灭弧室的“U”形外罩，松开灭弧室的法兰盘与瓷瓶法兰之间的螺栓，此时由于复原弹簧的作用会使灭弧室端头与室体间移开一个距离“x”，如果x小于4 mm，则动、静触头必须更换。

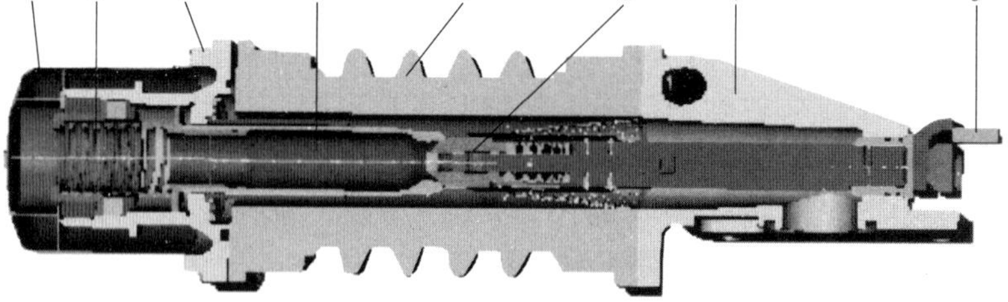

图8-9 灭弧室

1—外罩；2—弹簧；3—法兰盘；4—动触头；5—瓷瓶；6—静触头；7—风道接头；8—静触片

解体灭弧室端头，松开灭弧室头部法兰盘与外罩之间的螺栓，移开外罩，然后依次松开并移走筛网、孔板；松开螺纹环，在螺纹环松至接近末端时，必须十分注意设法抵消复原弹簧对螺纹环的冲击；依次取下圆筒、复原弹簧、缓冲垫、垫圈、动触头；更换复原弹簧；检查动触头表面是否有机械损伤，如不能可靠运行至下次维修，则必须更换；检查接触管，如果接触管上弹簧已变形，必须更换弹簧；检查并更换相应的零件后，在动触头、动触头座、接触管以及法兰盘的滑动表面涂少量石墨润滑脂，然后按拆卸的反顺序将灭弧室端头装好。注意：过量使用润滑脂会导致灭弧室脏污。

不解体检查静触头情况，如果发现静触头引弧端头表面光滑，则说明其工作状况良好，无须进一步解体检查；若发现引弧端头表面有坑迹，则必须更换；同时也应相应检查储风缸是否有积水，因为这种现象很可能是由水造成的。更换静触头引弧端头的步骤如下：

a. 松开静触头与风道接头连接处螺栓，退出静触头。

b. 取下挡圈，退出套圈。

c. 打出弹性销，把引弧端头从静触头上取下来。

d. 更换引弧端头与弹性销，将它们与其他部分重新装配。

e. 将装配好的静触头插入风道接头并紧固螺栓，同时更换密封圈。

f. 用洁瓷剂清洁灭弧室瓷瓶表面，然后用清水清洗，最后用干净毛巾将其擦干。

g. 仔细检查瓷瓶表面，是否有可见裂纹和缺损，有裂纹者更换，缺损面积达到 3 cm^2 以上，需作耐压试验；缺损面积达到 30 cm^2 以上者必须更换。

h. 将灭弧室端头与室体部分重新组装起来。组装时一定要注意控制装配误差，在拧紧端头与室体之间的紧固螺栓时，一定要注意均匀用力，以保证动、静触头对中良好，最后套上“U”形外罩。

注意：在灭弧室的检修过程中，动、静触头一般须一起更换。

④ 非线性电阻（图 8-10）。解体非线性电阻；检查干燥器中硅胶是否有变色或板结的情况，若有此情况，则干燥器必须更换，同时更换连接件与瓷瓶接触处的密封圈；用兆欧表测量每块阀片电阻值并记录，对照此次电阻值与上次小修时所测得的电阻值，如果二者之间相差 20％以上，则此块阀片必须更换；更换阀片时必须适当搭配，每块阀片的 40 A 残压值都应记在阀片表面上，选取 10 片阀片组装时，必须使它们的残压值总和在 90～125 kV 范围内。将阀片烘干；按与灭弧室同样的方式清洁并检查瓷瓶，有裂纹者更换；按与拆卸相反的顺序重新组装非线性电阻。

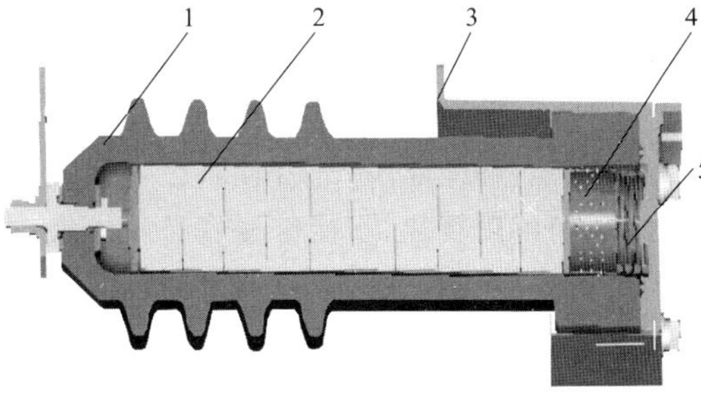

图 8-10　非线性电阻

1—瓷瓶；2—电阻片；3—连接板；4—干燥器；5—弹簧

⑤ 支持瓷瓶与转动瓷瓶。用洁瓷剂清洁瓷瓶表面，然后用清水清洗，最后用干净毛巾将其擦干；仔细检查瓷瓶表面，具体要求如前所述。

（3）中修

① 灭弧室。灭弧室端头：按小修检验的顺序解体灭弧室端头；更换复原弹簧、缓冲垫、垫圈、密封圈（法兰与瓷瓶连接处）；检查法兰盘，看其内表面是否有损伤；如果有可能会影响到滑动配合的严重损伤，则法兰盘必须更换；损伤轻微者可以忽略或者修复。注意：法兰的滑动配合面标称尺寸为 ϕ80 mm，磨损修复后的最大尺寸不能超过 ϕ80.1 mm，否则必须更换法兰盘。检查接触管与动触头接触的表面是否有损伤，损伤严重者必须更换，轻微者忽略或修复；同时更换箍紧弹簧；检查并更换相应的零件后，在动触头、动触头座、接触管以及法兰盘的滑动表面涂少量石墨润滑脂，然后按拆卸的相反顺序将灭弧室端头装好。

静触头部分：松开灭弧室瓷瓶与风道接头连接处螺栓，移开瓷瓶；松开静触头与风道接头连接处螺栓，退出静触头；取下挡圈，并退出套圈；打出弹性销，把静触头引弧端头取下来；更换密封件(静触头座与风道接头连接处、风道接头与灭弧室瓷瓶连接处、风道接头与支持瓷瓶连接处、引弧端头和弹性销)；按小修相关条款清洁检查瓷瓶。按拆卸的相反顺序将静触头、风道接头、灭弧室瓷瓶组装起来。

组装：按小修相关条款将灭弧室端头与室体部分组装起来，组装时注意确保动、静触头对中良好。

② 非线性电阻。解体非线性电阻，更换两个密封橡胶件、弹簧、干燥器；其他检修按小修相关条款进行操作。

③ 隔离开关(图 8-11)。松开螺栓，将隔离开关组装从转动瓷瓶上取下来；更换隔离开关与转动瓷瓶连接处的橡胶垫；检查两触指之间的距离 y，如果 $y \geqslant 8.8$ mm，则两触指必须分别换边后再使用；若换边后仍不能满足尺寸要求，则两触指必须更换。

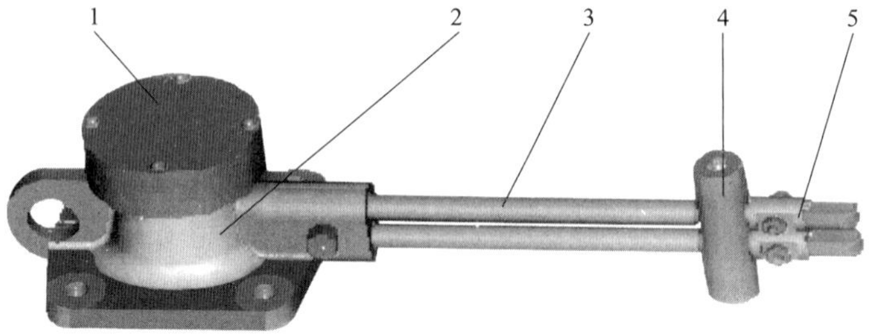

图 8-11 隔离开关组装

1—连接件；2—法兰盘；3—闸刀杆；4—弹簧盒；5—触指

松开螺栓，解体隔离开关组装；更换弹簧盒；检查法兰与连接件上的滚珠孔表面是否有损伤，轻微损伤可以修复，不能修复者必须更换；检查滚珠，不能有任何损伤及凹凸不平痕迹，否则必须更换；在更换和检查各零件后，在滚珠及相应的滚珠孔上涂少量的石墨润滑脂，然后按拆卸相反的顺序将隔离开关组装起来。

④ 底座机械部分(图 8-12)。解体底座组装，更换底板与车顶连接处、底板与储风缸连接处、底板与支持瓷瓶连接处、底板与轴承支架连接处、主阀与储风缸连接处、风管与主阀连接处的密封圈；更换控制轴与法兰盘连接处轴销；更换控制轴与杠杆组装连接处轴销；更换杠杆上铜套和环氧布板齿轮。

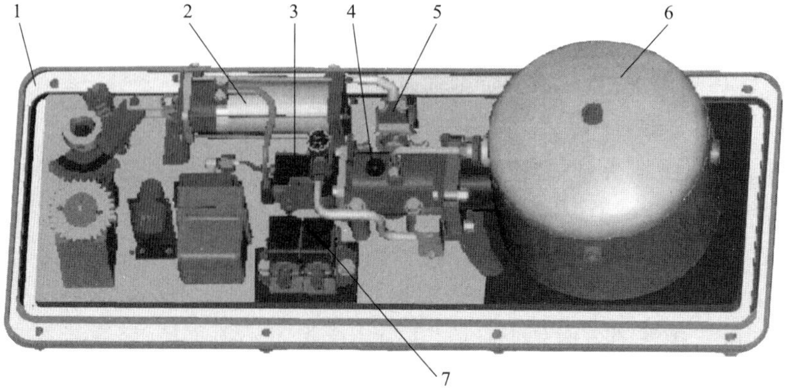

图 8-12 底座组装

1—底板；2—传动汽缸；3—启动阀；4—主阀；5—延时阀；6—储风缸；7—电磁铁

对控制轴进行探伤，不合格者必须更换；检查杠杆组装，如果其轴销有弯曲变形现象，则杠杆组装必须更换；检查法兰盘上键槽宽度 s 与销孔大小 t，如果 $s \geqslant 8.1$ mm 或者 $t \geqslant 8.15$ mm，则法兰盘必须更换。

⑤ 主阀(图 8-13)。解体主阀；更换阀盘，铜套、活塞；检查主阀体内脏是否有机械损伤，如果有可能影响到滑动配合的严重损伤，则主阀体必须更换；如果只有轻微损伤，则可以忽略或修复，但修复后的最大尺寸不能大于 70.05 mm；用汽油清洗各零件，在各滑动配合面涂少量润滑脂，再按拆卸相反的顺序将主阀组装起来。

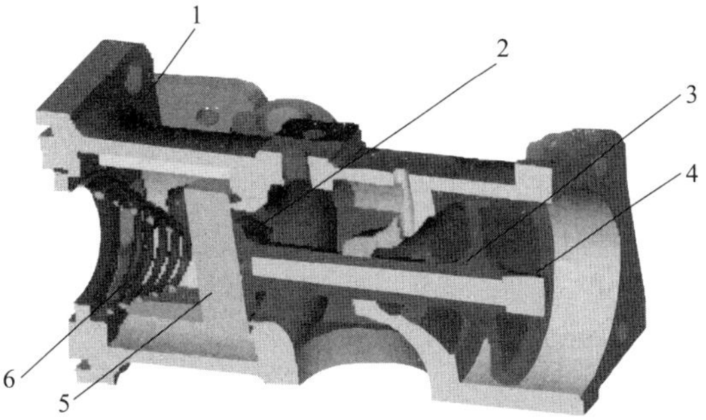

图 8-13　主阀

1—主阀体；2—铜套；3—活塞；4—阀杆；5—阀盘；6—弹簧

⑥ 传动汽缸(图 8-14)。解体传动汽缸；更换进风管接头内的弹簧以及活塞环、铜套；检查活塞及活塞杆是否有损伤，并对活塞杆进行探伤，不合格者必须更换；检查汽缸内表面是否有损伤，轻微损伤可以修复，修复后尺寸必须不大于 63.1 mm；在各滑动配合面涂少量润滑脂，再将各零件按拆卸相反的顺序组装起来。

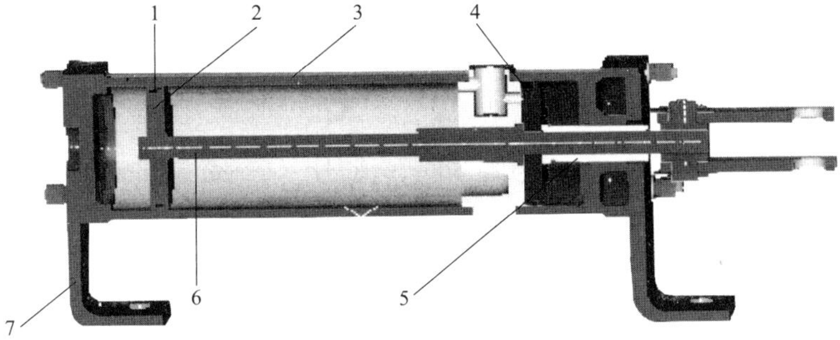

图 8-14　传动汽缸

1—活塞环；2—主活塞；3—汽缸体；4—缓冲塞；5—铜套；6—活塞杆；7—连接板

⑦ 启动阀(图 8-15)。解体启动阀；更换密封橡胶垫和弹簧；检查阀杆是否有弯曲变形现象，变形者更换；重新组装。

⑧ 延迟阀(图 8-16)。解体延迟阀；更换膜片、尼龙阀门、密封环、弹簧；检查阀杆是否有弯曲变形现象，变形者更换；重新组装。

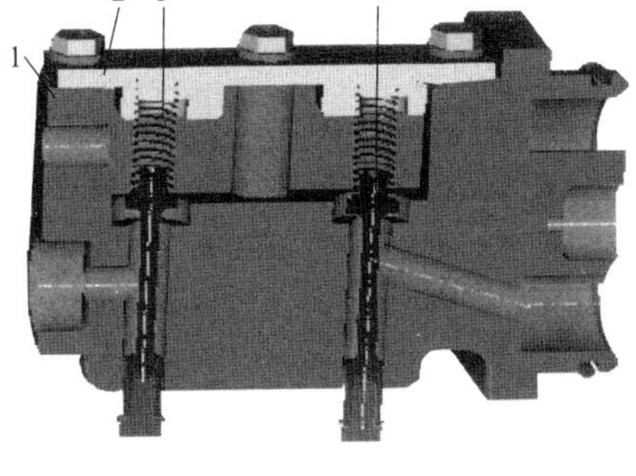

图 8-15　启动阀

1—阀体；2—盖板；3—弹簧；4—阀杆

图 8-16　延迟阀

1—阀体；2—弹簧；3—阀门；4—阀杆；5—膜片

⑨ 通风塞门。检查通风塞门的气流速度，是否满足在 900 kPa 条件下每 3 min 流过为(125±15)mL；如果气流速度不符合此值，则必须重填填料或更换通风塞门。

⑩ 辅助联锁。用棉签蘸酒精清洁各触点，检查各触点是否有烧熔及凹凸不平现象，如果不能保证可靠接触，则须更换整个辅助联锁。

（4）性能检测

无论是小修还是中修，在断路器检修完成并整体组装好之后，必须进行整体性能检测。

① 检查所有紧固件是否牢固。

② 在无风状态下，用手转动隔离开关，看其动作是否正常。

③ 检查隔离开关触指与静触片接触位置是否合适，不合适者可通过调整静触片座的位置来调节。

④ 断路器在闭合位时，隔离开关与灭弧室的中心线偏差不超过 2 mm。

⑤ 断路器在闭合位时，检查辅助联锁的开闭关系是否正确，内部连线是否正确。

⑥ 检查电磁铁位置是否合适，要保证启动阀阀杆在电磁铁行程到位后至少还有 1 mm 行程。

⑦ 检查主断路器分别在 900 kPa，DC 110 V；700 kPa，DC 77 V；450 kPa，DC 110 V 三种工况下的动作性能，必要时可调整传动汽缸的缓冲螺栓，以保证缓冲良好。

⑧ 检测断路器在 900 kPa，DC 110 V 时的固有分闸时间、合闸时间及延时时间，要求固有分闸时间不超过 30 ms，合闸时间不超过 100 ms，延时时间 35～55 ms。

⑨ 检测储风缸的气密性，在储风缸内充满 900 kPa 压缩空气，然后隔断外界气源，堵住通风塞门，1 h 后气压损耗不超过 100 kPa。

⑩ 检测绝缘性能，进行耐压试验。

主回路对地，工频耐压 75 kV，1 min。

控制回路对地，工频耐压 1.5 kV，1 min。

（5）限度

TDZ1A-10/25 型主断路器限度见表 8-2。

表 8-2　限度表

序号	名　　称	原　形	限　度	禁　用
1	主触头超程(mm)	8.5±1.5	6.5～10	≤4
2	动、静触头接触线占周长(%)	—	≥80	—
3	主动、静触头凹痕深度(mm)	0	0	≥1.5
4	主触头接触电阻(μΩ)	≤100	≤200	—
5	隔离开关动、静触头中心轴线接触偏差(mm)	≤2	≤4	≥8
6	隔离开关动、静触头接触长度(mm)	≥15	≥15	≤10
7	隔离开关闭合位时两动触头间的间隙(mm)	—	—	≤1
8	主回路电阻(μΩ)	≤360	≤720	—
9	分、合闸线圈电阻(Ω)	$33^{+2.64}_{-1.65}$	$33^{+2.64}_{-1.65}$	—
10	法兰盘滑动配合孔尺寸(mm)	$80^{+0.03}_{0}$	≤80.1	>80.15
11	主阀体活塞孔径(mm)	$70^{+0.03}_{0}$	≤70.05	—
12	主阀活塞直径(mm)	70	≥69.85	—
13	主阀配合间隙(mm)	0.06～0.136	≤0.136	≥0.15
14	传动风缸缸体内径	$63^{+0.03}_{0}$	≤63.1	>63.15
15	传动风缸套筒与活塞杆的径向配合间隙(mm)	0.03～0.074	0.03～0.10	—
16	固有分闸时间(s)	≤0.03	≤0.03	—
17	延时时间(s)	0.035～0.055	0.035～0.055	—
18	合闸时间(s)	≤0.1	≤0.1	—

二、BVAC. N99 型真空断路器

BVAC. N99 型断路器是单极交流真空断路器，如图 8-17 所示，用于主电路电源的开断、接通电流，同时用于过载和短路保护。该设备安装在电力机车顶部，其设计和开断操作完全适合于电力牵引的要求和工作条件。设备绝缘性高，环境稳定性好，结构简单，开断容量大，机械寿命长，维护保养简单。

图 8-17　BVAC. N99 型真空断路器

1. 结构

BVAC. N99 型真空断路器结构如图 8-18 所示。

该真空断路器有 3 个主要的组成部分：上面是高压电流部分，中间是与地隔离的绝缘部分，下面是电空机械装置和低压电流部分。

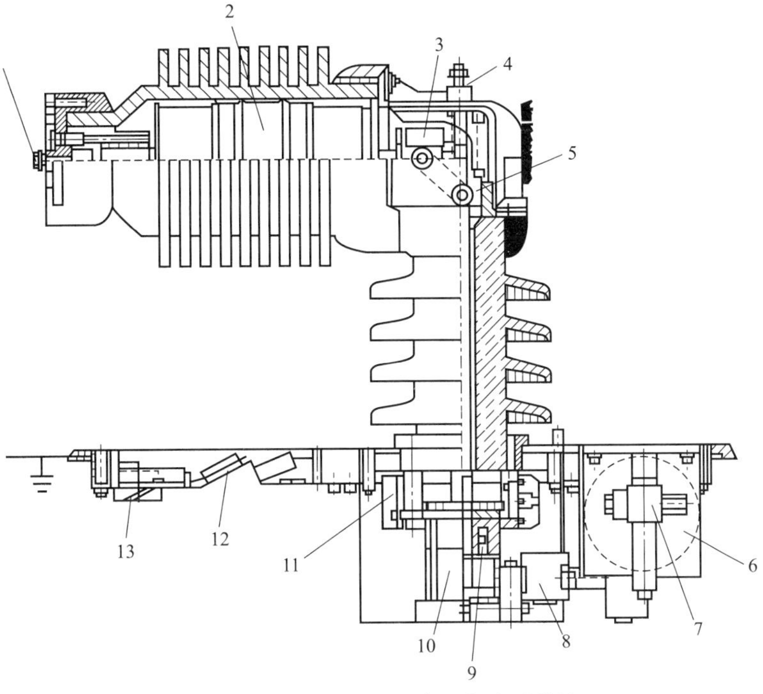

图 8-18　BVAC. N99 型真空断路器结构

1—高压连接端(HV2)；2—真空开关管；3—机械压力触头；4—高压连接端(HV1)；5—轴向保持组装；6—储风缸；7—调压阀；8—电磁阀；9—保持线圈；10—传动风缸；11—辅助触头；12—控制单元；13—低压连接端

(1) 高压回路

机车顶上的高压回路装有可以开断交流电弧的真空开关管。灭弧室通过密封和大气隔离。两个主触头安装在真空管内部，一个是静触头，另一个为动触头。动触头的操作是由电空机械装置和合闸过程中的导向装置同时来完成的。

(2) 支持绝缘子

安装在底板上的支持绝缘子提供绝缘。通过绝缘子中心，绝缘导杆连接电空机械装置和动触头。O 形密封圈紧靠在顶板以保证断路器和车顶的密封。

(3) 电空机械装置

电空机械装置安装在机车内部的底板上,用于操作动触头。它包括合闸装置和分闸装置。

合闸装置带有空气管路,在动触头快速合闸过程中提供必需的压力。该电空管路包含装在汽缸内用以保持恒定空气压力的调压阀。压力开关监控断路器合闸的最小压力。电磁阀控制汽缸内的气流量,操作机械装置汽缸把空气压力转化为机械作用力。通过调压阀的流量来保证合适的合闸速度,该流量取决于驱动系统的运动速度。

断路器合闸状态通过保持线圈来保证。电磁阀得电后允许高压气体由压力汽缸泄放。该系统满足快速脱扣和分断断路器。

分闸装置当保持线圈电流切断(控制电源失电)断路器,断路器分闸,快速脱扣通过恢复弹簧接触压力弹簧来实现。通过此系统,在失电和停气时保证主断路器的开断。

为了限制脱扣装置的振动,冲程结束时,必须通过空气的压缩来实现缓冲。

2. 检修

主断路器上所有检查和维修的执行必须断开电源,在降弓和断路器接地的情况下操作。定期检查与维修计划见表 8-3。

表 8-3　定期检查与维修计划表

序号	检查和维修	间隔时间	序号	检查和维修	间隔时间
1	外观检查,清扫和润滑: (1)绝缘子和密封件的外观 (2)整体外观 (3)BTE 高压接地开关的外观	3 个月	3	气路检查: (1)调压阀 (2)排空 BVAC 储风缸 (3)检查是否漏气 每年冬季前必须检查	3 个月
2	检查扭紧力矩: (1)高压连接器 (2)接地连接 (3)BVAC 固定螺栓	3 个月	4	小修: 检查真空管的真空度	1 年或在特殊情况下(例如:不明电流短路,不正常机械振动,无浪涌避雷器下雷击等)
			5	中修: 真空开关的主触头磨损的检查	5 年

(1) 外观检查(图 8-19)

进行断路器的外观检查和绝缘子检查(A)(裂纹或瓷釉损害),进行 BTE 接地开关连接装置的检查(B)。用软制品或布把空气断路器外部清理干净,绝缘子的外部可以用硅树脂油脂进行清洗。裂纹或绝缘子的瓷釉和密封件的损坏、接地绝缘子的连接件的损坏需更换。

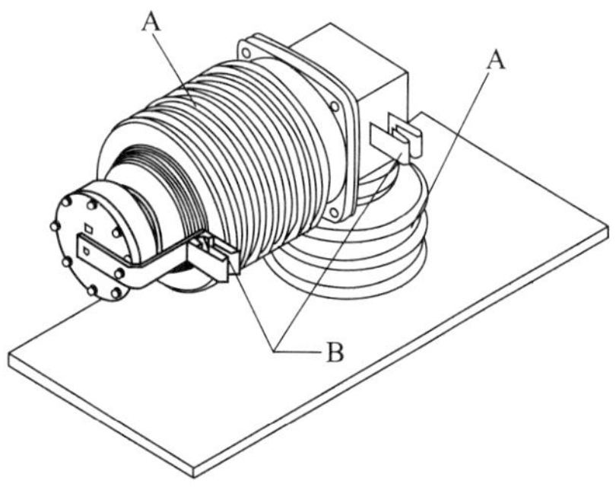

图 8-19　外观检查

用力矩扳手检查高压连接部分、接地连接部分、断路器固定螺栓的扭紧力矩。

(2) 气路检查

为了保证气路元件的正常动作,必须让容易积水的器件排除积水,BVAC. N99 型真空断路器排放龙头如图 8-20 所示。

压力调节器的排水:在有气压的空气管路,拧开翼形螺钉充分排放积水。当气流停止,重新拧紧翼形螺钉和检查是否漏气。

储风缸排水：当储风缸处于有压力时打开排水阀，排光积水（注意泄漏）。储风缸排水完毕关掉排水阀。检查是否漏气，如有必要，清理排放管路。如果没有排水阀的储风缸则关闭隔离阀，慢慢拧开位于储风缸下面的塞门和释放压缩空气，一旦压力完全下降，完全打开塞门，慢慢打开主气路的隔离阀，让空气从出气口排出，直到储风缸积水排尽，关断主气路的隔离阀，拧紧塞门，检查是否泄漏。

（3）真空管的真空度检查（图 8-21）

检查必须在库内进行，不需要拆开断路器。在检查前必须擦干断路器上的污渍。在降弓和机车接地后，检查真空管。

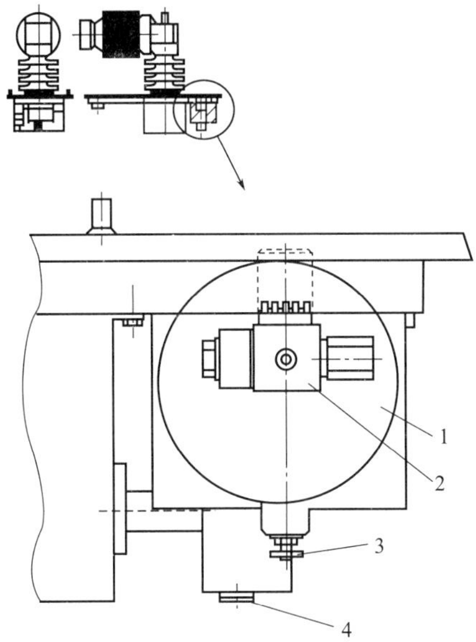

图 8-20　BVAC. N99 型真空断路器排放龙头

1—储风缸（RE）；2—调压阀；
3—调压阀的快排管；4—BVAC 储风缸的快排塞子

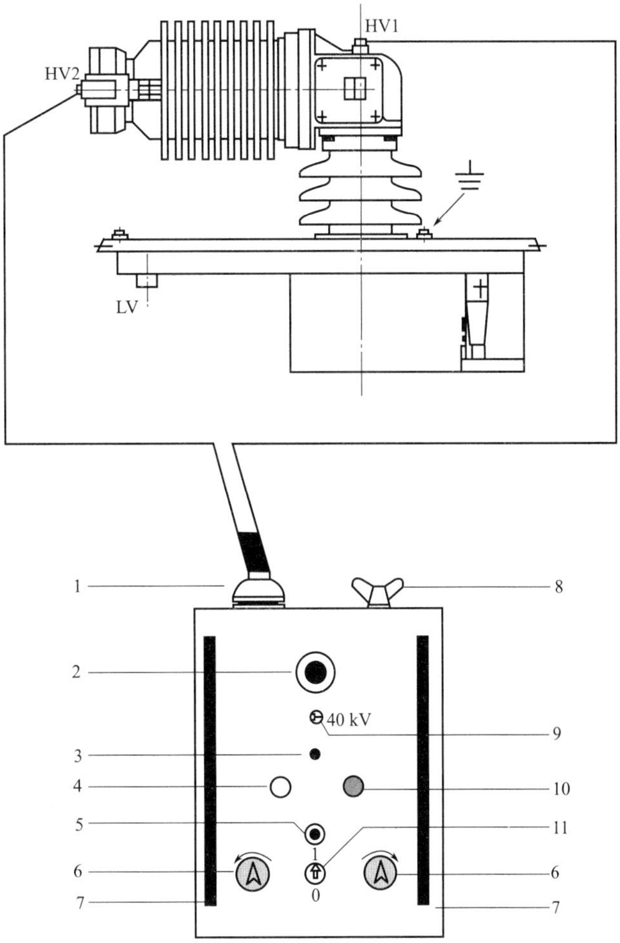

图 8-21　真空管的真空度检查

1—输出电缆；2—高压警示灯；3—取消指示灯；
4—合格指示灯；5—开关指示灯；6—旋转测试钮；
7—检测器外壳；8—接地端子；9—电压选择器；
10—不合格指示灯；11—主开关

利用真空试验器进行耐压试验以证实真空泡里的真空状态情况。在进行试验的时候拆开机车的高压连接端，把真空试验器接在空气断路器两端，重复施加峰值电压 40 kV 的电压。具体步骤如下。

拆开机车高压连接端，用鳄鱼夹把高压连接端和断路器终端(HV1 和 HV2)连接起来。把断路器接地装置接地。检查并确定断路器处于开断状态(主触头处于开断)。

保证主开关(11)在设备上打在"0"位置，然后连接各主要电缆。把试验设备的主开关(11)打到"1"位置，绿色指示灯(4)亮。

用选择器选择试验电压，参考电压 40 kV。在 10 s 内通过旋转钮进行耐压试验。此时红色指示灯(10)闪烁，黄色指示灯(3)灭。如果黄色指示灯(3)亮，那么必须重新试验。因为达不到试验设备的额定试验电压。如果绿色指示灯(4)在整个试验过程中一直保持发亮，那么试验结果是正确的，真空泡中的真空度是合格的。如果红色指示灯(10)是亮的，那么表明真空泡里的真空度过低，真空泡应该更换。更换真空泡后，必须接着进行例行试验。

当试验完成的时候，试验设备上的主开关要打到"0"的位置，为了取下连接到断路器终端的鳄鱼夹，需要等待 30 s。考虑到安全因素，取下的鳄鱼夹必须连接在一起，以释放分布电容的电荷，把连接线放入试验箱。

如果真空管里的真空度是合格的，但是电寿命和机械寿命已经超出，那也应该更换真空管或整个更换真空断路器。

(4) 真空管里触头磨损的检查

测量 O_{BR}，O_{CM}，C_{BR}，C_{CM}，测量尺寸误差值范围在 0.05 mm 内。

① 如图 8-22 所示，旋出螺帽(保证在测量过程中无水、灰尘进入机械装置)。

② 断开主断路器，弹簧支架打开，将量规插入导套，如图 8-23 所示。手工旋紧轴头导管，如图 8-24 所示，加压力使量规紧靠弹簧支架。测量和记录 O_{BR} 值，如图 8-25 所示。

图 8-22 轴头机械结构和轴帽的示意图

图 8-23 标度尺和操纵杆

图 8-24 标准尺和操纵杆在轴头上的固定

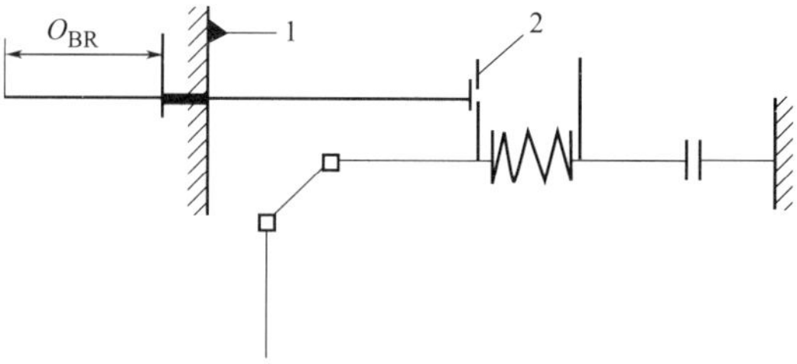

图 8-25 测量 O_{BR}

1—轴头；2—弹簧支架

③ 闭合断路器，弹簧支架闭合。加压力使量规紧靠弹簧支架。测量和记录 C_{BR} 值，如图 8-26 所示。旋松导管，移出量规。

④ 闭合断路器，动触头闭合。手工旋紧轴头导管，不用量规。将量规插入导管，加压

使量规紧靠紧固螺母，如图 8-27 所示，测量和记录 C_{CM} 值。将量规从导管移出，断开断路器。

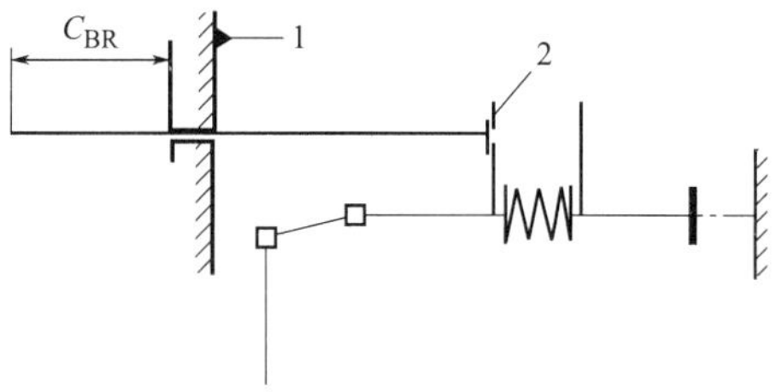

图 8-26　测量 C_{BR}

1—轴头；2—弹簧支架

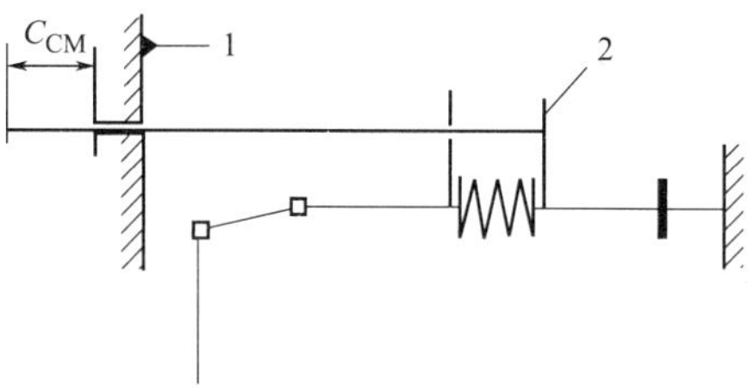

图 8-27　测量 C_{CM}

1—轴头；2—推动螺母

⑤ 断开断路器，动触头打开。将量规插入导管，加压使量规紧靠紧固螺母，如图 8-28 所示，测量和记录 O_{CM} 值。将量规从导管移出且旋松导管。旋紧垫盖。

⑥ 计算下列行程：

a. 弹簧支架的水平总行程 $=O_{BR}-C_{BR}$

b. 动触头行程 $=O_{CM}-C_{CM}$

c. 触头压力行程 $=(O_{BR}-C_{BR})-(O_{CM}-C_{CM})$

一定要满足下列条件：

a. $2\ \text{mm}<(O_{BRnew}-C_{BRnew})-(O_{CMnew}-C_{CMnew})<4.25\ \text{mm}$

b. $19\ \text{mm}<O_{BRnew}-C_{BRnew}<20.5\ \text{mm}$

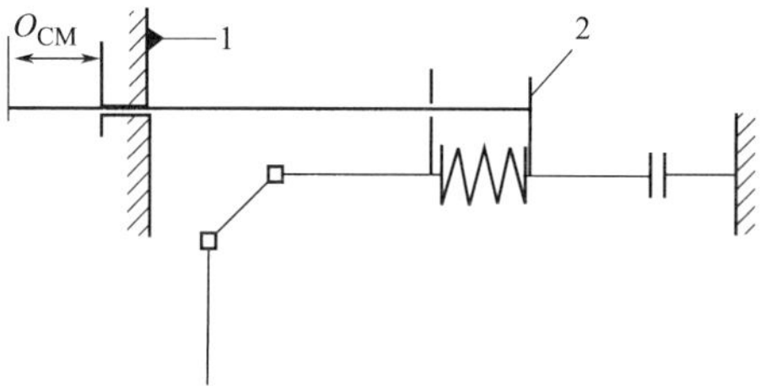

图 8-28　测量 O_{CM}

1—轴头；2—推动螺母

如果条件不满足，必须更换真空断路器或真空管，更换了真空泡后，必须接着进行例行试验。如果主触头磨损不是非常大，但是其电寿命和机械寿命已经超出了极限，也要分别替换真空管或更换整个真空断路器。

第三节　高压隔离开关、高压连接器的检修

一、高压隔离开关

1. 结构

THG2-400/25 型高压隔离开关属于车顶保护电器。它的主要作用是优化配置 25 kV 电路内高压设备的运行工况，并当车顶设备发生故障时，能将故障部分隔离，维持机车运行。因此，它的存在可大大减少因车顶设备故障而造成的机破事故，保证机车的安全运行。THG 2-400/25 型高压隔离开关外形如图 8-29 所示。它一般安装在机车车顶上。以底板为界，分成上、下两个部分：上部为高压部分，主要包括绝缘子、闸刀、刀夹等；下部为操作部分，主要包括机械联锁、电气联锁以及操作手轮等。其结构如图 8-30 所示。

图 8-29　THG2-400/25 型高压隔离开关

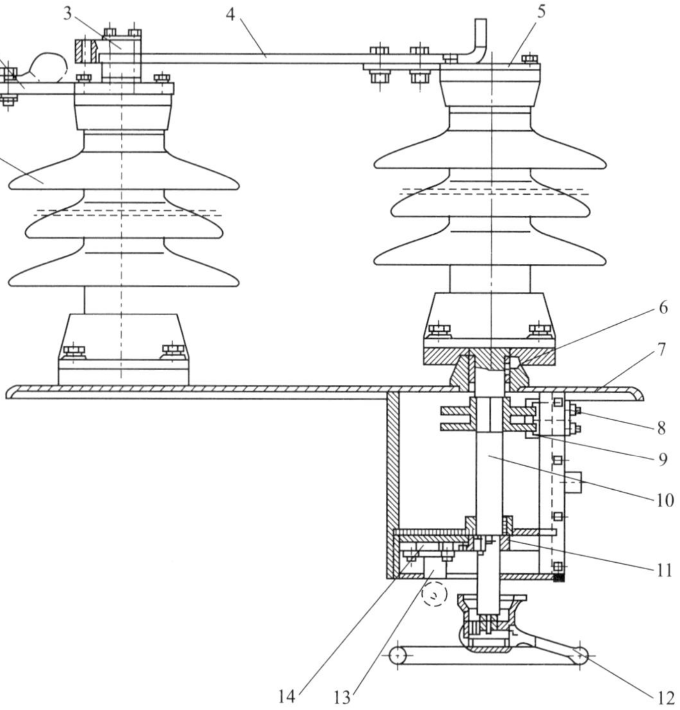

图 8-30　THG2-400/25 型高压隔离开关结构

1—瓷瓶；2、5—连接板；3—刀夹；4—闸刀；6—轴套；7—底板；8—联锁触头；
9—凸轮；10—轴；11—固位盘；12—手轮；13—锁；14—锁块

2. 主要技术参数

额定电压	25 kV
额定电流	400 A
额定频率	50 Hz
机械寿命	3 000 次

高压隔离开关动作原理如下所述。

分闸：当高压隔离开关处于合闸状态时，如果要求分闸，须先用钥匙将机械联锁打开，然后按标牌指示的分闸方向转动操作手轮，当手轮转动到位后，再将机械联锁锁上。此时，隔离开关处于分闸状态。

合闸：当高压隔离开关处于分闸状态时，如果要求合闸，其过程与分闸过程大致一样，也须先用钥匙将机械联锁打开，然后按标牌指示的合闸方向转动手轮，当手轮转动到位后，再将机械联锁锁上。此时，隔离开关处于合闸状态。

高压隔离开关不带灭弧装置，不具有开断电流的能力，因此，它的所有动作都必须确保是在主断路器处于分断状态时进行。高压隔离开关为手动电器，操作时必须确保操作间内处于无电状态。在机车运行时，高压隔离开关必须确保其机械联锁处于锁闭状态。否则，隔离闸刀会由于没有定位装置而摆动，可能造成严重后果。

3. 检修

在接触网带电情况下，严禁接触、拆卸高压隔离开关。在维护高压隔离开关之前，必须切断高压电源,使接触网接地,机车接地。必须确认高压隔离开关无电压及可靠防止再次接入电源后才能进行维护作业。

(1) 日常检查

主要工作为清洁,用软布将瓷瓶表面的灰尘擦拭干净。仔细观察瓷瓶表面,是否有可见裂纹,有裂纹者必须更换。

(2) 小修

完成日常检查项目外,检查隔离闸刀与刀夹的接触性能是否良好。将隔离闸刀打开,检测刀夹在自由状态下两弹簧片间的距离不大于 7.5 mm,闸刀接触部分厚度不小于 9 mm。润滑各滑动配合面及连杆销。

(3) 中修

① 高压部分。更换刀夹,并使两刀夹弹簧片间的距离为 6～7 mm。同时检查闸刀接触部分的厚度不小于 8.5 mm,如果不满足限度要求,必须更换闸刀。清洁瓷瓶表面,检查瓷瓶表面是否有裂纹,瓷瓶与法兰胶注是否牢固,对于胶装松动或表面有裂纹者必须更换。

② 低压部分。用酒精清洗各联锁触头的触点,同时检查各联锁触头接触状况是否良好,接触不良者必须更换。润滑各滑动配合面及连杆销。

③ 整体检修完成后必须进行性能测试,各技术参数及动作性能都必须满足试验规定的要求。

4. 限度

高压隔离开关限度见表 8-4。

表 8-4　高压隔离开关限度表

序号	名　　称	原　形	禁　用
1	闸刀接触部分厚度(mm)	10±0.2	<8.5
2	两刀夹弹簧片间的距离(mm)	6～7	>7.5
3	接通时,闸刀与弹簧片接触长度(mm)	≥20	<20
4	分断时,闸刀中轴线与接通时其中轴线间夹角(°)	60±2	60±2 以外

二、高压连接器

1. 结构

TLG1-400/25 型高压连接器如图 8-31 所示,其主要作用是在两节电力机车进行连挂时,自动连接两节机车车顶的高压侧电路。它被安装在两节机车的尾部车顶,依靠机车连挂车钩的力量与车钩同时对接;分离时亦随机车的车钩脱开而自动分离。

图 8-31　TLG1-400/25 型高压连接器

TLG1-400/25 型高压连接器结构如图 8-32 所示,它主要由支持绝缘子、导电板、软连接线、半环、羊角、喇叭形头部、导电杆、波纹管、挡板、十字轴支承、止动器、球面止挡、缸体、伸张弹簧等部分组成。高压连接器自身不带操作机构,其连接与分离都随机车的车钩连挂同时完成,不必单独操作;连接器不带灭弧装置,因而必须在无电状态下进行分合操作;在连接状态下,触头的接触压力只与触头压力弹簧有关,不受机车运行状态的影响,故触头的接触压力基本上恒定不变,避免了触头的磨损和电蚀;导电触头为叉形结构,是典型的线接触方式,工作状态稳定可靠,接触电阻小,散热性能好。

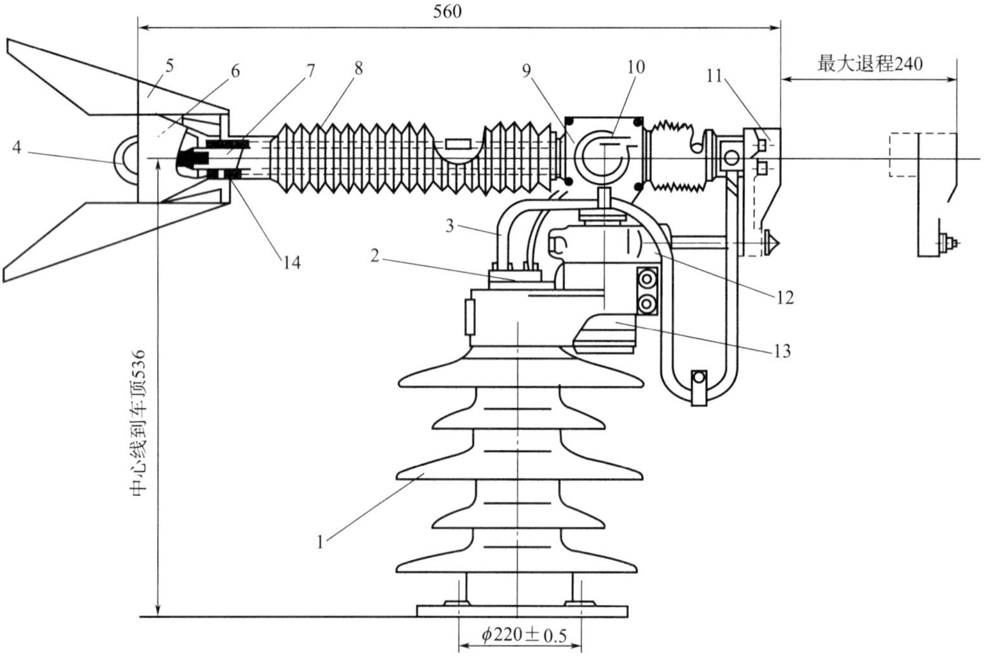

图 8-32　TLG1-400/25 型高压连接器结构(单位:mm)

1—支持绝缘子;2—导电板;3—软连接线;4—半环;5—羊角;6—喇叭形头部;7—导电杆;8—波纹管;9—挡板;10—十字轴支承;11—止动器;12—球面止挡;13—缸体;14—伸张弹簧

(1) 羊角

羊角具有水平及垂直方向较宽的导向范围,在两台连接器对接时,即使其水平位置或垂向位置存在误差,也可以保证良好的自动导向对接性能,此特性保证机车在最小曲率半径 125 mm 及前后两节机车轮箍磨耗(单边)差不大于 30 mm 时,连接器能可靠地进行摘挂。

(2) 伸张弹簧

伸张弹簧保证两台连接器对接时使其头部的电气连接机构一直处于扣紧状态,导电半环与叉形件的接触压力保持不变,因而具有良好的导电性能。

(3) 十字轴支承

十字轴支承装置包括板簧、转簧、扭力弹簧、轴承、缸体、左右十字头支承座、调整螺钉等。连接器头部的上下摆动控制由板簧和左右十字头支承座中的转簧来平衡,而左右摆动则由缸体中的扭力弹簧来控制,通过调整螺钉可分别调整上下和左右对中。

2. 主要技术参数

额定电压	25 kV
额定电流	400 A
接触电阻阻值(连接状态)	≤650 μΩ
导电杆中心线至车顶高	586 mm
导电杆上下摆动角	≥8°30′
导电杆左右摆动角	≥34′

3. 动作原理

高压连接器的电气连接机构如下：支持瓷瓶将连接器的主体固定在车顶并车顶电气隔离，当两个连接器慢慢靠近时，由羊角的导向作用使各自的导电半环准确插入对方的叉形件中，同时叉形件上的拉力弹簧紧紧地把半环扣住，完成两节机车的对接。由于两台连接器的相对位移由张力弹簧和复位弹簧来吸收调整，叉形件与半环的接触压力因而能保持不变，因此能保证较好的电气性能。

4. 维护检修

检修要求：各种弹簧不许有断裂及疲劳现象。瓷瓶表面光洁，无裂纹，安装牢固，如表面缺损应进行绝缘处理，缺损面积大于 3 cm^2 时，必须经 75 kV 耐压试验；缺损面积大于 30 cm^2 时应更换。各部件清洁、完好，顶杆不许有裂损；软连线不许有过热，其折损面积不得超过原形的 1/10。组装后动作灵活、可靠、接触良好，不许有烧损。

(1) 日常检查

检查各紧固件应无松动；绝缘子表面应无破损、裂纹；波纹管应无破损。

(2) 辅修

辅修时，完成日常检查项目外，如果高压连接感器的工作一直正常，则不用解体检查；如果有异常情况，则需解体发生异常的部件。

(3) 小修

检查各紧固件应无松动；用洁瓷剂清洁瓷瓶表面，然后用清水清洗，最后用干净毛巾将其擦干；仔细检查瓷瓶表面，是否有可见裂纹和缺损，有裂纹者更换，缺损面积达到 3 cm^2 以上，需作耐压试验；缺损面积达到 30 cm^2 以上者必须更换；检查波纹管是否破损；用润滑脂润滑各转动和滑动配合面。

(4) 中修

清扫检查羊角、喇叭形头部、左右十字头支承座、锁止器、连线及分流线，更新波纹管；解体检修盖板装置、十字接头、支承座体及卷簧组装清洗；检查各轴、销、套、杆及轴承，更新弹簧，擦拭检查瓷瓶；符合规程按规定对高压连接器进行对接试验，检查高低差及电阻值。两台高压连接器对接后电阻值及高低差须符合限度要求。

5. 拆装步骤和要求

(1) 解体

拆下盖板螺钉、导电杆与软连线的螺栓，取下盖板装配。拆下导电杆端头安装螺栓及其头部顶丝，松开两端波纹管的喉箍，取下羊角、喇叭形头部、波纹管和伸张弹簧。拆下左右十字头支承座。

(2) 组装

按解体相反顺序进行组装。各转动和滑动配合面顶杆伸张弹簧组装前涂润滑脂。组装后要求各部件动作灵活，接触可靠良好。高压连接器应能在左右 34°、上下 8°30′的范围内摆动，并能自行复位。

(3) 测试

两台高压连接器对接后高度差不大于 30 mm；最大退程为 240 mm。对接后导电杆两端之间电阻值不大于的 650 $\mu\Omega$(采用直流电压—电流法，测量时通以直流 DC 100 A)。

第四节 其他车顶电器的检修

一、高压电压互感器

1. 结构

图 8-33 TBY1-25 型高压电压互感器

高压电压互感器是一种专门用作变换电压的特种变压器，也是利用电磁感应原理工作的。电压互感器的一次线圈并联在高压线路上，二次线圈外部接有测量仪表、保护继电器等设备的电压线圈，为低压部分。电压互感器的一、二次线圈之间有足够的绝缘，从而保证所有低压设备与高压线路的高电压相隔离。TBY1-25 型高压电压互感器是一种电力机车专用高压交流电压互感器，为油浸式结构，如图 8-33 所示。一次线圈的 A 端接高压，X 端接地，所以只需一个高压套管，结构紧凑，并使用了绝缘性能优异的线圈和绝缘结构，在设计上充分考虑了耐振性，使该互感器的保养、检修简单，能够常年发挥稳定的性能。

TBY1-25 型高压电压互感器主要由线圈组、铁芯、油箱、瓷套、出线装置等部分组成，其结构如图 8-34 所示。

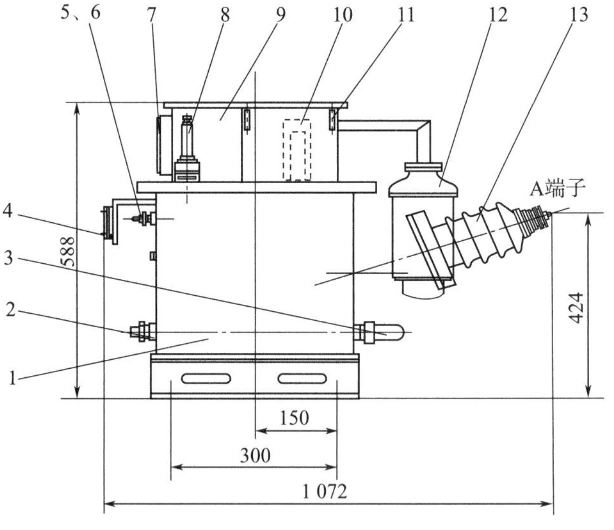

图 8-34 TBY1-25 型高压电压互感器结构(单位:mm)

1—油箱;2—接地螺栓;3—油样活门;4—观察窗;5—二次侧套管;6—二次侧低压端套管;7—铭牌;8—压力释放阀;9—箱盖;10—油位表;11—吊钩;12—呼吸管;13—25 kV 套管

线圈和铁芯套装后经干燥处理，装入油箱。线圈在油箱内卧式放置，浸于 45 号变压器油中。高压一次侧 A 端由瓷套引出，低压二次线圈出头 a1、x1 及高压一次线圈 X 端子、接地屏出线端子经 0.2 kV 套管引出。互感器油箱外部经过接地螺栓可靠接地，避免由于悬浮电位造成放电现象。箱盖上有油位表，并用红色油漆在显著位置标明 +40 ℃、+25 ℃、−25 ℃温度下油位。箱体上有注油装置，箱盖上有补油装置。互感器内装有一个呼吸器，以保证油箱内气压与外界大气压强相等。同时，为了保持因环境温度及油温变化时呼入或排出空气的干燥，呼吸器内装硅胶 1.5 kg。在箱盖上还装有压力释放阀一个，其开压力为(35±5) kPa，关闭压力为 19 kPa，以防互感器内部短路或其他原因而引起互感器爆炸。

(1) 一次线圈

TBY1-25 型高压电压互感器的线圈为多层圆筒式，呈宝塔状，一次线圈为高压线圈，A 端接高压，X 端接地。

(2) 二次线圈

由于高压线圈对低压线圈及地之间存在分布电容，在一次侧发生故障时二次线圈会产生很高的静电感应电压，造成一、二次线圈之间击穿，危及测量仪表或人身安全。为此，在高压一次线圈与低压二次线圈之间设置静电屏。静电屏为一块 0.5 mm 厚的紫铜板围成，然后引出一根接地线，与接地端子相连，在油箱外部接地。

(3) 铁芯

铁芯为壳式结构，线圈套装于芯柱周围，芯柱为五级梯形结构。整个铁芯通过夹件夹紧，铁芯与夹件之间安装接地片。

2. 主要技术参数

额定电压	25 kV
额定电压比	25 000/100 V
准确级次	0.5 级
额定输出($\cos\varphi=0.8$)	20 V·A
误差限值	
电压误差	±0.5%
相位差	±20′

3. 维护检修

(1) 检修要求

各部分清洁、外观完好，接线紧固、正确，标记清晰，铁芯及安装螺栓不得有松动。瓷瓶表面光洁，无裂纹，安装牢固，如表面缺损应进行绝缘处理，缺损面积大于 3 cm^2 时，必须经 75 kV 耐压试验；缺损面积大于 30 cm^2 时应更换。线圈不许有短路、断路，外部绝缘不得有裂损及过热现象。线圈相互间及对地绝缘电阻值符合限度规定。

(2) 日常检修

检查各紧固件应无松动。绝缘子表面应无破损、裂纹。油位显示在正常范围内，油箱各处有无渗油。

(3) 辅修

完成日常检修项目外，检查干燥剂(硅胶)是否因吸湿后由蓝色变红(如 2/3 硅胶变红则应更换或干燥处理)。如果高压电压互感器的工作一直正常，则不用解体检查；如果有异常情况，则需解体发生异常的部件。

(4) 小修

完成辅修项目外，分别用 2 500 V 兆欧表测量一、二次线圈对地绝缘，一次线圈不小于 1 000 MΩ，二次线圈不小于 500 MΩ。化验变压器油。

(5) 中修

清扫检查绝缘子有无破损、裂纹、闪络和烧损痕迹。测量各绕组冷态直流电阻值，测量各绕组对地及各绕组之间的绝缘电阻值。检查各瓷瓶、管路、接头、阀、油箱的安装状态及密封情况，更换所有橡胶件。检查互感器的安装状态。对变压器油进行耐压试验和化学分析。

器身检查：检查线圈绝缘状态；检查各连线绝缘、紧固状态、绝缘距离、焊接质量和有无损伤。检查各夹件、紧固件状态。检查铁芯接地装置。检查器身安装状态。

箱盖箱体检查：检查各密封橡胶件的状态，各端子下瓷套和各绕组抽头下端的连接状态。清洗箱体内部，组装时按规程进行干燥处理。检查吸湿器状态，更新硅胶。

组装后进行误差试验。

4. 拆装步骤和要求

(1) 解体(当空气的相对湿度不小于 75%时严禁吊器身检查)

① 放油前，从油样活门处取油样送化验室化验，根据油化验结果决定是否进行油处理或报废。

② 用 19 mm 扳手拆卸蝶阀盖板上紧固螺母，取下盖板，并将滤油机进油管连同接头安装在蝶阀上。用手拧开蝶阀罩，用扳手打开蝶阀阀门，启动滤油机将变压器油抽至储油桶内。

③ 拆瓷瓶：用 30 mm 扳手拆卸 25 kV 高压套管(A 瓷瓶)上导电螺母，并依次取下螺母、垫圈、衬垫、铜套和封环；用 19 mm 扳手拆卸高压套管的法兰盘紧固螺栓，取下法兰盘及套管。

④ 拆吸湿器：用 14 mm 扳手拆卸吸湿器与连管法兰盘上固定螺栓，将吸湿器取下，并取出其中的变色硅胶。

⑤ 拆油箱盖：用 14 mm 扳手拆卸油箱盖紧固螺栓，用天车挂钢丝绳吊下箱盖。

⑥ 拆端子内连线：用 10 mm 扳手分别拆卸一次线圈(X 端)、二次线圈(a1x1 端)内部引线连接螺母，松开连线。

⑦ 拆一次线圈内引线夹：用 17 mm 扳手拆卸一次线圈引线夹件上的胶木螺母，取出引线夹螺母、螺杆。

⑧ 吊出器身：用 14 mm 扳手拆卸铁芯装配与箱体的固定螺母，用四根等长的 ϕ6 mm 钢丝绳通过吊环安装于铁芯装配的专用吊装孔中，用天车缓慢将互感器器身吊出油箱。注意吊出时不得碰伤铁芯与线圈，并放置于专用油盘内。

(2) 组装

① 按解体相反顺序吊入器身。

② 按解体相反顺序连接好铁芯装配与箱体的固定螺母。

③ 按解体相反顺序将一次线圈 A 端内引线夹紧固好。

④ 按解体相反顺序连接好 X、a1x1 端子内连线。

⑤ 按解体相反顺序吊装好油箱盖，必要时橡胶密封圈涂少量的乐泰胶。

⑥ 按解体相反顺序安装好 A 瓷瓶，注意紧固螺栓、螺母时用力适当，防止损坏。

⑦ 按解体相反顺序安装好吸湿器。

⑧ 用油管将滤油机出油口及专用接头安装于蝶阀上，用扳手打开蝶阀阀门，启动滤油机将合格的变压器油缓慢注入油箱中，直到油位达到油位表相应室温的刻度为止，关闭蝶阀阀门，拆卸油管与接头，安装好蝶阀盖板及紧固螺栓，最后将蝶阀罩拧上。

二、高压电流互感器

1. 结构

TBL2-25 型高压电流互感器是一种穿墙式电力机车专用高压交流电流互感器，如图 8-35

所示。其一次线圈(高压部分)是用一根铜棒,一般与主变压器网侧绕组的A端相连,二次线圈(低压部分)接电流继电器,作主电路短路保护。它是保护级电流互感器,要求具有良好的过电流工作特性和较大的饱和倍数。

TBL2-25型高压电流互感器结构如图8-36所示。

图8-35　TBL2-25型高压电流互感器

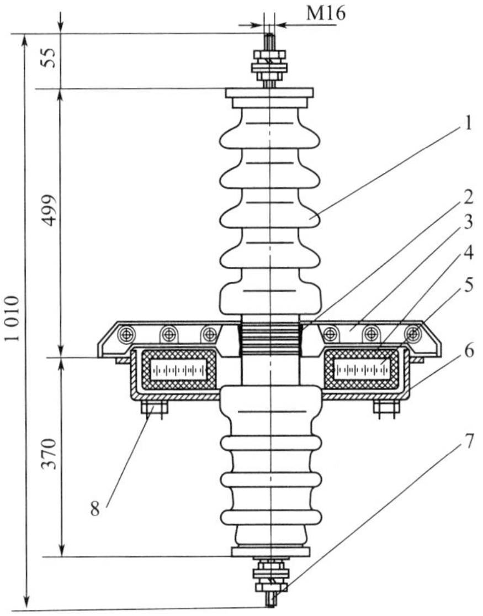

图8-36　TBL2-25型高压电流互感器结构(单位:mm)

1—瓷瓶;2—环氧树脂;3—半法兰;4—二次线圈;5—环形铁芯;6—护罩;7—一次线圈;8—接线座

(1) 一次线圈

一次线圈匝数为1,由ϕ16 mm铜棒制成,棒的两端有螺纹M16,用以连接载流导线,户外标记为L_1,户内标记为L_2。

(2) 二次线圈

二次线圈采用ϕ2.1 mm双玻璃丝包圆铜线沿铁芯均匀绕成40匝,出头标记为K_1、K_2。

(3) 铁芯

环形铁芯采用0.35 mm厚的冷轧硅钢片DQ151-35,利用滚剪机加工成55 mm宽的条料,绕成内径225 mm、外径400 mm、宽55 mm的环形铁芯,并进行退火处理。

(4) 法兰盘

铁芯和线圈一起装在由两个铝制半法兰用螺栓连成的整体内,法兰与瓷件的中部用环氧树脂胶装成为一体,在瓷瓶的胶装部位用铜丝加绕一个短路匝,短路匝的两端固定在接地的半法兰上,以使瓷瓶的胶装部分接地良好。

(5) 瓷瓶

瓷瓶的结构比较特殊,它的两端圆盘部分像线路悬式绝缘子的盘形,两端圆盘部分与中间直杆部分是用电瓷材料整体成形后烧结而成,没有接口,整体上釉,光滑,适用于户外安装。

(6) 护罩和接线座

半法兰下部用薄钢板制成的护罩将铁芯和线圈盖紧,线圈与法兰盘、护罩之间用绝缘纸圈隔开。护罩上有接线座和铭牌等,二次线圈经出线环引到接线座上的接线头上。

2. 主要技术参数

额定电压	25 kV
额定电流比	200/5
准确级次	10
额定二次负载($\cos\varphi=0.8$)	1.6 Ω
饱和倍数(误差10%时)	6

3. 工作原理

电流互感器的基本工作原理与变压器相似,也是利用电磁感应原理工作的。电流互感器一次电流 I_{1n} 与二次电流 I_{2n} 之比 K_n 称为电流互感器的额定电流比:

$$K_n = I_{1n}/I_{2n} = N_2/N_1$$

式中 N_1、N_2——一次、二次线圈匝数。

电流互感器具有与变压器不同的特点:

(1) 一次电流是主电路电流,与互感器的二次侧负载无关。

(2) 电流互感器的二次负载阻抗必须很小,电流互感器正常工作时接近于短路状态。

(3) 电流互感器二次线圈不允许开路运行。

因为开路运行时,由一次电流产生的磁势得不到二次磁势的抵消而全部成为励磁磁势,使电流互感器铁芯饱和,在二次侧端子上出现较高的过电压,对工作人员的安全和仪表的绝缘都是很危险的。高度饱和的铁芯也会因铁损过大,发热加剧而损坏互感器的绝缘。因此,互感器二次线圈的外壳应可靠接地。

4. 检修要求

(1) 各紧固件无松动现象。

(2) 瓷瓶表面光洁,无裂纹,如表面缺损应进行绝缘处理,缺损面积大于3 cm^2 时,必须经75 kV耐压试验;缺损面积大于30 cm^2 时应更换。

(3) 瓷瓶半法兰盘及瓷瓶顶盖密封良好,不得有漏雨,导电杆装配紧固。

三、避雷器

Y10W-42/105型瓷套避雷器如图8-37所示。该避雷器安装于机车顶部,主要用于机车的过电压保护。避雷器辅修只进行检查和清扫,小修、中修、大修作预防性试验。若车顶设备发生故障,则必须作检修和预防性试验。

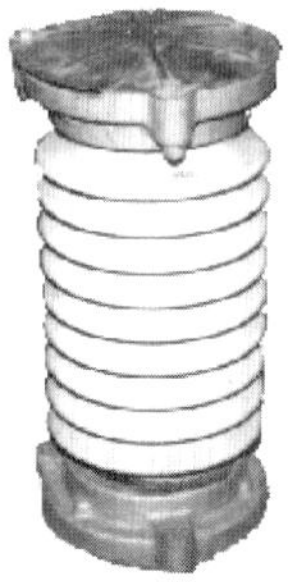

图8-37 Y10W-42/105型瓷套避雷器

1. 工作原理

避雷器的工作原理是利用氧化锌优异的非线性伏安特性,即在正常工作电压下呈现高电阻,流过的电流非常小,可视为绝缘体,从而实现无间隙;当机车出现过电压(无论是外来的,还是机车内部产生的)时,则呈低电阻,流过的电流急增,使过电压被抑制在允许值下,从而保护机车电气设备免遭过电压侵害。

2. 主要技术参数

额定电压	42 kV
标称放电电流	10 kA
系统标称电压	27.5 kV

系统最大持续运行电压	30 kV
直流参考电压(1 mA 下)	≥58 kV
工频参考电压(阻性 1 mA 下)	≥56 kV
残压(10 kA、8/20 μs)	≤105 kV
泄漏电流	≤50 μA

3. 检修

(1) 检修用材料

汽油、棉丝、去污粉、绝缘漆。

(2) 检修用设备与工具

兆欧表、毛刷、专用测试仪、阻性电流仪。

(3) 检修过程

避雷器从机车顶盖上拆下送专业组工作场地。

清扫:用去污粉擦拭瓷瓶,并用汽油、棉丝擦拭干净。

检查:瓷瓶的外观检查,表面应光洁,不许有裂纹,安装牢固。瓷瓶表面缺损面积在 3 cm^2 以下时,可涂快干绝缘漆处理;若缺损表面积大于 3 cm^2 时,避雷器应按有关技术要求进行解体,瓷瓶除涂漆外还须经 75 kV 耐电压试验,合格后方可继续使用。缺损表面积大于 30 cm^2 时应更换新品。

检查顶盖,安装螺栓紧固、密封良好;避雷器单元与上下安装座安装良好,不许有开裂等不良状态;接地片安装牢固;避雷器喷出口不得有缺口、开裂现象,否则应更新。

避雷器外露的铁质零件应除锈、涂漆处理。

4. 预防性试验

用 2 500 V 兆欧表测量绝缘电阻值应不小于 5 000 MΩ。

直流参考电压测定:当流过避雷器的电流达到规定的 1 mA 时,读取避雷器两端间的电压(直流脉动不超过±1.5%),不得小于 58 kV。

直流泄漏电流测定:在避雷器两端施加 0.75U_{imA}(直流参考电压)读取流过避雷器的泄漏电流,其值不得超过 50 μA。

有条件时应进行交流参考电压测定:用 LCD-4 型阻性电流仪,对避雷器施加 50 Hz 工频电压,当流过避雷器的阻性电流 1 mA 时,读取电压的峰值,其值不得小于 56 kV。

避雷器的两端长期施加电压不得超过 30 kV。不允许进行工频放电电压或工频电压耐受特性试验,否则会损坏避雷器。

试验时瓷瓶应该是干燥、清洁的。试验读取数值后应立即降低电压,切断电源。在读数时不允许长时期停留。测参考电压时不得超过 1 min,测试过程应尽可能快。

复习思考题

1. DSA 型受电弓的日常维护有哪些?
2. 如何更换调整阻尼器?
3. DSA 型受电弓的检修范围有哪些?
4. 简述 DSA 型受电弓的中修流程和检修方法。

5. 如何对 DSA 型受电弓进行检修后的调整与试验?
6. 如何对 ADD 自动降弓装置进行调试?
7. 简述 TDZ1A-10/25 型空气断路器的结构组成和动作原理。
8. TDZ1A-10/25 型空气断路器检修范围有哪些?
9. 简述 TDZ1A-10/25 型空气断路器的中修流程和检修方法。
10. 简述 BVAC. N99 型真空断路器的结构组成和动作原理。
11. BVAC. N99 型真空断路器的日常检查项目有哪些?
12. 如何检查真空断路器真空管里触头的磨损情况?
13. 简述高压隔离开关的中修步骤和检修方法。
14. 简述高压连接器的中修步骤和检修方法。
15. 简述高压电压互感器的拆装步骤和要求。
16. 高压电流互感器的检修要求有哪些?
17. 如何进行避雷器预防性试验?

第九章

电力机车车体的检修

车体是机车主要承载部件之一，它是箱形壳体，由板、梁组焊而成。在电力机车中，除走行部外的所有机械、电气设备和电子电器装置等都安装在车体上。在电力机车的运行过程中，车体要把牵引力和制动力传递给车钩，承受垂向载荷，还要承受水平方向的冲击载荷和侧向力的作用，这要求车体必须要有足够的强度和刚度。所以车体必须进行维护保养和定期检修，以保证机车运行的安全性和平稳性。本章主要对车体和车钩缓冲装置的检查维护和检修工艺进行详细介绍。

第一节　车体的检修

车体是电力机车的主要机械部件之一。整个车体是以底架、侧构及司机室等组焊成的一个整体承载结构，图 9-1 为 SS_9 型电力机车的车体。顶部是数个可拆卸的活动顶盖，车体侧构上设有通风百叶窗及滤尘器，司机室前部设有视野开阔的前窗，两侧设有活动侧窗、固定侧窗及可供出入的入口门，车体内除用来安装各种电气、机械设备外，还为机车乘务人员和检修人员提供良好的工作和维修场所。

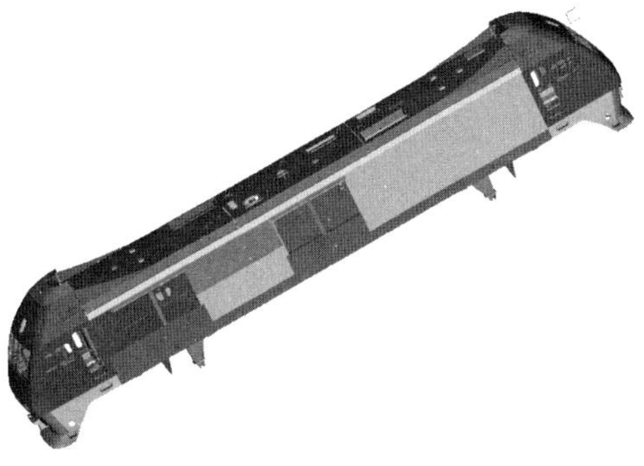

图 9-1　SS_9 型电力机车车体

1. 检修设备及工具

电焊及气焊设备、电动及风动砂轮、千斤顶、库内风源、毛刷、铲污工具、气刨、手锤、扁铲、拖把、清洗剂等。

2. 日常检查、辅修、小修

只对车体主要部件作一般性检查，如有破损、裂纹或功能失效则按相应部件的检修步骤进行。

3. 中修

车体检修限度见表 9-1。

（1）拆除车体与转向架之间的连接电缆、管路、二系悬挂连接装置等，然后架车。

（2）拆除车体底架以下的吊挂设备，拆除并吊走顶盖以及侧墙上的过滤器。

（3）对车体外表面及车体底架下部、顶盖内外表面进行清扫，铲除污物及杂物。

（4）检查车内各门、窗、窗玻璃、座椅扶手、门锁、门窗密封条、顶盖密封条等是否完好，作用是否可靠，如有破损或功能失效则按相应部件的检修内容进行检修。

表 9-1　车体检修限度表

序号	名　　称	原　形	维修限度
1	底架边梁中央上挠度(一、四位枕梁间)(mm)	6～12	5～14
2	边梁旁弯(mm)	≤4	≤8
3	边梁局部旁弯(mm)	≤3	≤4
4	两端枕梁间中心距(mm)	$2\,166.5^{+2}_{-2}$	$2\,166.5^{+2}_{-4}$
5	排障器距轨面高度(mm)	110±10	100～120
6	车钩中心距轨面高度(mm)	880±10	840～890
7	侧墙平面度误差(油漆后)(mm/m^2)	≤1	≤2

(5) 检查车体底架、侧墙、司机室、顶盖及排障器等钢结构部位是否有焊缝缺陷及裂纹，如有缺陷或裂纹则按相应部件的检修内容进行检修。

(6) 拆除车钩并检查车钩缓冲装置的性能是否完好，是否有缺陷，按该部件的检修内容进行检修。

(7) 检查车体外表面油漆是否脱落，对车体外表面油漆脱落部位进行补漆。

4. 大修

(1) 拆除车体与转向架之间的连接电缆、管路、二系悬挂连接装置等，然后架车。

(2) 拆除车体底架以下的吊挂设备，拆除并吊走顶盖，拆除侧墙上的过滤器、司机室内所有设备、内装饰板、各梁骨架间隔内的防寒隔声材料及机械间内所有设备。

(3) 对车体外表面及车体底架、侧墙、司机室内外、顶盖内外表面等进行清扫，铲除污物、锈斑及杂物，用拖把擦涂干净，并用清洗剂清洗干净。

(4) 检查车内各门、窗、窗玻璃、座椅扶手、门锁是否完好，作用是否可靠，如有破损或功能失效则按相应部件的检修内容进行检修。

(5) 检查车体司机室入口门处排水孔、司机室两侧雨遮、侧窗下部排水孔、副头灯下部排水孔、顶盖排水槽是否有堵塞现象，如有堵塞现象则应进行清理。

(6) 更换门窗及顶盖密封条。

(7) 检查车体底架、侧墙、司机室、顶盖及排障器等钢结构部位是否有焊缝缺陷及裂纹，如有缺陷或裂纹则按相应部件的检修内容进行检修。

(8) 检查侧墙的平面度误差是否超过 2 mm/m^2，超过限度则用火焰进行矫正或局部挖补修复。

(9) 拆除车钩并检查车钩缓冲装置的性能是否完好，是否有缺陷，并按该部件的检修内容进行检修。

(10) 车体作整体抛丸处理。

(11) 车体按正常油漆工艺要求喷涂油漆。

第二节　车体部件的检修

一、底　　架

1. 结构组成

底架是机车车体的主要承载部件，它不仅承受垂向载荷，而且还传递机车的纵向牵引力及承受各种复杂的运动力，因此底架必须具有足够的强度和刚度。它是由牵引梁、边梁、枕梁、变压器梁及其他纵横梁组成的一个整体框架式承载结构，如图 9-2 所示。

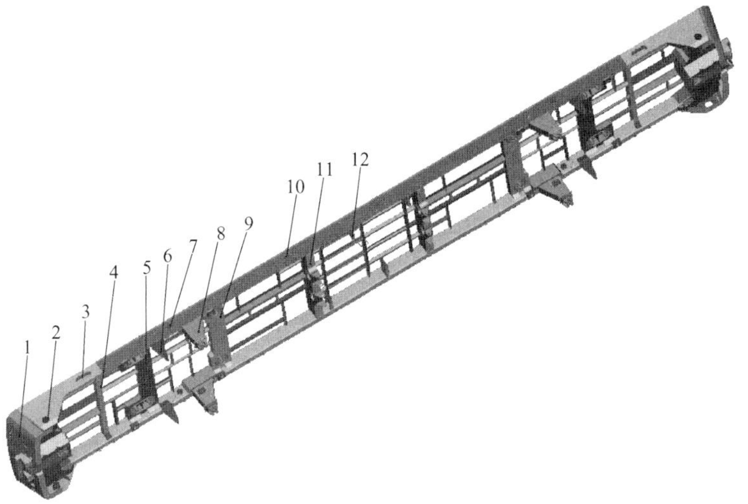

图 9-2　底架

1—牵引梁；2—救援吊孔；3—脚踏；4—隔墙梁；5—(一、四位)枕梁；
6—抗蛇行减振器座；7—架车吊孔；8—牵引座；9—(二、三位)枕梁；
10—边梁；11—变压器安装梁；12—风缸安装梁

2. 主要技术参数

底架长度	21 300 mm
底架宽度	3 105 mm
一、四位枕梁中心距	13 291 mm
底架上平面距轨面高	1 600 mm
车钩安装中心线距轨面高	880 mm
底架总重	10 387 kg

3. 检修

(1) 检修工具

电气焊设备、电动或风动砂轮、千斤顶、毛刷、铲污工具、钢卷尺、气刨、手锤、扁铲、库内风源等。

(2) 日常检查、辅修、小修

检查底架下用于吊挂各设备的紧固件应无松动，目测牵引梁、隔墙梁、边梁、各枕梁、各减振器安装座、变压器安装梁、风缸安装梁等主要承载件及其相互连接处焊缝应无裂纹。

(3) 中修

① 在图 9-2 中所标架车吊孔处起吊车体及架车，如需端部起吊则在救援吊孔处起吊。

② 清除底架各梁上的污物及杂物，为便于检查裂缝，对牵引梁、隔墙梁、边梁、各枕梁、各减振器安装座、变压器安装梁、风缸安装梁等主要承载件处用清洗剂做局部清洗。

③ 目测底架牵引梁、隔墙梁、边梁、各枕梁、各减振器安装座、变压器安装梁、风缸安装梁等主要承载件及其相互连接处焊缝有无裂纹及锈蚀，母材是否开裂。

④ 焊缝裂纹及锈蚀处打磨光亮并进行补焊加强，裂缝严重时用气刨切出 V 形坡口，深度

以焊透为原则。底架各主要梁的母材为大梁钢板16MnL，有关焊接工艺参数根据母材相应确定。母材有裂缝处应在裂缝前端钻 ϕ6 mm的止裂孔，同时用气刨切出V形坡口施焊，并用砂轮磨平。

⑤ 对影响承载及行车安全的焊缝及母材裂缝如补焊不能达到要求，则应进行局部结构加强或挖补更换。

⑥ 检查各限位板、各减振器安装座、牵引座处焊缝是否开裂，如开裂则应进行补焊。

⑦ 检查边梁上吊座是否完好无缺，如缺损则应增补。检查吊销套孔及其盖板是否完好无缺。

⑧ 各切割及补焊部位应涂防锈漆。

（4）大修

① 在架车吊孔处起吊车体及架车，如需端部起吊则在救援吊孔处起吊。

② 大修时须拆除底架上所有紧固设备，清除底架上所有污物、杂物、锈迹及油漆，用拖把擦涂干净，并用清洗剂清洗干净。

③ 目测底架牵引梁、隔墙梁、边梁、各枕梁、各减振器安装座、变压器安装梁、风缸安装梁等主要承载件及其相互连接处焊缝有无裂纹及锈蚀，母材是否开裂。

④ 焊缝裂纹及锈蚀处打磨光亮并进行补焊加强，裂缝严重时用气刨切出V形坡口，深度以焊透为原则，底架各主要梁的母材为大梁钢板16MnL，有关焊接工艺参数根据母材相应确定。母材有裂缝处应在裂缝前端钻 ϕ6 mm的止裂孔，同时用气刨切出V形坡口施焊，并用砂轮磨平。

⑤ 对影响承载及行车安全的焊缝及母材裂缝如补焊不能达到要求，则应进行局部结构加强或挖补更换。

⑥ 检查各限位座、各减振器安装座处焊缝是否开裂，如开裂则应进行补焊。

⑦ 检查边梁上吊座是否完好无缺，如缺损则应增补。检查吊销套孔及其盖板是否完好无缺。

⑧ 对牵引座处的焊缝进行探伤检测，如有焊缝缺陷或裂纹，须进行缺陷或裂纹消除处理。

⑨ 各切割及补焊部位应涂防锈漆。

二、侧　　构

1. 结构组成

侧构是由侧墙板和车顶侧梁及各种纵、横梁组焊成的框式承载结构，如图9-3所示，它是车体钢结构的重要组成部分。侧构两端分别与两个司机室骨架连接，中间设有侧墙进风口，用来安装整体式侧墙过滤器装置。

2. 检修

（1）日常检查、辅修、小修

在没有发生意外的事故，而造成严重的变形、开裂等损坏的情况下，每次日常检查、辅修、小修时，只做外观检查。

① 表面局部脱漆时应补漆处理。

② 侧构各梁柱与外墙板不得有开焊、裂损。

③ 目视检查车体外墙板平面度不大于2 mm/m^2，超限者可用火焰矫正修复。

（2）中修、大修

① 清除侧构内的杂物及污物，检查侧构各梁柱与外墙板是否有焊缝及母材开裂，如开裂

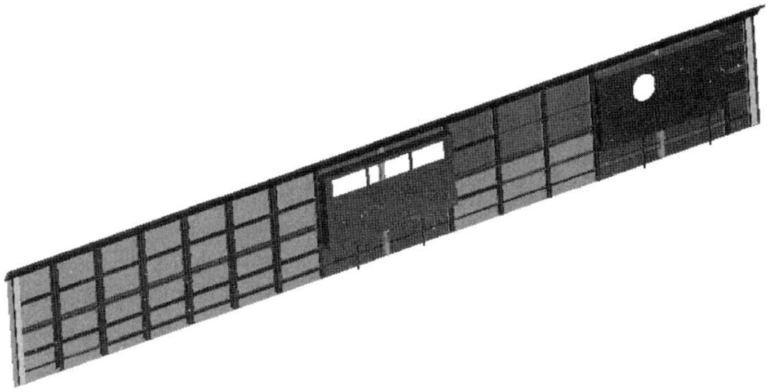

图 9-3　侧构

则应进行补焊。

② 目视检查车体外墙板平面度不大于 2 mm/m^2，超限者可用火焰矫正修复，局部腐蚀面积超过 40%且深度超过 0.5 mm 时更新。

三、司机室设备骨架安装与地板

1. 结构组成

司机室设备骨架是用压型角钢组焊成的框架式结构。司机室地板分为铁地板和轻质复合地板。铁地板为 2 mm 厚的钢板，直接焊在底架上。轻质复合地板分为固定地板和活动地板。固定地板为司机座椅下的 2 块，用螺钉固定在骨架上。活动地板搭接在两块固定地板上，用螺钉固定。司机室地板结构如图 9-4 所示。

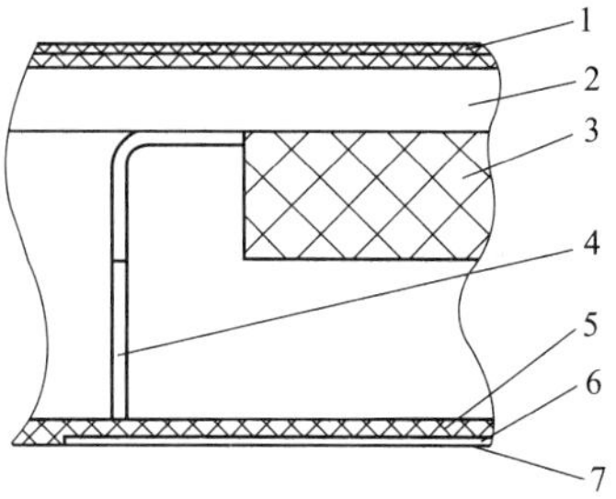

图 9-4　司机室地板结构

1—地板布；2—轻质复合地板；3—防寒材料；4—地板铁梁；5—阻尼浆；6—铁地板；7—底架上平面

2. 日常检查、辅修、小修

检查轻质复合地板是否有腐烂、脱胶的现象，有脱胶的补胶，有腐烂的应及时更换。

3. 中修、大修

(1) 检查轻质复合地板是否有腐烂、脱胶的现象，有脱胶的补胶，有腐烂的应及时更换。

(2) 检查地板布是否有磨损或老化，有严重磨损及老化的，应及时更换。

四、司 机 室

1. 结构组成

司机室包括司机室内装、司机室骨架、司机室小顶盖、司机室后墙等。

司机室内装是由防寒材料、多孔铝板、铝压条和装饰框等组成，它们用抽芯铆钉铆接在司机室骨架上。

司机室钢骨架是由司机室骨架及外蒙皮焊接成一体的网架壳状结构，在司机室蒙皮内表面和司机室底部上表面（非安装面）喷涂了阻尼浆，以吸收机车运行的振动、降低噪声，提高机车运行的舒适度。其外形如图 9-5 所示。司机室小顶盖和盖板是用聚酯玻璃钢制造的，与司机室钢骨架用螺钉连接。

司机室后墙为司机室和机械室之间的一层隔声、隔热结构的隔墙。它由后墙骨架、电器柜门框等组成。后墙骨架是用普通钢板经压型后组焊起来的，里面填满了隔热、隔声的高发泡聚乙烯。各电器柜均由柜体、柜门、铰链、门锁等组成。

2. 辅修、小修

(1) 检查装饰板上的喷塑层是否脱落，如喷塑层有脱落现象，则在脱落处重新喷涂。

(2) 用肉眼检查司机室钢骨架和蒙皮的外观有无裂纹。有裂纹用砂轮打磨掉，再进行焊补。

(3) 检查司机室盖板、小顶盖上的螺栓是否松动，如松动则拧紧。

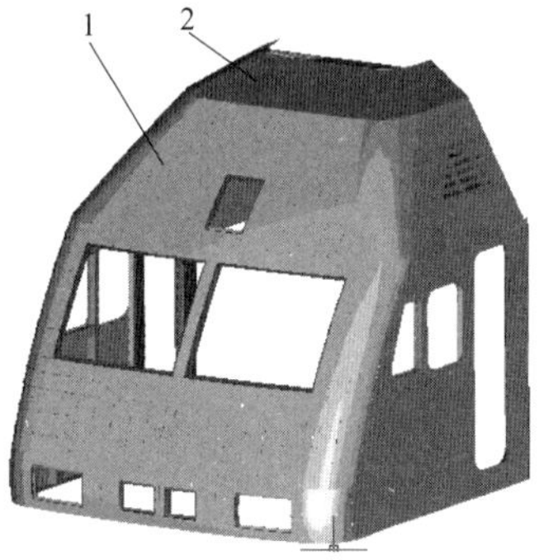

图 9-5 SS_{9G} 型电力机车司机室骨架及外蒙皮
1—小顶盖；2—骨架及外蒙皮

(4) 检查柜门上的柜门拉杆锁，是否锁紧可靠，开启自如，如出现卡位或松动现象，可调节拉杆及弹簧。

(5) 检查门铰链是否存在松动及脱落的现象，如铰链松动或脱落，应及时焊补。

3. 中修

(1) 透过内墙多孔铝板检查内墙中有无烧黑痕迹。有烧黑痕迹时，去除铆钉，取下压条、多孔铝板，然后取出内墙中烧黑的防寒隔声材料，换上新件，再按顺序装铝板、压条，用抽芯铆钉铆上。

(2) 检查司机室小顶盖和盖板有无损坏，如有损坏则进行更换。

(3) 更换柜门上防振垫。

五、车　窗

1. 结构组成

在两端司机室正面正副司机台前面设置前窗，侧面各设一扇活动侧窗和一扇固定侧窗。司机室前窗玻璃为曲面玻璃，由 1 块 6 mm 厚和 2 块 5 mm 厚的钢化玻璃中间夹树脂及电热丝构成。前窗玻璃用聚酯胶粘接在司机室钢骨架上。

2. 检修

(1) 检修工具

刀铲、刀片等。

(2) 辅修、小修

检查钢结构及电热玻璃间是否脱胶，电热玻璃是否破损和工作是否良好，如电热玻璃破损开裂，必须更换。脱胶时必须补胶。

(3) 中修、大修

检查玻璃是否破损和工作是否良好，如电热玻璃破损开裂及工作不良者，必须更换。

① 断开电热玻璃电源，卸下接线端。

② 将 FN303 胶用刀片切化开，用刀铲清除掉见金属本色。

③ 取下窗玻璃。

④ 在与电热玻璃平面相连的钢结构上先涂上金属底涂液，待 2 h 后再涂上足够厚度的黏合剂。

⑤ 在玻璃的粘接部位涂玻璃底涂液，待干燥 3～5 min 后，再涂上一定厚度的黏合剂，将玻璃安放在涂好胶的司机室窗框面上，注意保证玻璃周围与钢结构之间间隙均匀。

⑥ 在玻璃与钢结构之间补涂黏合剂粘接并刮平，待干燥后接好电源线。

更换下来的玻璃应集中收集，归入同种类废弃物中处理；更换下来的玻璃黏合剂应集中收集，归入同种类废弃物中处理，不能焚烧。

活动侧窗和固定侧窗的检修工艺与前窗基本相同，不再详述。

六、机 车 门

1. 结构组成

电力机车司机室左右两侧各设一扇入口门，司机室与机械室中间的隔墙上各设一扇走廊门，作为司机室通往机械室的通道。

入口门由门板、铰链、门锁和密封胶条等组成；走廊门由门板、双层玻璃窗、铰链、门锁和密封胶条等组成。机车门密封胶条安装结构如图 9-6 所示。

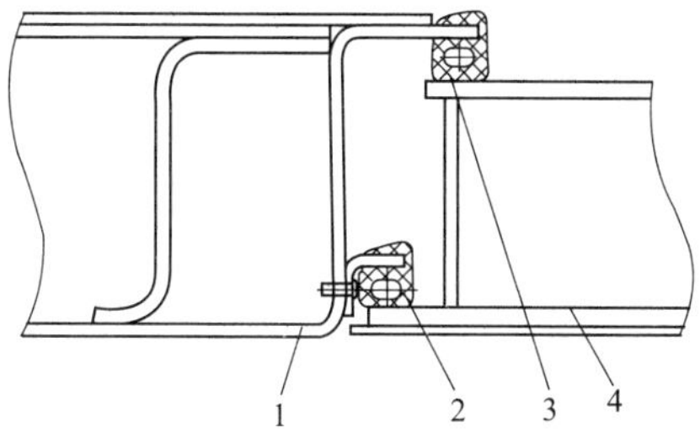

(a) 入口门

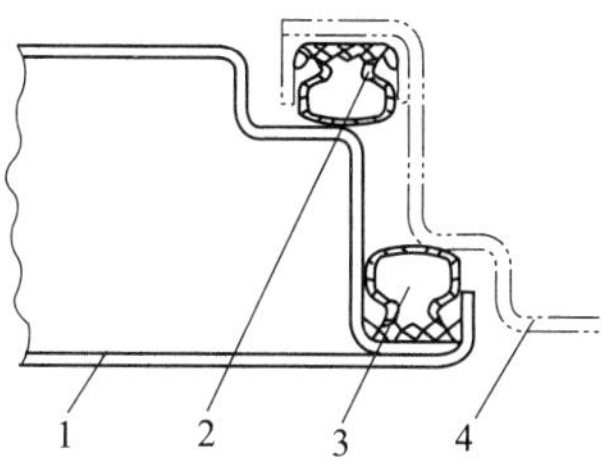

(b) 走廊门

图 9-6 机车门密封胶条安装结构

1—门；2、3—密封条；4—钢结构

2. 检修

(1) 检修工具

一字螺丝刀、十字螺丝刀等。

(2) 辅修、小修

① 机车门锁作用是否灵活，如有卡滞现象，应进行拆卸检修。

② 车门密封作用是否良好，车门密封橡胶条是否脱落、破损或开裂。如密封橡胶条脱落，则重新进行安装，使之牢固；如有破损或开裂，必须更换。

(3) 中修、大修

机车门锁作用是否灵活，如有卡滞现象，应进行拆卸检修。更换车门密封橡胶条。

更换下来的密封条应集中收集，归入同种类废弃物中处理，不能焚烧。

七、车体顶盖装置

1. 结构组成

SS_9 型电力机车车顶部有 3 个可拆卸的活动顶盖、2 根在各顶盖间起连接作用的活动横梁及顶盖裙板，如图 9-7 所示。各顶盖上根据车顶电气设备(如受电弓、主断路器等)安装需要，设有相应的安装支座、车顶通风百叶窗、车顶入孔门等。

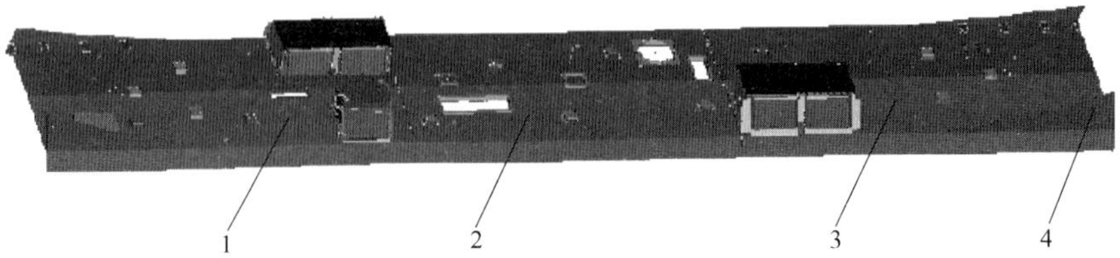

图 9-7　车体顶盖装置

1—Ⅰ端顶盖；2—中央顶盖；3—Ⅱ端顶盖；4—裙板

2. 检修

拆装顶盖时应注意防止检修人员摔倒。

(1) 辅修、小修

① 检查车顶盖各螺栓与螺母是否紧固、螺母与螺栓是否齐全，如顶盖螺母、螺栓松动则重新紧固，螺母、螺栓丢失则应补齐。

② 检查密封条的性能，是否存在漏雨，如密封条老化回弹性不好，则应更换密封条。密封条未压严，则应使密封条放置正确位置，顶盖螺栓重新压紧。

③ 检查排水槽是否畅通，如有杂物堵塞，则进行清除。

(2) 中修、大修

① 在车内将与侧构相连的螺栓装置(图 9-8)的 M12 螺栓拧松卸下。在顶盖上将螺栓压板装置(图 9-9)的螺母及压板卸下。在顶盖上将各接地线的紧固螺栓 M12 拧松，并与接地线一同取下。

② 用吊车的吊钩钩住顶盖的 4 个吊耳将顶盖吊起，移到工作平台上。

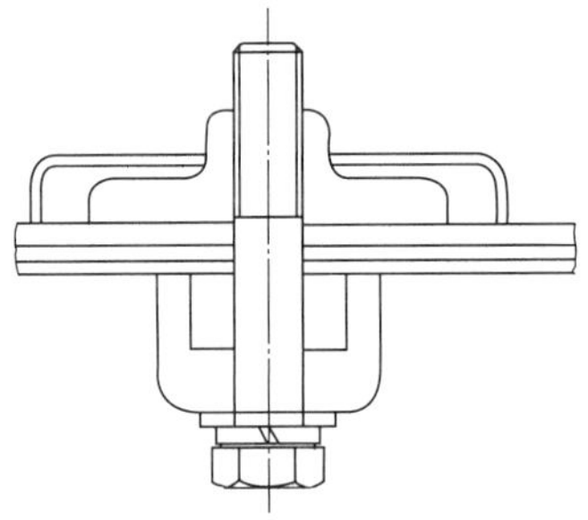

图 9-8　螺栓装置

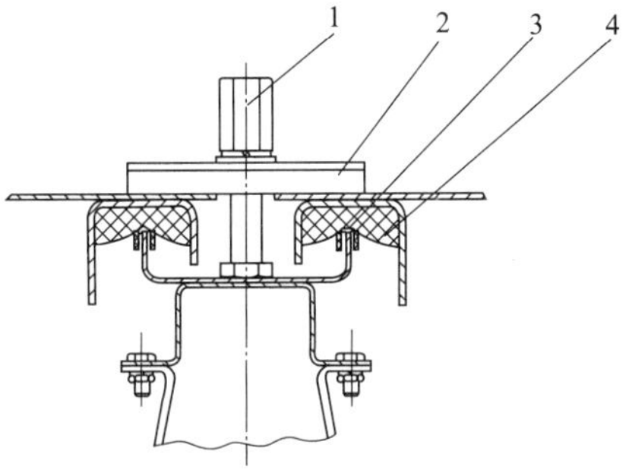

图 9-9　螺栓压板装置

1—螺栓装置；2—压板；3—防护条；4—横向密封条

③ 检查车顶盖螺栓与螺母是否齐全，如顶盖螺栓、螺母丢失则应补齐。

④ 检查各安装座与盖板的连接处是否有裂纹，如有裂纹应进行补焊，并打磨。

⑤ 将变形或损坏的横向密封条(图 9-9)拆下，清扫凹槽内壁，将原有的黏合剂清除干净；在密封条上与凹槽的接合面处涂上一层黏合剂，最后将密封条平整地卡入凹槽内并使之与凹槽内壁粘牢。沿排水槽方向密封条不得拼接。

⑥ 将变形或损坏的防护条(图 9-9)取下，将新防护条卡住活动横梁(排水槽)上沿即可(横梁上沿的长度范围内，防护条不允许中断或搭接)。

⑦ 将变形或损坏的纵向密封条拆下，将原有的黏合剂清除干净；在密封条上与凹槽的接合面处涂上一层黏合剂，最后将密封条平整地卡入凹槽内并使之与凹槽内壁粘牢。密封条不

得拼接。

⑧ 清除排水槽内的杂物。

⑨ 检查裙板的螺栓装置，发现松动应拧紧。

⑩检修完毕吊装顶盖时，先将顶盖上的定位孔与侧构上的定位销对准(图 9-10)，再将顶盖落到位。然后在车内将螺栓装置均匀紧固好，并在顶盖上将压板螺栓装置紧固好，同时连接好各接地线。

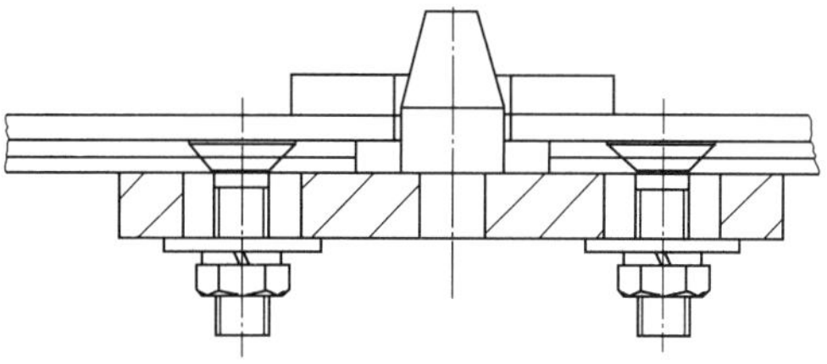

图 9-10　顶盖定位装置

八、排障器

1. 结构组成

排障器安装在机车车体两端下部，它主要用于排除机车运行前方的障碍物，对机车的安全运行起保护作用，因此排障器需具有一定的强度和刚度。排障器由板梁和蒙皮组焊而成，如图 9-11 所示。排障器上装有感应线圈支座及小排障器，小排障器可根据需要上下调节，以保证其距轨面高度为(110±10) mm。

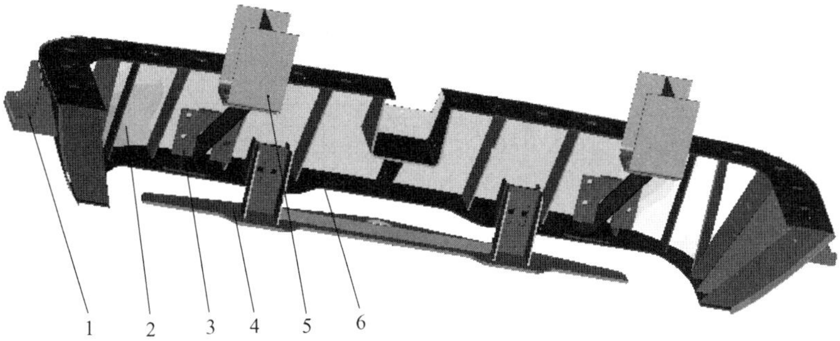

图 9-11　排障器

1—脚踏装置；2—排障器蒙皮；3—感应线圈安装支座；4—小排障器；5—安装支座；6—排障器骨架

2. 检修

(1) 检修工具

扳手、千斤顶、钢卷尺、电气焊设备、电动或风动砂轮、手锤、扁铲和库内风源等。

(2) 日常检查、辅修和小修

① 检查各处连接螺栓有无松动，如有松动，则用扳手拧紧。

② 检查排障器与底架牵引梁的连接螺栓及小排障器上的连接螺栓有无松动。

③ 检查小排障器距轨面高度尺寸是否为(110±10) mm，如低于上述值，则用扳手松开小排障器上的连接螺栓，用千斤顶调整小排障器距轨面高度尺寸至(110±10) mm，并保持水平，然后用扳手紧固小排障器上的连接螺栓。

(3) 中修、大修

① 完成辅修、小修项目。

② 检查排障器是否有严重碰撞变形，如有严重碰撞变形并不可修复，则整体更换排障器。

③ 检查排障器焊接部位，特别是踏板处焊缝有无裂缝及严重锈蚀，焊缝裂纹及锈蚀处需打磨光亮并进行补焊。

第三节 车钩及缓冲装置的检修

车钩及缓冲装置的功能是使机车和车辆(或机车)之间实现连挂,并且传递和缓和列车在运行、制动或在调车作业时所产生的牵引力和冲击力。车钩及缓冲装置安装在车体底架两端牵引梁的车钩箱内。

一、结构及性能

车钩及缓冲装置由车钩、缓冲器、钩尾框、从板、提杆装置及钩尾框托板等组成,如图 9-12 所示。

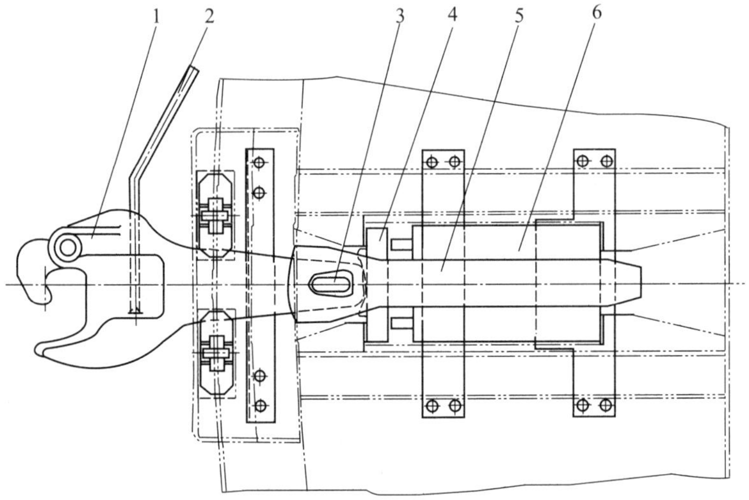

图 9-12 车钩及缓冲装置

1—车钩;2—车钩提杆装置;3—钩尾销;4—从板;5—钩尾框;6—缓冲器

车钩借助钩尾销与钩尾框连成一体,在钩尾框内安置有从板和 MT-3 型摩擦缓冲器。车钩设置有提杆锁紧装置,以保证机车在运行中两节车不致因提杆跳起而脱钩。提杆锁紧装置由螺杆、螺杆座、提杆等组成,如图 9-13 所示。

1. 车钩

电力机车一般采用 13 号车钩(下作用式),它由钩舌、钩体、钩舌销、钩锁、钩舌推铁和下锁销等组成,如图 9-14 所示。车钩钩肩距牵引梁前端冲击座的距离不小于 90 mm。钩身装入牵引梁车钩箱内以保持钩体位置正确。车钩尾部设有扁销孔,以便通过扁销与钩尾框连接。

机车落车后,车钩水平中心线距轨面高度为(880±10) mm。车钩高度的调整如图 9-15 所示。如出现钩下垂或钩尾框上浮等现象,可在冲击座下方均衡梁上的磨耗板上加调整垫板(最大厚度不超过 10 mm)或在钩尾框托板上加调整垫板(最大厚度不超过 10 mm)来进行调整。

根据规定,应在车钩钩身轴线呈水平的状态下,通过提钩杆,严格检查车钩的"三态"作用是否良好。

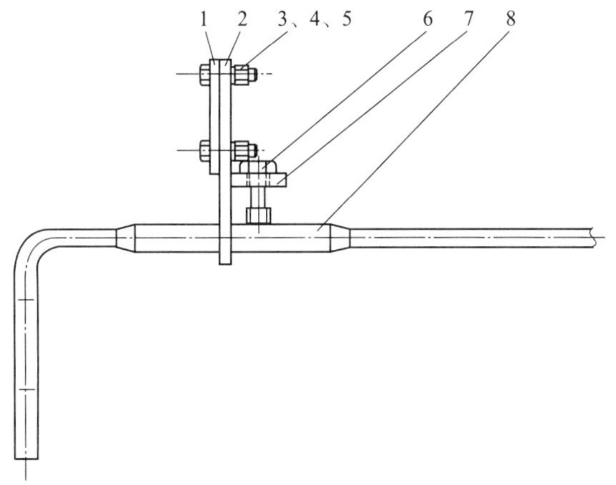

图 9-13　提杆锁紧装置

1—安装板；2—提杆座；3—平垫圈；4—螺栓；
5—螺母；6—螺杆；7—螺杆座；8—提杆

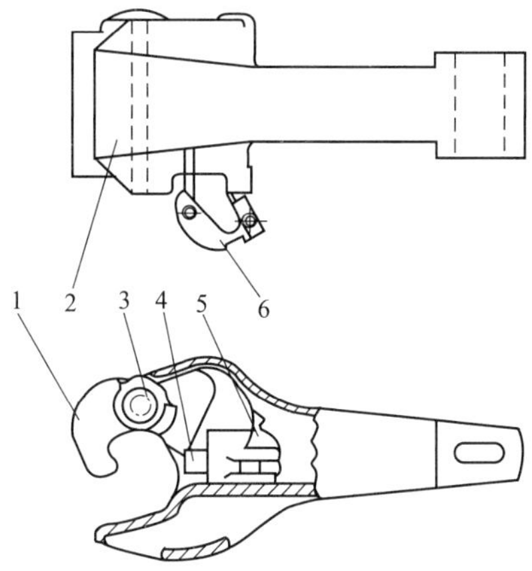

图 9-14　车钩

1—钩舌；2—钩体；3—钩舌销；
4—钩锁；5—钩舌推铁；6—下锁销

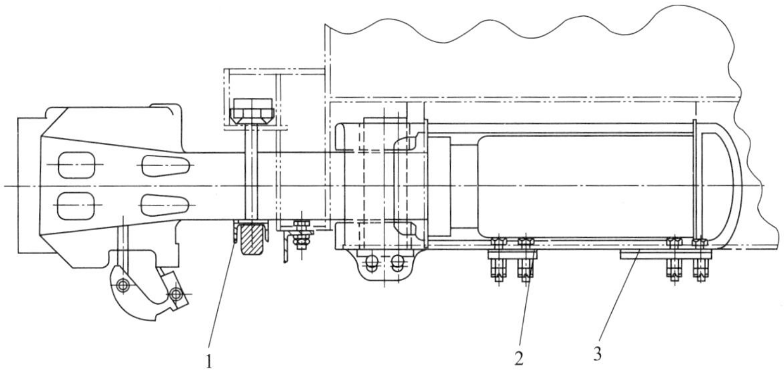

图 9-15　车钩高度调整示意

1—调整垫板Ⅰ；2—调整垫板Ⅱ；3—调整垫板Ⅲ

(1) 开锁状态

轻轻提起提钩杆，使锁铁脚支在锁铁座上，放下提钩杆，锁铁仍未落下，钩舌也未移动。此时，将钩舌向外推，能立即伸开，即为开锁状态良好。

(2) 全开状态

将提钩杆用力提起，钩舌完全伸开，即为全开状态良好。

(3) 锁闭状态

在全开状态时，将钩舌缓缓地向钩头里推动，锁铁以自身重量完全落下，使钩舌不能伸出，即为锁闭状态良好。

2. MT-3 型缓冲器

电力机车一般采用 MT-3 型缓冲器，用来缓和与消减机车与车辆连挂、牵引及制动时，机车与车辆相互碰撞而引起的冲击和振动，从而提高列车运行的平稳性，减少对车体结构和电气设备的破坏作用。

MT-3 型缓冲器由箱体、中心楔块、动板、外固定板、弹簧、楔块和固定斜板等组成，如图 9-16 所示。

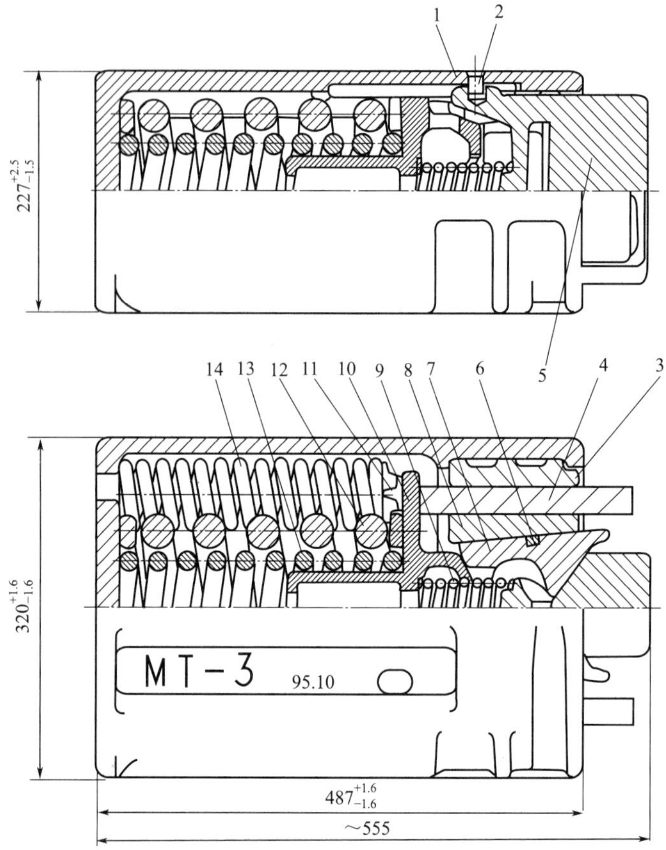

图 9-16　MT-3 型缓冲器(单位:mm)

1—箱体;2—销子;3—外固定板;4—动板;5—中心楔块;6—铜条;7—楔块;8—固定斜板;
9—复原弹簧;10—弹簧座;11—角弹簧座;12—外圆弹簧;13—内圆弹簧;14—角弹簧

二、检修要求

1. 检修用材料

汽油、砂布、棉丝、润滑脂、清洗剂、除锈除漆剂、砂轮片和焊条等。

2. 检修用工装器具

压力机、气电焊设备、插床、车床、专用升降小车(拆装缓冲器)、手锤、专用手推液压缸(压缩缓冲器)、探伤设备、天车、车钩检修台、“三态”模拟试验台、吊具、手砂轮、机械钳工常用工具、钢丝刷、毛刷、撬棍、拆装用扁销、游标卡尺、内外卡钳、钢板尺、钢卷尺、车钩检查样板尺和塞尺等。

3. 检修范围及要求

(1) 日常检查

① 检查车钩、缓冲器各部无裂纹,状态应良好。

② 试验车钩“三态”作用。

(2) 辅修、小修

① 完成日常检查项目。

② 测量钩舌销与孔的间隙。

③ 检查防跳作用并测量防跳间隙。

④ 测量车钩中心距轨面的高度。

⑤ 测量车钩开度。

⑥ 测量钩尾间隙。

⑦ 对钩舌、钩舌销、钩体、钩尾销进行电磁探伤。部件探伤时应认真填写“探伤交接卡”，防止错探、漏探。

(3) 中修

① 车钩“三态”作用良好。

② 车钩在锁闭状态时，钩舌尾部与锁铁垂直的接触高度、钩舌尾部与锁铁间的横向间隙、钩舌与钩锁之间贯通间隙、钩锁铁往上活动量均须符合限度规定。钩体防跳凸台的作用面须平直，钩舌与钩体的上下承力面接触良好。

③ 钩耳销孔及钩舌销孔的直径、钩舌销与销孔的间隙、钩舌与钩耳上下面的间隙、车钩的开度、车钩的中心高度、钩舌厚度、钩尾销尺寸及钩尾销与销孔的间隙等符合限度规定。

④ 车钩复原装置作用良好。吊杆不许有裂纹。提杆装置完好。

⑤ 车钩前从板与从板座、缓冲器与后从板座不许有1 mm以上贯通间隙。车钩尾部与从板间隙符合限度规定。

⑥ 车钩各零部件不许有裂纹。下列情况禁止焊修：钩体上的横裂纹，销孔向尾端发展的裂纹，耳销孔处超过断面40%的裂纹，钩舌上的裂纹，车钩尾框上的横裂纹及销孔向前发展的裂纹。

⑦ 前、后磨耗板有裂纹及变形时须整修。

⑧ 缓冲器与从板间不许有贯通间隙，其组装中心偏差、尾框厚度及尾框安装从板处的磨耗量均须符合限度规定。

⑨ 缓冲器按限度表检测，当不能达到限度要求或已经超过9年时，应返回制造厂或指定修理厂修理，并有12 t落锤机的试验报告，试验不合格的应予报废，但缓冲器箱体裂纹允许焊修。

车钩装置限度规定见表9-2。

表9-2 车钩装置限度表

序号	名　　称	原　形	维修限度
1	锁闭后钩舌尾部与锁铁垂直面的接触高(mm)		≥40
2	钩舌与锁铁间的间隙(mm)	≤6.5	≤7
3	锁闭后钩锁铁向上活动量(mm)		5～22
4	钩耳销孔及钩舌销孔的直径(mm)	42.2^{+1}_{0}	≤46
5	钩舌销与销孔的间隙(以短轴计)(mm)		1～3
6	车钩的开度： 锁闭状态(mm) 全开状态(mm)	112～122 220～235	110～127 220～245
7	车钩的中心高度(mm)	880±10	840～890
8	钩尾扁销孔(mm)	$110^{+3}_{0}\times44^{+4}_{0}$	≤113×46
9	钩舌与钩耳上、下面间隙(mm)	1～6	≤8

续上表

序号	名　　称	原　形	维修限度
10	防跳台尺寸(mm)	16×18×20	16×18×20
11	尾框扁销孔长度(mm)	106^{+3}_{0}	≤111
12	钩尾部与从板间隙(mm)	0～8	0～8
13	尾框厚度(mm)	28^{+2}_{-1}	≥25
14	缓冲器、从板及尾框组装后中心偏差(mm)		≤5
15	MT-3 型缓冲器组装长度(mm)	568^{+3}_{-2}	566～571

三、检修步骤

使用天车、专用升降小车、专用手推液压缸进行解体、组装时应注意人身、设备安全，并符合有关操作规程。

1. 解体(图 9-17)

(1) 解体前进行“三态”试验及全面检查，确定检修重点并记录。

(2) 取下钩提杆并用天车轻吊车钩钩身后，拆下钩尾销螺栓，用小撬棍拆下钩尾销，推出并吊出车钩。

(3) 将专用升降小车推至尾框托板下方后升起并顶住尾框托板，拆下托板螺栓，装上专用扁销及专用手推液压缸，加压使缓冲器压缩后缓慢落下升降小车，推出小车并吊走组件至指定处，缓解油缸后分开钩尾框、缓冲器、从板。

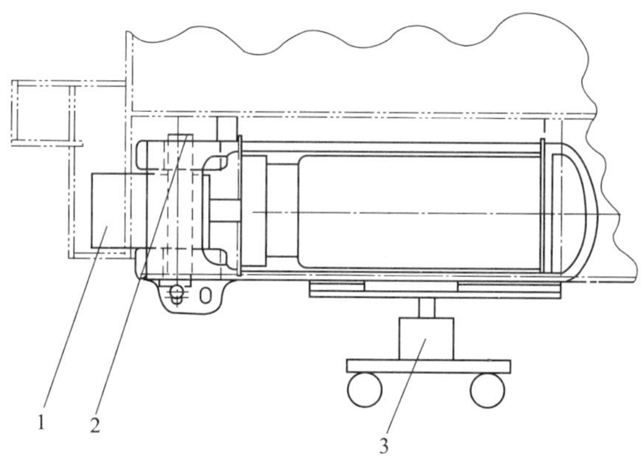

图 9-17　缓冲器及尾框组件拆装示意

1—专用手推液压缸；2—专用扁销；3—专用升降小车

(4) 对车钩表面除垢并用清洗液清洗后，将其吊上检查台，然后依次拆下钩舌销、钩舌、下锁销、钩锁铁、钩舌推铁。

2. 清扫

用清洗液清洗各部件，清洁度符合有关标准。探伤部件及部位用除漆、除锈剂清洗，达到探伤要求。

3. 钩体检修

(1) 用钢板尺和样板检查钩身上下、左右变形，弯曲量大于 5 mm 时报废；检查钩腕外涨及钩耳上下变形，当影响组装部件和“三态”作用时报废。

(2) 探伤检查钩体尾部 300 mm 内钩耳销孔周围及其后部圆弧处，钩体上的横向裂纹、耳销孔处超过断面 40%的裂纹、销孔向尾部发展的裂纹禁止焊修并应报废。目视检查钩体其他部位，重点为钩头与钩身的交界处、下锁销孔筋部、钩腔内的上下牵引台，有裂纹时报废。

(3) 用游标尺检查钩尾端面与扁销孔边缘的距离，不足 40 mm 或上下偏差超过 2 mm 时，或扁销孔磨耗大于 115 mm×49 mm 时，应对扁销孔或尾部进行焊修，使各处符合限度要求。

(4) 检查钩耳销孔的直径，大于 ϕ46 mm 或镶套松脱破损时应焊修或换套。

(5) 用卡钳检查下锁销孔处的防跳台，尺寸小于 16 mm×18 mm，腔宽大于 66 mm 时须进行焊修。

(6) 检查钩身下面磨耗状态，磨耗大于 5 mm 时应焊修。堆焊时应纵向重叠施焊，分层焊时应将第一层焊渣彻底清除，焊后应留 1～2 mm 余量并修磨平整。

4. 钩舌检修

(1) 探伤检查钩舌，重点为牵引面的弯角部和上下弯角、钩舌销孔周围、牵引台、冲击台，钩舌有裂纹时更新。

(2) 外观目测钩舌牵引面应略呈弧形，已磨耗成平面，用内卡钳测得中部 200 mm 内钩舌厚度的平均值小于 68 mm 时应更新。

(3) 检查钩舌尾部，因与钩锁铁接触造成的磨耗大于 3 mm 时应堆焊加工平整，并应保证堆焊部位至上部的距离不小于 40 mm。

(4) 检查钩舌销孔的磨耗，由凸台顶部向内深入 30 mm 处用内卡钳进行测量，销孔直径大于 ϕ46 mm 时应焊修加工。

5. 钩锁铁、钩舌推铁、钩锁销的检修

外观检查有裂纹时更换，磨耗大于 2 mm 时焊修，弯曲变形时更换，钩锁销的下锁销、下锁销体及下锁销钩之间应连接可靠、转动灵活。

6. 钩舌销、钩尾销的检修

探伤检查有裂纹时更换；钩舌销弯曲时应加热调修并探伤复查；检测钩尾销尺寸小于 96 mm×36 mm 时更换。目视检查钩尾销螺栓，有弯曲、裂纹，直径小于 ϕ18 mm 或螺纹不良时更新。

7. 缓冲器的检修

(1) 符合下列条件之一的需要修理：

① 按照缓冲器箱体上的制造年月算起，已到 9 年。

② 在车辆上其动板间隙(动板与中心楔块的高度差)的平均值小于 3 mm(测量时将动板向箱体内压实)。

③ 对卸下的缓冲器，其动板间隙(动板与中心楔块的高度差)的平均值小于 4.5 mm(测量时将动板向箱体内压实)。

(2)符合下列条件之一的应予报废：

① 箱体长度小于 482 mm。

② 箱体口部出现裂纹。

③ 箱体变形造成钩尾框不能套入。

④ 零件丢失。

8. 钩尾框的检修

禁焊部件及部位不得焊修。允许焊修部位应先清除表面锈斑，有裂纹时沿裂纹长度方向铲削 60°的 V 形坡口，彻底清除裂纹痕迹后施焊，施焊场地及工件温度低于 10 ℃时应局部预热至 50～100 ℃，焊修后进行探伤检查。

(1) 探伤检查钩尾框，各处有横裂纹、框角处裂纹、后部圆弧处裂纹及销孔向前发展的裂纹时不得焊修，其他部位裂纹焊修时须有增强焊波。

(2) 测量钩尾框宽度和厚度的磨耗，厚度磨耗大于 3 mm，或宽度及其他部位磨耗大于 4 mm 时应纵向分层堆焊并磨平。尾框厚度小于 25 mm 时应更换。

(3) 外观检查扁销孔下方的穿销螺栓止挡，两外侧面销孔周围不平整时应修整，有裂纹时应焊修，销孔直径大于 ϕ26 mm 时焊修。

9. 从板的检修

外观检查有裂纹时更新，磨耗大于 3 mm 时堆焊磨平。

10. 钩提杆及提杆座的检修

外观检查提杆变形时应热调恢复,提杆与提杆座凹槽之间配合松旷时应焊修。

11. 车体牵引梁及复原装置的检修

外观检查牵引梁焊缝开裂时焊修,冲击座处母材开裂时应报技术部门处理,从板座磨耗量大于 7 mm 时焊修。钩体复原活动托架应摆动灵活,消除开焊与变形。

12. 组装

(1) 将钩体卡在工作台上,各部件配合磨耗面上涂少许润滑脂后,依次装入钩舌推铁、下锁销、钩锁铁。托起钩锁铁装入钩舌,穿上钩舌销及垫、开口销,然后对车钩进行全面检查,状态应良好。锁闭后钩舌尾部与锁铁垂直面的接触高不小于 40 mm,钩舌与锁铁的间隙不大于 7 mm,锁闭后钩锁铁向上活动量为 5～22 mm,钩舌销与销孔的间隙(以短轴计)不大于 3 mm,钩舌与钩耳上下面的间隙不大于 8 mm,锁闭状态车钩的开度为 110～127 mm,全开状态车钩的开度为 220～245 mm,状态不良或部件配合超限时应修配。部件焊修时禁止以点代面,局部堆焊后用砂轮修磨光滑。

(2) 将缓冲器、从板、尾框套装在一起后,装入专用扁销及专用手推液压缸,加压压缩缓冲器,当从板及缓冲器总长小于 625 mm 时,整体吊至预先放有尾框托板的专用升降小车上后,推至牵引梁下方,对准位置并缓慢升起小车直至缓冲装置进入安装座内,前后从板座各加 5 mm 厚调整垫板后缓解油缸,检查缓冲器、从板及尾框组装后中心偏差应不大于 5 mm,从板贯通间隙应不大于 1 mm,然后紧固全部托板螺栓,拆去专用手推液压缸、专用扁销及专用升降小车。

(3) 用天车吊装钩体,到位后装上钩尾销,穿上钩尾销螺栓、弹簧垫圈、螺母后适度紧固,打上开口销。调整复原装置托架垫片,使车钩处于水平位置。检测车钩尾部与从板间隙应为 0～8 mm,过小时压缩缓冲器后在从板座处加垫,过大时吊出车钩在钩尾部加焊垫。调整结束后应将从板座处磨耗板及垫焊死。

(4) 组装提杆,确认其灵活可靠。

(5) 车钩和缓冲器涂刷黑漆并由钩舌水平中心线沿钩头左右两侧喷涂 5 mm 宽白色漆线的车钩中心线。用中心高度尺检测车钩中心高度应为 840～890 mm。

13. 检查与试验

(1) 全面检查各部件应组装到位,连接可靠,防缓件完好。

(2) 车钩“三态”试验良好。

(3) 机车试运后,应再次检查车钩中心高度,超过时调整。

复习思考题

1. 车体大修的项目有哪些?
2. 简述底架的中修步骤。
3. 司机室车体检修有哪些检修项目?
4. 简述车钩缓冲装置的结构组成。
5. 车钩缓冲装置的检修项目与要求有哪些?
6. 简述车钩缓冲装置的检修步骤和检修方法。
7. 如何组装车钩缓冲装置?

第十章

电力机车转向架的检修

转向架是电力机车的主要组成部分之一。它用来传递各种载荷;利用轮轨间的黏着保证牵引力的产生;实现机车在直线和曲线的平稳运行,减小对轨道的横向作用力,保证机车曲线运行的安全可靠;尽可能缓和线路不平顺对机车的冲击,确保机车运行的平稳性,减少运行中的动作用力及其危害。它对机车牵引性能、动力学性能、安全性能起着决定性的作用。本章主要介绍机车走行部的检查方法和检修工艺流程,包括构架、轮对电机驱动装置、牵引装置和转向架其他部件的检修。

第一节　转向架的解体与组装

电力机车各车型转向架的解体与组装步骤基本一致,不同车型由于结构不同,在解体与组装的工艺上会有所不同,这里以 SS_9 型电力机车转向架的解体与组装为例来详细说明转向架的解体与组装的要求。

一、转向架的解体、清扫

(1) 机车入库前应在指定地点放净砂箱中残余砂子;机车引入抬车地点后,用扳手拆卸去牵引杆与车体相连的螺栓,使构架牵引杆与车体牵引座脱开;拆除牵引电机电缆线、接地线、速度及防空转传感器电缆、横向减振器、垂向减振器及抗蛇行减振器的车体端接头、风油管接头等机械电气连接点;一系圆簧均放置专用卡子。

(2) 确认抬车前准备工作无误后,由专人指挥起吊车体(用架车机或天车),车体略升后,应停车检查各圆簧专用卡子是否可靠,不良时应调整;起吊车体应平稳,防止出现偏斜,架空;待车体完全抬起后,逐个缓慢引出转向架至指定地点,打好止轮器,放净齿轮箱内的润滑油于储油桶内;在垂向、横向以及抗蛇行油压减振器连接螺母、电机悬挂座、电机悬挂臂、牵引拐臂销等部位预喷螺栓松动剂,在电机下方预置电机托架。

注意:整个抬车、吊运过程注意呼唤应答配合,做好设备、人身安全防护。

(3) 分别拆除各减振器、砂箱、砂管支架、砂管,在天车配合下拆去电机悬挂座、空心轴套与电机之间的连接螺栓,用专用吊具将电机吊出放于指定地点。松开悬挂臂与空心轴套和构架之间的连接螺栓,拆开构架与轮对间的轴箱拉杆,接地线,手动退回制动闸瓦;用专用吊具将构架轻缓吊出,运至专用支座上;将一系圆簧成组拆下。

二、组　　装

(1) 组装前应清除工作场地所有报废的零部件,核查清点应探伤部件数量,确认构架牵引装置、基础制动器、各类减振器、轮缘润滑装置、轮对驱动装置等专修部件均应已修竣验交，并检查组装专用设备、吊具的状态应处于良好。

(2) 将构架牵引装置按相关工艺组装于构架上。

(3) 吊装基础制动器，连接风管路，组装蓄能制动装置；检查制动器、闸瓦方向应正确，制动器安装座面与座应密贴。检查蓄能制动器是否处于缓解状态，若处于制动位可拉动设在蓄能制动器外部的拉环。

(4) 接通压缩空气检查转向架上基础制动器及风管路状态。观察各制动器应制动及缓解灵活，不许有卡滞；用肥皂水检查各处风管接头，对泄漏部位进行处理；检查闸瓦钎及穿销应全齐，防缓件完好；手动完全退回闸瓦。

(5) 检查组装完毕的轮对轴箱组装的摆位，其轴距应为2 150 mm，且车轴线垂直于钢轨，止轮器安放可靠。将一系圆簧组装吊装于轴箱圆簧下座上，用专用吊具将构架吊至对应的轴位上方，使一系圆簧上盖定位销与上座销孔对正后，轻缓落下构架，下落过程注意及时调整部件，防止部件与构架相碰撞。构架放置于一系圆簧之上后，将轴箱拉杆组装好。专人指挥天车将电机吊入适当位置，电机下落过程要轻缓，并使电机上的螺栓光孔与空心轴套的螺纹孔对齐，用螺栓将电机与空心轴套以及电机悬挂座连接紧固。吊装齿轮箱，并注意齿轮箱密封良好。用天车或其他合适工具将电机悬挂臂吊装于固定空心轴上。将电机悬挂臂上的连接杆与构架横梁和前端梁上的电机支座相连，可在连接杆与构架前端梁电机悬挂座的方形槽内用增减调整垫的方式来保证活动空心轴与车轴的间隙均匀，使空心轴与车轴之间的同轴度在5 mm以内。

(6) 组装一系垂向油压减振器、抗蛇行油压减振器构架端、横向油压减振器构架端。组装接地线、轮轨润滑装置、砂箱、砂管、扫石器等并进行初调。检查轴箱拉杆方轴与座的组装间隙不小于3 mm，承力面应密贴；调整抗蛇行减振器中心距为767.5 mm。

(7) 对转向架进行整体检查，各部件应到位，不许有偏斜、卡碰，螺栓螺母紧固，防缓件齐全，接通压缩空气检测轮轨润滑装置和撒砂器工作性能，处理不良部件。

(8) 对部件铭牌，开放的管接头等进行防护后，在指定地点对转向架整体喷涂灰色瓷漆，构架铭牌喷涂红色瓷漆；喷涂后防护部位应擦拭干净。

三、组装转向架时的要求

(1) 同一轮对两轮滚动圆直径之差不大于1 mm，同一机车各轮对彼此直径之差不大于2 mm。

(2) 轴箱拉杆方轴与轴箱体及构架拉杆座相连接时，在 1∶10 斜面相配合部分用0.05 mm塞尺检查不允许贯通，槽底部应有3～8 mm间隙。

(3) 为了保证轴重符合标准，应测定每组弹簧在工作负荷下的高度值，用加垫方法进行配平，一般整台机车高度之差不大于2 mm。

(4) 测定二系悬挂装置每个圆弹簧在工作负荷下的高度值，用加垫方法进行配平，一般整台机车高度之差不大于1 mm，但加垫数不得超过 4 片，加垫高度不得超过8 mm。

四、落车后的调整要求

(1) 构架侧梁上平面至轨面高度为(1 210±10) mm，同一侧前后之差不大于5 mm，同一端左右之差不大于5 mm。

（2）构架上平面达到要求后，调节闸瓦调整螺栓，使闸瓦与车轮踏面间隙均匀，然后制动缓解 3～4 次，使闸瓦与车轮踏面间隙为5～8 mm。

（3）蓄能制动器装置安装完毕后，拔出蓄能制动器的棘爪销并将调整螺杆拖出至最长位置，转动调整螺母以调节连杆组装长孔与单元制动器停车制动接口的间隙为1～1.5 mm。为了使蓄能制动处于缓解位，必须拉动设在蓄能制动器外部的拉环。

（4）轴箱顶部距构架侧梁底面距离为(44±10) mm。

（5）齿轮箱距轨面最低位置不小于110 mm。

（6）撒砂管底面距轨面高度不小于50 mm。

（7）撒砂管端面与车轮踏面距离为(20±5) mm。

（8）扫石器角钢底边距轨面高度为 70～80 mm。

（9）限界检查。

（10）机车称重，机车通过以上调整后进行静止称重，称重时不允许人为地改变机车状态，两个方向各进行 2 次称重，测量值取 4 次称重的算术平均值。称重后机车必须达到：

① 机车总重符合规定值。

② 每根轴重不应超过 6 根轴平均轴重的±2%。

③ 同一轮对的每个轮重与该轴平均轮重之差，不超过该轴两轮平均轮重的 4%。

（11）机车按照出厂试验规则的规定，要求机车基础制动动作良好，蓄能制动装置动作可靠，各部件连接牢固，动作状态正常，无不正常振动发出的异音、撞击脱落，齿轮箱无漏油现象，并按照规定的速度和里程运行后，检查轴箱和电机抱轴箱温升，轴箱体上方中部和固定空心轴轴承温升应小于30 ℃。

第二节　轮对电机驱动装置的检修

一、概　　述

轮对电机驱动装置是转向架的关键部件之一，它的完整检修是机车转向架安全运行的重要保证。轮对电机驱动装置主要包括轮对组装、传动装置、牵引电机、轴箱组装、齿轮箱组装、接地装置等六部分。其中牵引电机的检修说明在前面章节中详述，在此不予列出。

SS_{4G} 型电力机车的轮对电机驱动装置采用双侧斜齿轮传动，电机采用抱轴式半悬挂；SS_{7E} 型电力机车和 SS_9 型电力机车的轮对电机驱动装置采用双侧六连杆轮对空心轴传动，电机采用架悬式全悬挂。

SS_9 型电力机车的轮对组装结构如图 10-1 所示。

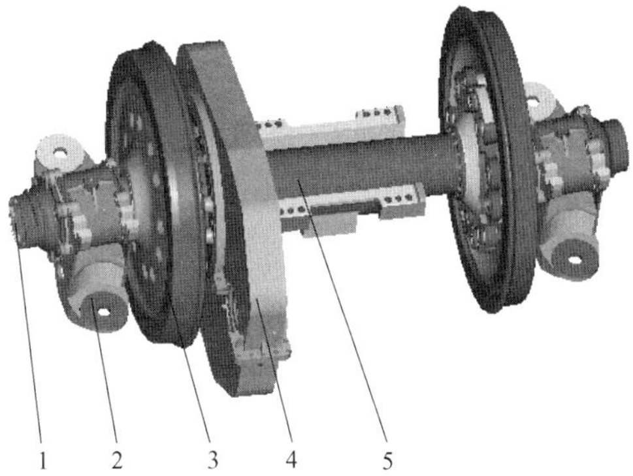

图 10-1　轮对组装结构
1—接地装置；2—轴箱组装；3—轮对组装；4—齿轮箱组装；5—齿轮空心轴驱动装置

二、轮对组装

1. 结构组成

轮对空心轴驱动装置由一根车轴、一个主动车轮、一个从动车轮和双侧六连杆传动系统的传力销、弹性元件、连杆、传动空心轴、传动盘、空心轴套、密封环和橡胶关节组成。

传动装置采用一级直齿齿轮传动，把牵引电机输出轴的转矩，通过从动齿轮上的六连杆销传至六连杆空心轴，再通过主车轮的六连杆销传至轮对。

轮对是电力机车转向架的关键部件之一，机车垂直静载荷均通过它传递给钢轨，牵引电机所产生的转矩也是通过它传至钢轨产生牵引力。另外，在机车运行时，它还承受钢轨接头、道岔、曲线通过和线路不平顺时的垂向力和水平作用力，同时能缓解轮对对电机的冲击。所以轮对的维护保养相当重要。为叙述完整起见，将主动齿轮的检修说明也列于其中。

2. 轮对组装检修范围(表 10-1)

表 10-1　轮对组装检修范围

修　程	检　修　范　围
日常检修	外观检查车轮踏面、轮缘、轮辐状况
辅修	1. 检查测量轮缘、踏面磨耗尺寸 2. 检查轮辐 3. 检查注油孔螺栓
小修	1. 检查测量轮缘、踏面磨耗尺寸 2. 检查轮辐 3. 检查注油孔螺栓
中修	1. 清洗轮对，清除油垢 2. 检查车轮及与车轴的配合状态，检查大齿轮齿圈与齿心的连接状态 3. 探伤检查车轴、车轮、大小齿轮 4. 车轮踏面旋修并检查踏面偏差和轮对内侧距离。检查从动齿轮齿形偏差及公法线长度 5. 外观检查车轴轴颈、轴端中心孔、螺纹孔等 6. 探伤检查齿轮，检测齿面剥离、齿边角折损、点蚀包罗面积、深度等齿面状态 7. 轮对涂漆等

3. 检修用设备、工具及材料

车轮车床、卧式镗床、立式车床、天车、注洗设备、超声波探伤仪、电磁探伤器、检点锤、专用吊装工具及钢丝绳、塞尺、铜锤、角磨机、油光锉、半圆铲、扁锤、手锤、油石、车轮厚度尺、踏面外形样板、轮径专用量具、齿形样板、卷尺、齿厚卡尺、窄塞尺、游标卡尺、润滑脂、毛刷汽油、棉纱、砂布、油漆。

4. 轮对组装检修步骤

(1) 日常检修

外观检查车轮踏面、轮缘、轮辐状况，不允许有裂纹等缺陷存在。

(2) 辅修、小修

检查测量轮缘、踏面磨耗尺寸状况，不允许有裂纹、缺陷存在。检查轮辐状况，不允许有裂纹、缺陷存在。检查车轮注油孔螺栓是否松动或丢失，松动时必须拧紧，丢失时必须按要求配装。检查轮对空心轴传动盘与六连杆连接销压盖紧固螺栓和止动垫良好，橡胶无老化、裂纹及挤伤破损，销子无松动，连杆无裂纹。检查轮对空心轴体及左右盘体状态良好，连接螺栓及定位销状态良好。空心轴套与电机连接座各紧固螺栓无松动，空心轴套无裂纹。

(3) 中修

① 解体。将轮对组装从轮对空心轴驱动装置上解体出来后，用专用清洗设备煮洗轮对装置，然后将煮洗干净的轮对装置放置到轮对检修工作区。从车轴上拆卸车轮以及从电机轴上拆卸小齿轮时均采用注油拆卸法，车轮与车轴、小齿轮与电机轴的配合面均不得有拉伤。

注意：退主动齿轮时，应在轴端加一挡板，用螺栓拧在轴端螺孔内，以防齿轮退出时打伤工作人员。

② 清扫轮对、清除油垢。用汽油棉丝及毛刷清理各死角，特别是需要检查和测量的部位。其中包括：车轴轴颈、车轮内外表面、主从动齿轮表面、大齿轮轴承等。其清洁度符合有关标准。

③ 车轮检修。目视检查车轮与车轴的配合状态，不许有位移和松动现象。用超声波探、磁探对车轮各部进行探伤，不得有超标缺陷。检测车轮踏面的磨耗深度、擦伤、缺陷及轮缘的垂直磨耗情况，踏面不得有裂纹、黑皮和夹渣。确定是否需要旋轮及旋轮的范围。

在专用旋轮机上旋修车轮，吊装时，不得碰伤轴端面及轴中心孔。旋完后，应用踏面外形样板、游标卡尺、轮径专用量具对车轮进行检查，其踏面偏差、轮缘高度及轮缘厚度、轮径符合限度规定。且两轮轮径差不得超限，用轮对内测距尺测量轮对内侧距离，须符合限度要求。

④ 车轴检修。先外观检查车轴轴端中心孔、螺纹孔。轴端面不得有明显的擦伤及碰伤，螺纹孔螺纹应良好，中心孔不良及端面拉伤影响探伤的可在镗床上旋修。检查轴颈状态及尺寸，轴颈不得拉伤、碰伤或裂纹，否则更换新品。用电磁探伤器、超声波探伤仪对车轴可见部分进行探伤，并予以记录，有横向裂纹者更新，轴身部分深度不大于1 mm的轴向裂纹允许旋修或铲沟消除。

⑤ 大小齿轮的检修。外观检查大齿轮齿圈与齿轮心结合状态，确保连接螺栓紧固。检查大齿轮轴承，在使用过程中应对其补脂，一般运行(1.5～2)万公里补脂一次，每次补脂300 g。

检查小齿轮与电机轴的锥面配合良好。外观检查齿轮齿面剥离、齿边角折损、点蚀包罗面积、深度等齿面状态，超限者更新。用电磁探伤器探伤检查齿部，必要时齿轮心也要探伤检查，并予与记录，有裂纹的齿轮应更新。用齿厚塞尺及齿形样板测量检查法面固定弦齿厚和齿形偏差，超限者更新。

⑥ 双侧六连杆传动系统。清洗、检查六连杆传动系统的状态。检查空心轴、各销、连杆、空心轴套与电机结合面，检查连接盘与空心轴体的连接销和螺栓工作状态。检查橡胶关节元件及各紧固件。齿轮轴承加注与原润滑脂同型号的新润滑脂。

二次中修时解体探伤检查空心轴、空心轴套、大齿轮、连杆、各连接销，更换止动垫片，更新橡胶元件。解体检查大齿轮轴承。测量大齿轮轴承径向间隙和径向间隙差。清洗检查迷宫油封及泄油孔，清洗检查大齿轮轴承。

(4) 组装

车轮与车轴组装时采用注油压装，车轮与车轴组装也可以采用热套，但必须调整过盈量，车轮加热温度不得超过250 ℃。轮对压装后应检验压装压力曲线，注油油压和电阻。

小齿轮与电机轴组装前用锥度量规检查其接触面积应不小于 80%，且均布在整个锥面上。小齿轮需预热至 160～190 ℃，然后套入电机轴上，套装后测量齿轮外端面至电机轴端面的距离，比套装前冷态测量的距离少 1.6～2.2 mm 为宜。此外，加工完小齿轮后须做动平衡试验。大齿轮轴承热套于空心轴套上，齿圈与齿轮心通过螺栓和圆锥销紧固在一起。齿圈与齿轮心组装后，六个传力销经冷冻后组装在齿轮心上。上述工序完毕后，齿轮必须做动平衡试验，以消除在高速时动态不平衡而产生的有害振动。

内空心轴与传力盘组装后应做动平衡试验，在组装传力空心轴与空心轴套时应注意其与车轴的同心度。

轮对组装完工后，由专职人员对其检查合格，进行记录后方可交验到下一道工序。

5. 轮对限度表(表 10-2)

表 10-2 轮对限度表

序号	名称	设计值	限度值	序号	名称	设计值	限度值
1	车轴轴颈直径(mm)	$\phi160^{+0.052}_{+0.027}$	$\geqslant\phi158$	11	车轮滚动圆(mm)	1 250	1 150
2	轮座直径(mm)	$\phi228^{+2}_{0}$	$\phi226$	12	车轮宽度(mm)	140^{+3}_{-1}	136
3	大齿轮心座直径(mm)	$\phi480^{-0.064}_{-0.088}$	$\phi480^{-0.064}_{-0.088}$	13	轮对内侧距离(mm)	$1\,353^{+1.5}_{-1.0}$	$1\,353\pm2$
4	大齿轮心座同轴度(mm)	$\phi0.027$	$\phi0.027$	14	同轴轮对内侧距离差(mm)	$\leqslant1$	$\leqslant1$
5	轮座同轴度(mm)	$\phi0.05$	$\phi0.05$	15	车轮踏面与样板偏差(mm)	$\leqslant0.5$	$\leqslant0.5$
6	空心轴套轴径(mm)	$\phi380^{-0.062}_{-0.098}$	$\phi380^{-0.062}_{-0.098}$	16	同轴左右轮径(直径)差(mm)	$\leqslant0.5$	$\leqslant1$
7	轴径圆柱度(mm)	0.02	0.02	17	同一机车轮径(直径)差(mm)	$\leqslant1.0$	$\leqslant2$
8	车轴端面磨耗量(mm)	0	$\leqslant1$	18	压装车轮压入力(kN)	—	770～1725
9	车轮毂孔直径扩大量(mm)	—	3	19	从动齿轮轴承径向游隙	0.245～0.340	0.260～0.325
10	车轮毂孔同轴度(mm)	$\phi0.2$	$\phi0.2$				

三、齿轮箱组装

齿轮箱由上箱、下箱、螺座、油标尺和放油堵组成。

1. 检修范围

(1) 辅修、小修范围

检查齿轮箱有无裂纹；有无严重漏油、油位是否正确；螺栓有无松动。

(2) 中修范围

清洗箱体，消除裂纹和变形；检查上下箱体结合部位的直线度、大小领圈圆柱度要求；检查呼吸孔、回油孔、给油孔；更新润滑油、密封件。组装后测量齿轮箱与轮箍内侧面上、下距离偏差。

2. 检修用设备、工具及材料

天车、吊具、清洗设备、风动扳手、风铲、刮刀、扁铲、套筒。

3. 齿轮箱检修步骤

(1) 齿轮箱解体

拧开下箱底部放油堵，让旧油流入盛废油油桶内，放完油后拧紧放油堵。用风动套筒扳手拆除上下箱连接的螺栓；再用天车吊住上箱后，拆除上箱与牵引电机连接螺栓，并用工艺螺栓分离上下箱体，吊去上箱；拆除下箱与牵引电机的连接螺栓，然后用专用钢丝绳吊住下箱两端，拧出螺栓，将下箱吊放于地沟并吊出，连同上箱倒置于废油槽上滴尽余油。

(2) 检查和修理

齿轮箱表面经人工除垢后，送至专用煮洗间清洗，不得有残留物质；再用风铲清除上、下箱嵌槽内残胶；箱体内不得有污垢，清洁度应符合有关标准；检查箱体焊缝是否有裂纹，如有，则对裂纹处焊修；若因整修箱体变形而影响大小领圈者，箱体报废；箱体鼓包者，用平垫和手锤修复平整。

上、下箱结合面距离应调整一致：用钢板尺和塞尺检查下箱合口位置直线度不大于1 mm。用游标卡尺检查大小领圈直径圆柱度不大于1 mm。

检查领圈，不允许变形、开裂、缺省，领圈槽深不小于8 mm(中修限度)，超限则更换领圈或整体更换；将上下箱合在一起并用全部连接螺栓紧固，外观检查上下箱结合面应紧贴，板面及领圈侧面应平齐，用塞尺检查领圈结合处间隙应小于1 mm，超限时用锡焊处理；用游标卡尺检查小领圈直径、圆柱度。

外观检查油阀应畅通，阀盖阀面应密贴，开闭自如。关节处涂润滑油脂；目视检查放油堵密封良好，呼吸孔应畅通。

中修时齿轮箱领圈橡胶封条应更换。

(3) 组装

将经检修后的齿轮箱拆开，上、下箱均垂直放置以备用。将密封胶均匀、饱满地涂入结合面部位。

认真检查大小齿轮状态，检查与齿轮箱领圈配合处橡胶密封条的位置及状态是否良好，确认齿轮箱箱号正确，密封胶固化程度合适，结合面填充饱满，箱内干净，不许有异物。

用天车和专用的钢丝绳将下箱吊入组装好的牵引电机上，确认位置正确后，安装上此处的螺栓(此时不必紧固)。吊入上箱并与下箱结合面对正，紧固结合面螺栓后，紧固上下箱与电机的全部连接螺栓。在组装齿轮箱时，应注意密封环与大齿轮轮心之间的密封间隙，当调整其到设计值时，用加垫的方法消除齿轮箱与电机齿轮箱座之间的间隙，然后才能用螺栓把齿轮箱固定在电机上。

4. 齿轮箱限度表(表 10-3)

表 10-3　齿轮箱限度表

序　号	名　称	原　形	限度值
1	齿轮箱领圈槽深(mm)	13	≥9
2	齿轮箱与车轮内侧面上、下偏差(mm)	—	≤5

四、轴箱组装

1. 结构组成

轴箱是把簧上部分质量传给轮对，同时将来自轮对的牵引力、制动力、横向力、垂向力等传递到构架上的部件。轴箱采用独立悬挂双拉杆式弹性定位结构，它主要由内外端盖、轴箱体、单列向心圆柱滚子轴承、挡板和吊座等组成，如图 10-2 所示。

2. 检修用设备、工具及材料

天车、退装轴承(外圈)压力机、轴承内圈加热器、轴承清洗器、轴承内圈拔出器、风动扳手及专用套筒、吊具、套筒扳手、铜锤、黄铜锤、机械钳工常用工具、清洗油盘、游标卡尺、油石、塞尺、内径千分尺、外径千分尺、毛刷、钢丝刷、轴承径向间隙测量仪、轴箱拉杆两芯棒中心距测量仪、轴箱拉杆解体组装压力机及专用工具。汽油、棉纱、白布、砂布、润滑脂。

3. 轴箱组装检修范围

轴箱组装检修范围见表 10-4。

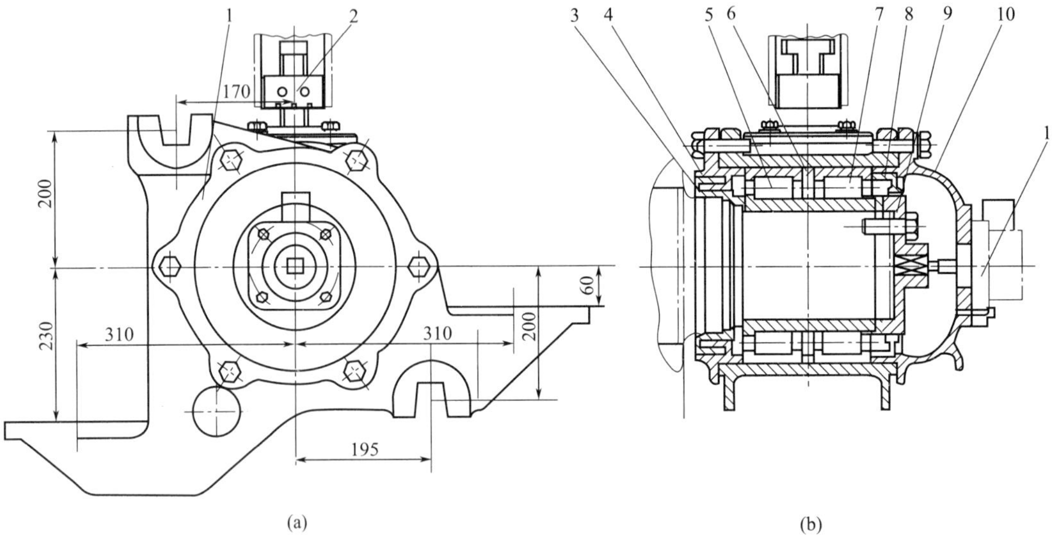

图 10-2　轴箱组装(单位:mm)

1—轴箱体;2—吊座;3—轴圈;4—内端盖;5、7—轴承;6—隔环;
8—挡油环;9—挡板;10—外端盖;11—速度传感器

表 10-4　轴箱组装检修范围

修　　程	检　修　范　围
日常检修	检查各紧固件松紧状况,轴箱是否泄漏润滑脂
辅修	检查轴箱体、紧固螺栓、轴箱拉杆,各部位无裂纹、无松动,橡胶无老化等,是否泄漏润滑脂
小修	(1)检查轴箱体、螺栓、轴箱拉杆、紧固螺栓、检查接地线各部位无裂纹、无松动、橡胶无老化 (2)开盖检查轴端情况,包括轴承挡圈、外露轴承状态、油脂状态 (3)轴箱补油,化验油脂
中修	(1)解体、清洗轴箱各部件,更换不良的轴箱部件 (2)清洗检查轴承内外圈、滚道、滚柱、保持架等,测量滚柱轴承的组装间隙和同一轴箱两轴承的组装间隙差 (3)检查轴箱拉杆,更新轴箱拉杆两侧金属橡胶件,检测轴箱拉杆中心距及芯棒转角,组装后检测轴箱拉杆方轴与座槽底部的间隙 (4)更新润滑脂 (5)测量轴箱横动量

4. 轴箱组装检修步骤

(1) 行修

用锤击检查各紧固件是否松动,松动者应拧紧。

目测轴箱组装是否泄漏润滑脂,如有泄漏润滑脂现象,应查明原因。

(2) 辅修

检查轴箱体、前后端盖应无裂纹,各紧固件是否紧固良好。检查轴箱拉杆应无裂纹,金属橡胶组件良好,应无开裂、老化现象。两芯轴对水平中心线的扭转角度不应有明显变化。目测轴箱组装是否泄漏润滑脂,如有泄漏润滑脂现象,应查明原因。

(3) 小修

完成以上辅修项目,用钳工专用扳手将轴箱外盖及刷架端盖螺栓松脱,开盖检查轴端外露情况，轴承挡圈及紧固螺栓良好，外露轴承状态良好。不得有缺油脂和油脂变色现象，缺油脂应及时补充相同类型的油脂，并由乘务员送油脂样品进行化验。

（4）中修

① 解体。将经过煮洗的轮对调入轴箱检修工作区。用风动扳手拆下外端盖及接地端盖紧固螺栓，拆下前盖及挡油环，再拆下轴端挡板螺栓，拆下轴端挡板（方孔挡板及带接地铜轴的挡板）及轴承外挡圈。

用天车吊住轴箱体并轻轻从轴端上拆下后，置相应的检修台位。

用风动扳手拆下轴箱内端盖紧固螺栓，取下内端盖及调整垫圈。将轴箱体连同轴承（轴承外圈及滚柱）吊至轴承专用压力机上，退出轴承之后将轴箱体调至原检修台位，轴承则整齐地摆放在煮洗台位上。拆下轴箱拉杆螺栓，并取下轴箱拉杆。拆下接地端盖上的外端盖、接地线柱及刷握架。

② 清洗、检查及修理。将轴承滚道上的旧润滑油脂刮净，再将其隔环等配件放入加热至70 ℃左右的轴承水清洗机中进行煮洗，清洗完毕后用0.2～0.3 MPa的压缩空气吹干并用白布擦净。将轴箱体外表面、前后盖外表面、拉杆体等拐角处的油垢用钢丝刷及汽油棉丝擦拭干净。将轴端挡板及螺栓、轴箱体及前后盖表面用汽油清洗干净。

外观检查轴承滚柱及内外滚道，不得有裂损、剥离、麻面、拉伤及过热变色，保持架及固定铆钉不得有折损、变形、过量磨耗和松动，否则应更新。用轴承径向间隙测量仪测量轴承的自由间隙。外观检查前、后盖及轴箱体，不得有裂纹及变形。挡油环、挡板、隔环等不许有磨耗、变形及裂损。外观检查轴箱拉杆体（图 10-3），不得有裂损及变形。金属橡胶件更新，止块不得脱出及严重变形，否则在压力机上更换新品。检查套装在车轴轴颈上的轴圈及轴承内圈状态，不得有明显的磨耗和变形，否则更换新品。

③ 组装。将套装在车轴轴颈上的轴圈及轴承内圈擦拭干净，将轴承套在内圈上，然后用塞尺测量轴承的组装间隙，确认其尺寸符合要求，并予以记录。

对于更换轴圈及轴承内圈的轮对，先将轴圈和轴承内圈装入部擦拭干净，测量确认其尺寸符合要求后，将轴圈及轴承内圈放在加热器上加热至100～120 ℃，并迅速取出套入轴的相应部位推紧以确保密贴（如采用电磁加热器则必须有退磁功能，亦可采用油浴加热法加热轴承内圈与外圈）。

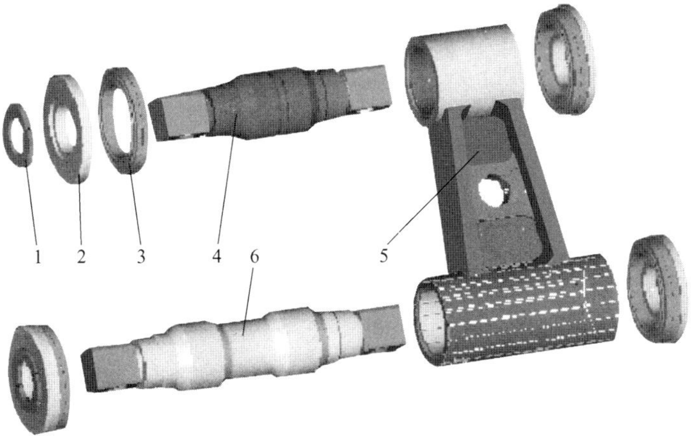

图 10-3　轴箱拉杆

1—止块；2—端盖；3—橡皮垫；4、6—拉杆组件；5—连杆体将检修好的轴箱拉杆用螺栓固定在轴箱拉杆凹槽内。

将内端盖与轴箱体用螺栓连接起来,并在轴箱内靠近内端盖处安放调整垫圈。

将选配好的轴承及隔环装入相应的轴箱体内,并在轴承内加装润滑脂。

用天车吊起轴箱体至合适高度,将轴箱后盖孔对准轴端,缓慢套入,并轻轻左右转动,将其推入相应部位。

装入轴承调整垫圈,并将挡油环、挡板(包括方孔挡板)用螺栓紧固。

将安装防空转速度传感器的外盖和安装接地装置的刷架端盖用螺栓固定在轴箱体上。

五、接地装置

1. 结构组成

接地装置装配在轴箱部位,机车每轴轴端都装有一个。接地装置主要由轴、电刷、套、绝缘垫、绝缘套、内盖、密封垫、弹簧、外盖等组成,如图 10-4 所示。

轴压配在挡板上,装配在车轴端部,在轴的大端面位置,电刷被弹簧所固定。为防止接地电流流入轴承,在轴箱的装配部位采取了绝缘措施。

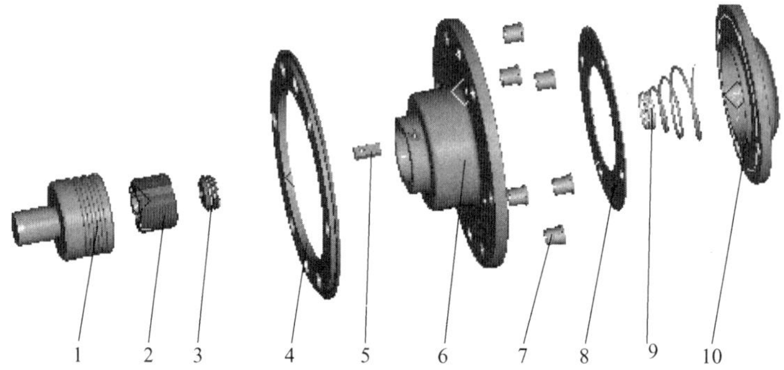

图 10-4　接地装置

1—轴;2—电刷;3—套;4—绝缘垫;5—键;6—内盖;7—绝缘套;8—密封垫;9—弹簧;10—外盖

2. 接地装置检修步骤

拆卸外盖,检查内部部件的状态,检查电刷的磨损情况、接触面状态、连接线的状态;检查绝缘物有无裂损;检查接地装置固定螺栓及连线固定螺栓固定状态;检查弹簧有无裂纹、变形。如发现异常部件,应进行更换。对电刷应根据其磨损进行更换,如发现达到了磨损限度或者虽然未达到磨损限度,但又使用不到下次检查日期为止,则应更换。

第三节　构架的检修

一、构架结构特点

构架是转向架的骨架,用以连接转向架各组成部分和传递各方向的力,并用来保持轮对在转向架内的定位。

构架由两根侧梁、前端梁、后端梁、中间横梁或牵引梁和各种附加支座等组成。侧梁由钢板焊接成双凸肚的箱形结构,其上焊装有牵引座、止挡座、拉杆座、圆弹簧拉杆座以及弹簧座等。两根中间横梁结构基本相同,均采用无缝钢管,其上均焊有电机悬挂支座以及电机悬挂板法兰盘。前端梁采用无缝钢管,其上焊装有电机悬挂支座和制动器安装板。后端梁由钢板焊接成箱形，其上焊装有电机悬挂板和制动器安装板。各梁焊装后，构架成“目”字或“日”字形结构。

构架上，用螺栓安装了接线盒、砂箱装置、单元制动器、制动器管路、排石器、铭牌等零部件，为检修方便在检修前需把它们拆下进行。

图 10-5 所示为 SS_9 型电力机车的构架。

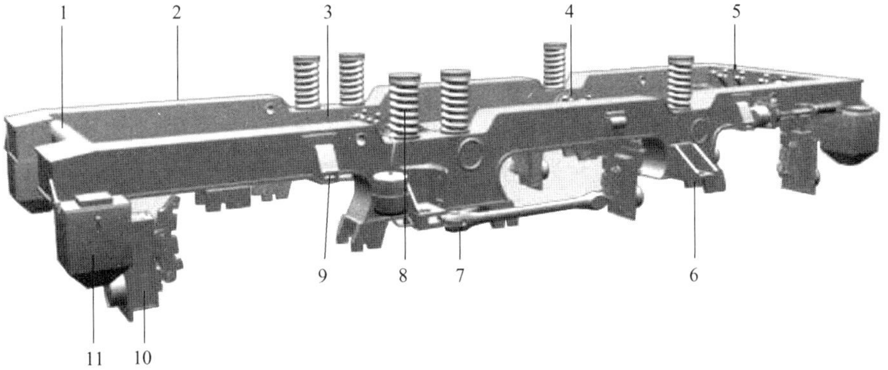

图 10-5　SS_9 型电力机车构架

1—前端梁组装；2—侧梁装配(右)；3—侧梁装配(左)；4—中间横梁装配；
5—后端梁组装；6—减振器支座；7—牵引装置；8—二系弹簧；
9—减振器上座；10—制动器；11—砂箱装配

二、检修用设备、工具及材料

架车机、天车、专用翻转机具、专用清洗设备、压力机、轨道平车、探伤设备、气(电)焊设备、平台、引车入库机组、各类专用扳手、套筒扳手、风动扳手、各类吊具、卡具、手锤、锉刀、弹簧卡钳、钢丝刷、储油桶、一系圆簧专用卡、电机托架、游标卡尺、钢板尺、钢卷尺、温度计。

三、构架及其附件检修

1. 辅修、小修检修

(1) 对构架侧横梁焊缝和各安装座进行涂白粉水目测，确保构架和各安装座无变形、裂纹和开焊。焊缝开焊时，允许焊修。构架的硬伤及局部变形无法消除时应作出记录，必要时须局部进行磁粉探伤并按构架检查图检查各部件尺寸。铭牌齐全、完好。

(2) 砂箱各紧固螺栓良好，砂箱严密无破损，安装座不得有裂纹，砂箱盖及卡子齐全、作用良好。砂箱畅通，砂管距轨面及踏面的距离符合限度规定。

(3) 排石器安装牢固，胶皮挡板完好，不得有开焊、裂纹，否则进行修补或更换。排石器距轨面高度符合限度规定，否则进行调整，使之符合限度要求。

2. 中修

(1) 解体、清扫。

① 先起吊车体，将转向架逐个缓慢引出至指定地点，打好止轮器，放净齿轮箱润滑油，并装于储油桶内；在垂向油压减振器联结螺母、电机悬挂座安装螺母、牵引拐臂销等部位预喷螺栓松动剂，在电机下方预置电机托架。

② 分别拆除各减振器、砂管支架、砂管，在天车配合下拆去电机悬挂座各螺母，拆开构架与轮对之间的轴箱拉杆、接地线，手动退回制动闸瓦；用专用吊具将构架轻缓吊出，运至专用支

座上；将一系圆簧成组拆下。

③ 对构架及其附属部件进行表面人工除污，重点为污垢严重处及各拐角处，除污后应及时清理现场。堵封构架上所有开放的风、油管接头，扣紧砂箱盖与其他部件，分批送专用设备内进行清洗剂溶液加温加压喷淋清洗，煮洗时间一般约为30 min。未煮洗干净处应人工清理，各部件外体表面应达到目视无油垢状态。

④ 从构架上解体拆下砂箱、牵引装置、基础制动装置、电机悬挂臂及销、轮缘润滑装置等部件。

（2）解体后进行清洗各部件。外观检查各梁有无裂纹、开焊、硬伤和局部变形。对构架侧横梁焊缝、构架各安装座焊缝进行磁粉探伤，对构架其他焊缝涂白粉水目测，确保构架无裂纹和开焊。构架裂纹或焊缝开焊时，允许焊修。构架的硬伤及局部变形无法消除时应作出记录，并按构架检查图检查各相关尺寸。

（3）检查轴箱拉杆座、油压减振器座、砂箱座、制动器座、牵引电机悬挂支座及悬挂板有无变形，并测量相应的销套间隙。

（4）排石器安装牢固，胶皮挡板完好。不得有开焊、裂纹。排石器、扫石器距轨面高度符合限度规定。

（5）砂箱各紧固螺栓良好，砂箱严密无破损，安装座不得有裂纹，砂箱盖及卡子齐全、作用良好。砂箱畅通，砂管距轨面及踏面的距离符合限度规定。

（6）铭牌齐全、完好。

（7）检查构架尺寸，构架关键尺寸不得超出限度的范围，超出时需要修补或校正。

确认构架及其附属部件，均按要求进行了检修后，按相关工艺及限度表要求将解体的构架及附属部件进行组装。组装后需再一次检查构架尺寸，各尺寸不得超出限度要求。

第四节　牵引装置的检修

一、概　　述

牵引装置是连接机车车体与转向架的重要组成部分，其主要作用是传递机车的牵引力和制动力。不同型号的电力机车牵引装置各不相同。

SS_{4G} 型电力机车的牵引装置为三角撑杆式牵引力传动装置，外形如图 10-6(a)所示。它具有牵引点低，能减少轴重转移，并充分利用黏着力，同时兼顾安全可靠，结构简单灵活，重量轻，磨耗少，拆卸方便及免维护保养。该牵引装置主要由牵引座、牵引叉头、三角撑杆座、三角撑杆、三角架、牵引杆、球关节和缓冲橡胶垫等几大零部件组成，其结构如图 10-6(b)所示。其中三角撑杆座安装在转向架构架前或后端梁上，三角架与构架牵引梁连接，三角撑杆座与三角架通过一球关节轴承连接在三角撑杆上，以保证该牵引装置在机车运行过程中能自由沿转向架横向、垂向转动。牵引座安装在车体底架下平面，再通过与牵引座弹性连接的牵引叉头、与轨面成一定角度的牵引杆，连接到三角撑杆上。

SS_{7E} 型和 SS_9 型电力机车的牵引装置采用低位水平拉杆牵引机构，如图 10-7 所示。牵引点距轨面高度为 460mm，牵引杆系统结构简单灵活，重量轻，磨耗少，拆卸方便。该牵引装置主要由牵引杆组装、连接杆、拐臂组装、牵引杆销、拐臂销和球关节等组成，如图 10-8 所示。其中牵引杆组装一端通过球形关节与拐臂组装连接，另外一端通过球形关节与焊接在车体上的牵引座连接，拐臂组装通过拐臂销与转向架构架连接，并可以绕拐臂销自由转动，以适应车体

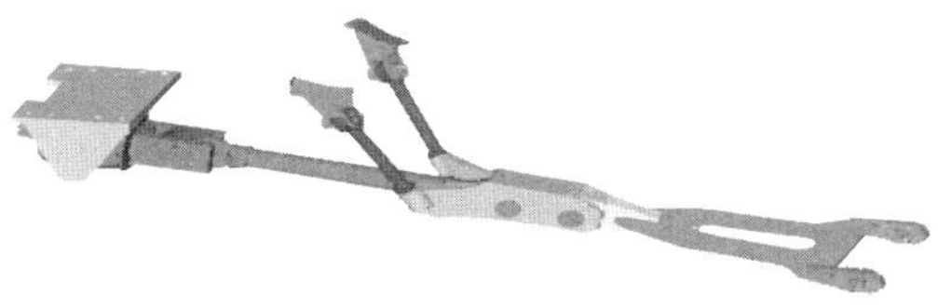

(a) 外形图

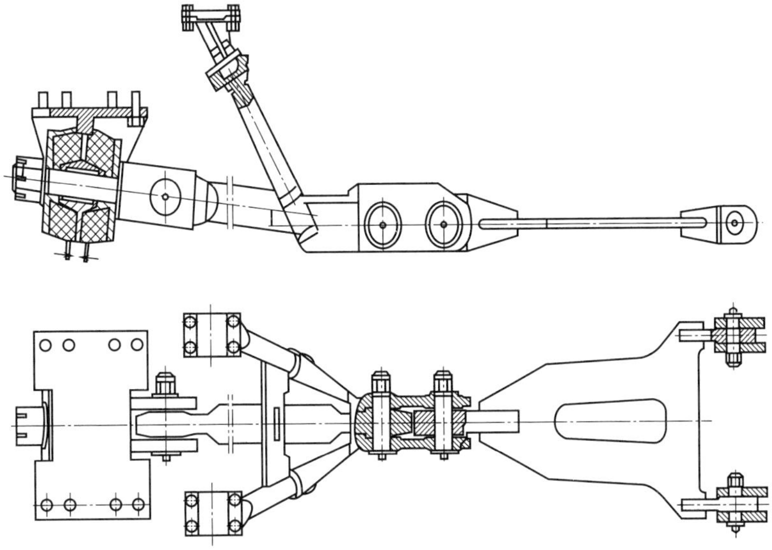

(b) 结构图

图 10-6　SS4G 型电力机车牵引装置

与转向架之间的偏摆、回转等。转向架两边拐臂组装通过一连接杆连接起来，保证两侧牵引杆同步运动。

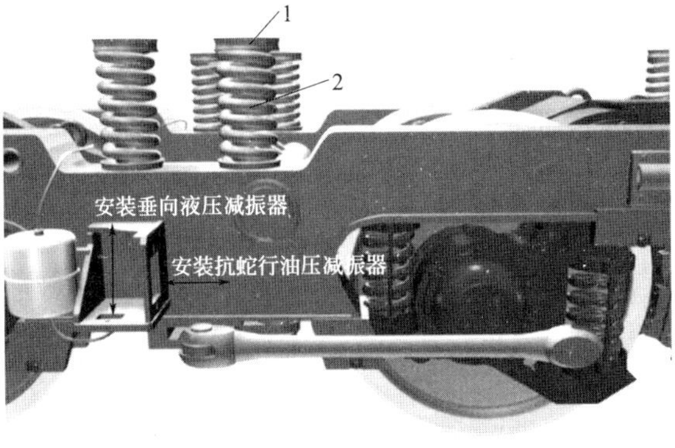

图 10-7　SS9 型电力机车牵引装置

1—橡胶垫；2—二系弹簧

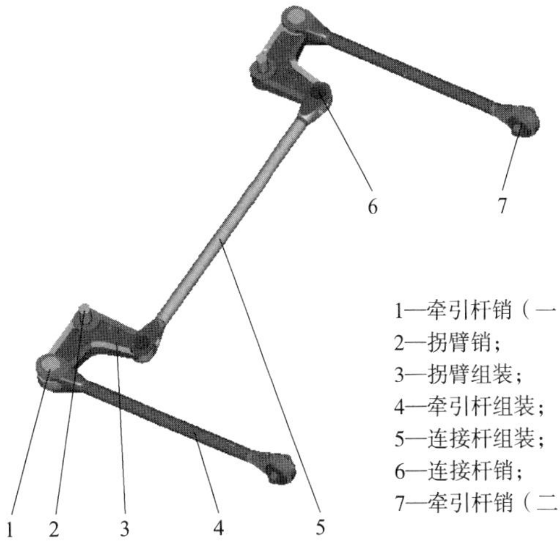

1—牵引杆销（一）；
2—拐臂销；
3—拐臂组装；
4—牵引杆组装；
5—连接杆组装；
6—连接杆销；
7—牵引杆销（二）

图 10-8　SS9 型电力机车牵引装置三维结构

下面以 SS_9 型电力机车牵引装置为例细述牵引装置的检修步骤和要求。

二、检修用设备、工具及材料

天车、油镐、探伤设备、气焊设备、电焊设备、液压小车、专用支撑座、油枪、管钳、手锤、钳子、紫铜棒、开口扳手、撬棍、汽油、棉丝、砂布、脱漆剂、润滑脂、除锈剂、螺栓松动剂。

三、检　修

1. 行修、辅修

(1) 检查各紧固件螺栓、螺母、圆柱销等应无松动现象;检查牵引杆组装、连接杆、拐臂、焊缝不得有裂纹和变形。

(2) 检查牵引杆组装、拐臂组装、连接杆处各螺栓、螺母、圆柱销止动片等应无松动现象。

(3) 检查各组装间隙,不得超限;检查各牵引杆销、拐臂销、隔套等不得磨损,磨耗不得超限。

2. 小修

(1) 拆下牵引杆销、拐臂销、连接杆销,进行探伤检查,不得有裂纹;拆下牵引杆、连接杆、拐臂,进行探伤检查,不得有裂纹;检查各牵引杆、连接杆、拐臂无变形。

(2) 按顺序组装好各零部件,并检查各组装间隙,不得超限。

(3) 用手锤轻敲牵引杆组装,拐臂组装各连接螺母、圆柱销、止片应无松动。

(4) 检查各连接部位转动灵活,润滑良好。

3. 中修

(1) 拆下牵引装置

① 拆开牵引杆组装与牵引座、拐臂的连接。用撬棍、手锤松开连接螺栓锁紧用的止动垫片;用开口扳手先拆除固定螺栓中的两条(并留下对角两条),然后将专用液压小车支撑在牵引杆下面,再拆除剩余的螺栓;拆下托板,放低支撑小车,将牵引杆同牵引杆销(二)一起从牵引座槽内退出;拆除与拐臂连接的销子,用撬棍、手锤拆除牵引杆销(一)上的开口销,拆下压盖、牵引杆销(一)和圆柱销;松动衬套,将一长螺栓从销孔内顶住另一侧衬套边缘,用手锤打出其卡住牵引杆部分即可,用同样方法松动另一侧衬套;退出牵引杆,推出后用天车将牵引杆组装吊往工作场地;用手锤锤击拆除衬套;同样方法拆除另一边牵引杆组装,并吊往检修地点。

② 拆除连接杆与拐臂的连接。用撬棍、手锤拆除一边连接杆销上的开口销;拧下六角开槽螺母,拆下压盖,用手锤敲出连接杆销,拆下圆柱销;同样方法拆除另一边连接杆销、螺母和压盖;从拐臂退出连接杆,并将连接杆吊往检修地点。

③ 拆除拐臂组装。用撬棍、手锤松开连接螺栓锁紧用的止动片;用开口扳手拧下所有螺栓;轻敲出拐臂销及止板;拆下拐臂组装,并用天车吊往检修地;同样方法拆除另一边拐臂销。

(2) 清洗、检查与修理

① 将牵引杆、连接杆进行煮洗,其余各部件清除油垢。

② 连接杆、牵引杆的检查:要求外观不许有变形。连接杆、牵引杆进行探伤,不许有裂纹,否则应换新。

③ 拐臂的检查：拐臂进行除漆探伤，不许有裂纹，并在检查变形、局部缺损时允许开坡口焊修。

④ 各销的检查：检查各销子磨耗量不大于 0.5 mm，与衬套间隙不大于 1.0 mm，超过时应更新。销子进行探伤，不许有裂纹，否则应换新。检查销子各中心油孔应畅通。

⑤ 检查各螺栓、止动垫片，不许有变形、破损，否则应更新。

⑥ 检查各球关节、各类套、压盖应完好，不得有破损。

(3) 组装

按解体的反序进行组装，并注意以下几点：

① 各圆销装配时，应在圆销上、衬套内、各关节轴承及叉头、端头摩擦面处涂上润滑脂后再装。

② 有固定圆柱销应紧配合，不得松动。

③ 组装后各关节部分应转动灵活，不得有卡滞现象。

(4)组装后检查并记录

组装后检查各紧固件、防缓件完好，不许有松弛；检查牵引杆销(二)与车体牵引座接合的槽面应密贴，局部间隙用 0.05 mm 的塞尺检查，各部件探伤后做好记录。

第五节　转向架其他部件的检修

一、一系悬挂装置

一系悬挂由上座、弹簧上下压盖、圆弹簧、垂向油压减振器等组成，如图 10-9 所示。一系悬挂装置关系到机车运行品质和安全，对转向架的动力学性能起关键作用。

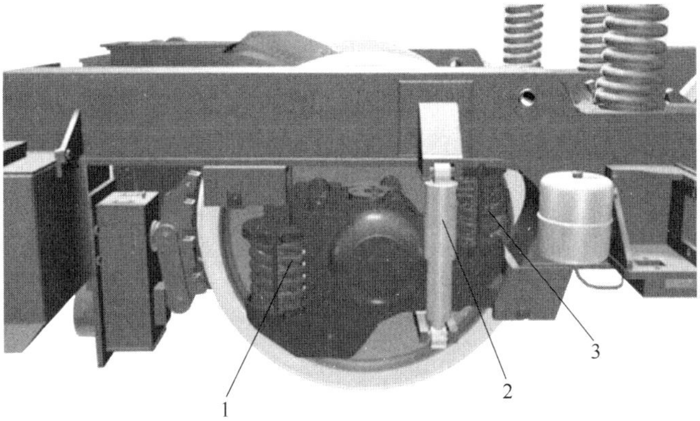

图 10-9　SS9 型电力机车一系悬挂装置

1、3——一系弹簧；2—垂向液压减振器

1. 检修用设备、工具及材料

平台、一系圆簧专用卡子、钢板尺、角尺、天车、压力机、钢丝刷。

2. 检修维护

(1) 行修、辅修、小修

外观检查弹簧状态良好，不得有裂纹、折断、倾斜，簧圈不得接触，圆簧有裂损时应更新。检查弹簧橡胶垫，如发现裂纹、剥离、损坏和老化时应更换。检查油压减振器无漏油、无裂纹，橡胶件无挤伤、开胶现象。运行 20 万公里应检查油压减振器的特性，不符合要求的应予维修或更换。

(2) 中修

在压力机上卸下弹簧专用卡子,将弹簧组解体,然后用钢丝刷清扫污垢、锈斑,清洁度应符合有关标准。外观检查圆簧及上下压盖,各圆弹簧不得有裂纹、折断、倾斜,簧圈不得接触,圆簧有裂损时应更新。在平台上检测各圆簧自由高在规定范围,各圆簧偏斜量不大于10 mm;检测组装压缩高在规定范围内,并按同一转向架圆簧组装压缩高之差不大于2 mm选配成组,否则应加调整垫。一系弹簧组已在工厂根据要求选配好的,在检修时不要把弹簧垫片分离,最好原拆原装。

更换一系弹簧橡胶垫,弹簧出现异状或失效应更换。

油压减振器各零部件应完好无损。紧固件不得损坏,橡胶弹性元件不得老化。油压减振器应无漏油、裂纹,橡胶件无挤伤开胶现象,一旦发现应及时更换。

二、二系悬挂装置

转向架和车体之间设置二系悬挂装置,通过它把车体重量弹性地均匀地分配到转向架构架上,并通过它传递各种附加力。二系悬挂装置主要由高圆弹簧、横向油压减振器、垂向油压减振器、抗蛇行油压减振器、橡胶垫组成。

1. 检修用设备、工具及材料

平台、一系圆簧专用卡子、钢板尺、角尺、天车、压力机、钢丝刷。

2. 检修要求

(1) 行修、辅修、小修

外观检查弹簧状态良好,不得有裂纹、折断、倾斜,簧圈不得接触,圆簧有裂损时应更新。检查弹簧橡胶垫,如发现裂纹、剥离、损坏和老化时应更换。检查横向、垂向及抗蛇行油压减振器无漏油、无裂纹,橡胶件无挤伤、开胶现象。运行20万公里应检查油压减振器的特性,不符合要求的应予维修或更换。

(2) 中修

在压力机上卸下弹簧专用卡子,将弹簧组解体,然后用钢丝刷清扫污垢、锈斑,清洁度应符合有关标准。外观检查圆簧,各圆弹簧不得有裂纹、折断、倾斜,簧圈不得接触,圆簧有裂损时应更新。

在平台上检测各圆簧自由高规定范围,各圆簧偏斜量不大于10 mm;检测组装压缩高(包括上下橡胶垫)在规定范围内,并按同一转向架圆簧组装压缩高之差不大于2 mm选配成组,否则应加调整垫,加垫厚度不得超过8 mm。

各油压减振器各零部件应完好无损。紧固件不得损坏,橡胶弹性元件不得老化。若有上述情况发生应及时更换。油压减振器应无漏油现象,一旦发现应及时更换。解体检查垂向、横向油压减振器,抗蛇行减振器。更新工作油、胶圈、胶垫,并作性能和泄漏实验,不符合规定要求的应更换。

更换二系弹簧橡胶垫,弹簧出现异状或失效应更换。

三、电机悬挂装置

1. SS_{4G}型电力机车电机悬挂装置的检修

(1)结构

SS_{4G}型电力机车的牵引电机采用抱轴式半悬挂方式,电机悬挂装置弹性地把电机悬挂在构架上，保证电机与构架的相对运动，并防止电机下落。电机悬挂装置由吊杆、橡胶垫、支座、关节轴承、悬挂销、防落板等零部件组成，结构如图 10-10 所示。

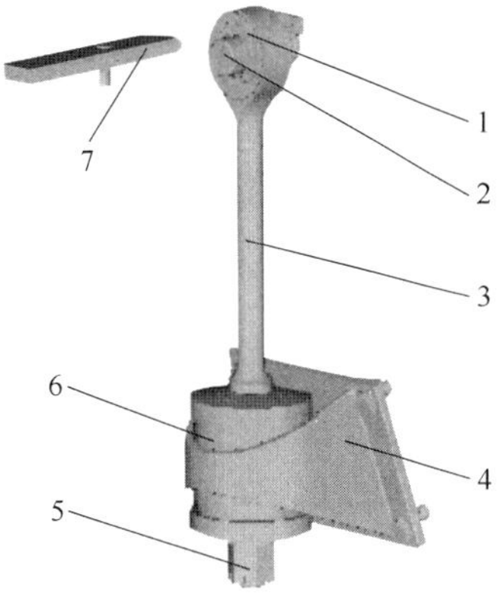

图 10-10　SS_{4G} 型电力机车电机悬挂装置

1—关节轴承；2—悬挂销；3—吊杆；4—支座；5—螺母；6—橡胶垫；7—防落板

（2）检修

① 辅修、小修。外观检查橡胶垫状态良好，无老化、开裂现象，紧固件无松动。牵引电机防落板不得松动、与电机吊耳横向须完全搭接，其垂直间隙、纵向搭接量与机壳的间隙，均符合限度规定。

② 中修。用扳手拧下螺母，卸下吊杆、橡胶垫，拧下油杯，用挡圈钳卸下挡圈，取出关节轴承，将电机悬挂装置解体，然后用钢丝刷清扫污垢、锈斑。外观应检查橡胶垫状态良好，无老化、开裂现象，否则应更新。检查关节轴承状态良好，无异常磨耗，否则应更新。检查吊杆、悬挂销无裂纹，否则应更新。按解体相反的顺序组装悬挂装置，关节轴承加足润滑油。

2. SS_{7E} 和 SS_9 型电力机车电机悬挂装置的检修

（1）结构

SS_{7E} 和 SS_9 型电力机车的电机悬挂方式为轮对空心轴全悬挂。前端通过固定在空心轴套上的悬挂臂支承在构架前端梁或者中间横梁上，电机后部通过固定在电机上的两个悬挂座固定在构架中间横梁或者后端梁上。如图 10-11 所示，电机悬挂装置主要由芯轴（一）、悬挂臂、悬挂座、芯轴（二）、托板等组成。

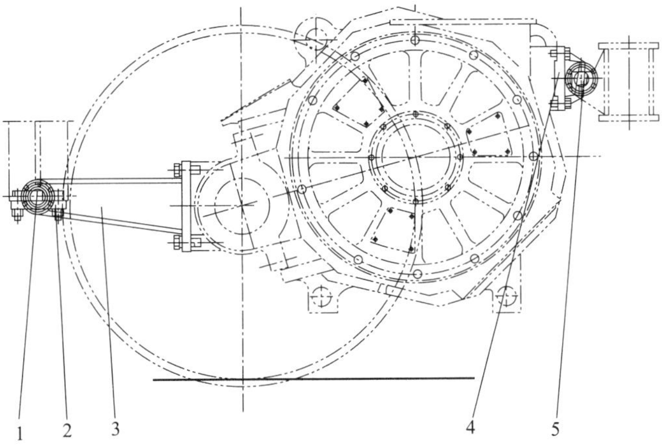

图 10-11　SS_{7E} 和 SS_9 型电力机车电机悬挂装置

1—芯轴（一）；2—托板；3—悬挂臂；4—悬挂座；5—芯轴（二）

（2）检修用设备、工具及材料

平台、游标卡尺、钢板尺、扳手、钢丝刷、弯嘴式孔用挡圈钳、探伤设备、润滑油。

（3）检修要求

① 辅修、小修。电机悬挂臂、悬挂座外观良好，螺栓无松动，关节轴承转动灵活，否则应添加润滑油。

② 中修。用扳手拧下螺母，卸下悬挂臂、悬挂座，取出关节轴承，然后用钢丝刷清扫污垢、

锈斑，清洁度应符合有关标准。检查关节轴承状态良好，无异常磨耗，否则应更新。探伤检查悬挂臂、悬挂座、托板、芯轴无裂纹，否则应更新。按解体相反的顺序组装悬挂装置，关节轴承加足润滑油，组装时可通过在芯轴（一）与构架上的电机悬挂座的方形槽内用增减垫的方式来保证活动空心轴与车轴之间的间隙均匀。

四、基础制动装置

SS_{4G}、SS_{7E} 和 SS_9 型电力机车基础制动装置都采用独立的单侧踏面单元制动器，如图 10-12 所示。在制动器箱体内，安装有制动杠杆和闸瓦间隙自动调整器，制动器箱体处安装制动缸、闸瓦、闸瓦托和闸瓦托吊杆，每个制动器安装有两块闸瓦。组装好的制动器作为一个独立部件用螺栓连接在构架的制动器安装座上。

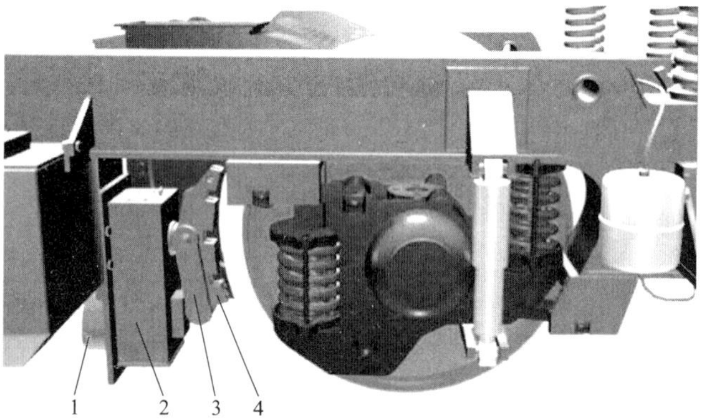

图 10-12　单元制动器组装

1—制动缸；2—制动器箱；3—闸瓦托杆；4—闸瓦托

1. 检修范围

为确保制动器正常运行及安全可靠，在使用过程中必须严格按照表 10-5 内容进行维护和检修。

表 10-5　基础制动检修范围

编号	内　容	维护或检修周期				检修方式
		日常	辅修	小修	中修	
1	检查闸瓦的磨耗	√	√	√	√	测量闸瓦磨耗是否到磨耗极限
2	检查闸瓦托是否抬头或低头	√	√	√	√	目测闸瓦间隙是否均匀
3	检查闸瓦间隙是否为 5～8 mm	√	√	√	√	用通规及止规检查
4	检查各螺栓（包括制动器安装螺栓）是否松动			√	√	用扳手拧紧
5	过滤堵的清洗，箱体排水排污			√	√	卸下过滤堵，排尽箱体内的污水，并将过滤堵内的过滤网清洗干净，经空气吹干后组装即可
6	检查防尘罩是否老化漏风，间隙调整器、杠杆及制动器活塞是否正常工作			√	√	拉出锁紧机构的销轴并转动 90°，用扳手转动挡套螺母使闸瓦间隙在 10 mm 左右，退回销轴后进行制动缓解，观察防尘罩是否漏风、闸瓦间隙有无补偿，各机构是否运转灵活，如发生卡滞或无补偿现象应拆解检查
7	各部件的清洗润滑、检查易损件的磨耗量，以及构件是否有明显变形、锈蚀				√	从转向架上卸下制动器进行解体，并对易损件使用限度表检查是否需要更换

2. 闸瓦的调整和更换

(1) 闸瓦的调整

① 先用手拉出锁紧机构的销轴并转动90°,用扳手转动挡套螺母使闸瓦与车轮轮缘相贴合,反向转动挡套(约120°)使闸瓦间隙在6～8 mm范围内,再将拉环转动90°使销轴退回。

② 调整闸瓦托上的六角螺栓,使闸瓦圆弧与车轮踏面上下间隙均匀。然后拧紧锁紧螺母(要求锁紧螺母与闸瓦托螺栓孔端面贴合后再旋紧1/3圈),以防止松动。

(2) 闸瓦的更换

当闸瓦磨损到一定限度(磨损极限为15 mm)时,应更换闸瓦。更换时,先用手拉出锁紧机构的销轴并转动90°,用扳手转动挡套螺母使闸瓦退到最大间隙位置,然后将闸瓦钎圆销扯出,抽出闸瓦钎,即可卸下旧闸瓦,装上新闸瓦。最后插入闸瓦钎,装上闸瓦钎圆销。更换闸瓦后,应按装车时的操作方法将闸瓦间隙调整为6～8 mm,并调整闸瓦托上的调整螺栓,使闸瓦间隙均匀。

以上操作均应在制动缸无风压时进行。

五、轮轨润滑装置

在机车运行过程中,车轮轮缘与钢轨之间会产生摩擦,并引起轮缘及钢轨的磨耗。轮轨磨耗问题直接影响到车轮和钢轨的使用寿命和机车的运行安全。因此,为了减小轮缘、钢轨磨耗,延长轮缘和钢轨的使用寿命,电力机车在转向架相应轮对的构架上安装有轮轨润滑装置,如图10-13所示。它是利用压缩空气带动润滑脂从喷嘴中喷到轮缘上,使轮缘与钢轨之间摩擦情况得到改善的一种装置。

图10-13　轮轨润滑装置

1. 喷头的检修

若油脂喷头产生故障时,拆下油脂喷头进行检修、清洗即可排除故障。

(1) 旋下喷头的定位螺母,然后拆下弹簧及柱塞。

(2) 清洗喷头体,必要时拆下进气口、进脂口及喷嘴。

(3) 若橡胶密封圈损坏,更换O形密封圈。

(4) 必要时更换回位弹簧。

(5) 重新组装好喷头,试验喷头,使其正常工作。

2. 调整喷头的喷射角度

喷头与轮缘的喷射角度调整原则,主要保证油脂喷射到轮缘根部的严重磨耗区,尽量避免油脂在轮缘踏面及轮缘上部的附着。理想的喷头位置是距轮缘40～60 mm,喷头与踏面成30°～45°角。

3. 检修用设备、工具及材料

汽油、砂布、细研磨膏、包装布、清洗剂、专用润滑油脂、轮轨润滑装置试验台、压缩空气装置、气焊设备、电焊设备、套筒扳手、弹簧卡钳、清洗油盘、毛刷、注油器、游标卡尺、内径千分尺、外径千分尺。

4. 轮轨润滑装置检修

(1) 解体

从转向架上依次拆下喷嘴、连接软管、油脂罐等,封堵相应的开放、风、油接头。

(2) 清扫、检查与修理

用清洗剂清洗管路部分、喷嘴、油脂罐外体,清洁度符合有关标准。

(3) 检修内容

检查油脂罐状态。局部变形时调整,焊缝开裂时补焊;外螺纹应完好,否则须调整。喷嘴裂损变形严重时应更新,轻度变形可调整。

(4) 组装

将状态良好的喷嘴、油脂罐、软管组装在转向架上。油脂罐加入专用润滑油,拧紧外盖。

(5) 检查与试验

接通专用试验装置进行性能试验,工作风压在 300～900 kPa 内喷脂过程应正常。在喷嘴前方用白纸检查油脂液雾化良好,均匀分布。各部件及管路不得有漏油、漏风现象。机车试运后,调整喷嘴端部距踏面距离,喷嘴距轮缘为 40 mm。

六、油压减振器

油压减振器利用液体黏滞阻力负功吸收振动能量,使机车振动的机械能转变成热能,并散发出去,使机车上的乘务人员乘坐舒适,同时还能起到保证运行安全、防止机车损伤的作用。油压减振器主要由活塞杆、内油缸、储油缸、活塞组件、底阀组件、防尘圈、液压油等组成。

1. 检修用设备、工具

内螺盖扳手、导承扳手、活塞扳手、密封圈装配模。

2. 日常检修、辅修、小修

油压减振器外观完好,不得漏油,橡胶无老化、开裂。

3. 中修

(1) 中修的检修范围

解体检修垂向、横向、抗蛇行液压减振器;更新工作油、橡胶圈、橡胶垫;做性能和泄漏试验。

(2) 分解及组装时应注意的事项

不得弄弯活塞杆及损伤工作表面,不得用老虎钳直接夹住活塞活动面,不得损伤活塞的工作表面。组装时要清洗干净各零件,表面不得有灰尘。不得损伤密封件唇口。

(3) 分解步骤

取下安装橡胶垫等部件及防护罩;用虎钳夹住储油缸底部;用内螺盖专用扳手拧松内螺盖;用导承专用扳手拧松外螺盖,拧松导承;从储油缸取出活塞杆、导承及油缸;将活塞杆和活塞从油缸中取出;用活塞专用扳手将活塞从活塞杆上卸下;用铜棒将底阀组件从油缸中压出,拧松底阀组件上的底阀螺盖,拆下导承组件上的调节阀。

储油缸及油缸里面的液压油统一回收,按环保规定处理。

(4) 组装步骤

更换所有橡胶件和塑料件;用干净的汽油或煤油清洗所有零部件并晾干;组装调节阀、导承组件、底阀组件、活塞杆组件;将液压油注入储油缸中;将底阀组件压入油缸中,并注入液压油；将组装的上述组件装入储油缸中，并用导承专用扳手拧紧；按照性能要求调节阻力大小；组装外密封圈和外螺盖，并用导承专用扳手拧紧；擦净外表所有油渍，并装入塔式防尘套（垂向液压减振器）；组装橡胶垫等组件。

（5）检修要求

油压减振器检修时必须更换工作油，并做性能试验，阻力曲线应重叠，不得畸形。阻尼系数允许有＋20％～－10％的误差。试验合格后平放 24 h 应无泄漏。

复习思考题

1. 简述电力机车转向架的解体与组装步骤。
2. 轮对空心轴驱动装置的检修步骤有哪些？
3. 齿轮箱中修的检修要求有哪些？
4. 轴箱组装的检修范围有哪些？简述轴箱组装的检修步骤。
5. 简述构架的检修要求。
6. 牵引装置的中修步骤有哪些？
7. 简述一系悬挂装置的中修步骤及要求。
8. 简述基础制动装置的检修范围。
9. 如何调整和更换闸瓦？
10. 轮轨润滑装置的检修有哪些内容？
11. 简述油压减振器的中修步骤和要求。

第十一章

空气管路系统的检修

电力机车空气制动系统主要包括空气管路系统和制动机系统两部分，其主要作用是对机车及列车进行控制和制动，保证列车的安全行驶。机车空气制动系统保持其良好、可靠的工作性能，对保证行车安全具有十分重要的意义。为满足运用要求，保证机车空气制动系统良好、可靠、安全地工作，正确分析和了解机车空气制动系统各部件随机车运用而自然磨损、腐蚀、老化、疲劳的渐变过程，掌握自然发展规律，制定出切合实际的检修计划和内容，以恢复制动机的性能，是从事机车检修的一项主要任务，也是保证行车安全的必要措施。

电力机车空气管路系统就其功能分为风源系统、控制管路系统和辅助管路系统。风源系统主要由空气压缩机、压力控制器、总风缸、空气干燥器等配件及其连接管路组成。其作用是为机车与车辆制动机系统及全车气动器械提供稳定和洁净的压缩空气。控制管路系统主要由辅助空气压缩机、辅助风缸、控制风缸、止回阀、联锁阀及其连接管路组成，用以提供全车气动电器的压缩空气及安全保护措施，是保证机车正常运行不可缺少的环节。辅助管路系统主要由撒砂器、风喇叭、刮雨器、轮喷装置及其连接附件、管路等组成，是确保机车安全运行及改善性能的必备装置。本章以机车空气管路系统的检修来介绍空气制动系统检修的基本知识和检修工艺。

第一节　空气管路系统检修基本知识

一、检修基本常识

1. 气动部件主要易损件的标注方法

(1) O形密封圈

O形密封圈的标注，均是以O形密封圈的外径和圈径的粗细乘积来表示($D\times d$ 和$\phi\times d\times h$)，如图11-1所示。

(2) 夹心阀(包括均衡阀)

夹心阀(包括均衡阀)的标注是以胶口外径(D)的大小来表示，如图11-2所示。

(3) 橡胶膜板

橡胶膜板的标注是以膜板外径(D)的大小来表示，如图11-3所示。

(4) 圆弹簧

圆弹簧的标注是以钢丝直径(d)×弹簧中径(D)×自由高(H)来表示，如图11-4所示。

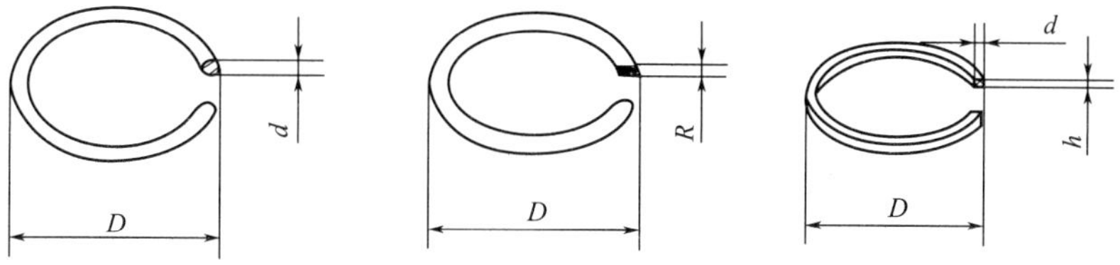

(a) 圆形　　(b) 异形　　(c) 矩形

图 11-1　O 形密封圈

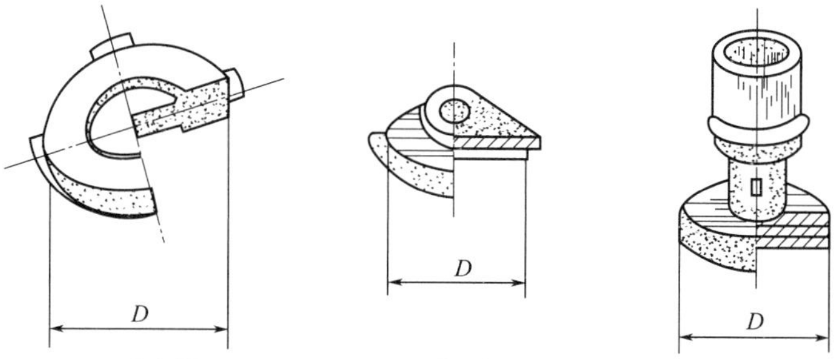

(a) 夹心阀　　(b) 夹心阀　　(c) 均衡阀

图 11-2　夹心阀和均衡阀

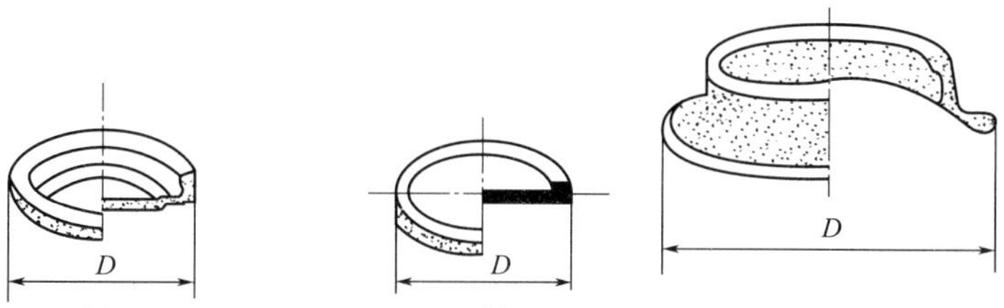

(a)　　(b)　　(c)

图 11-3　橡胶膜板

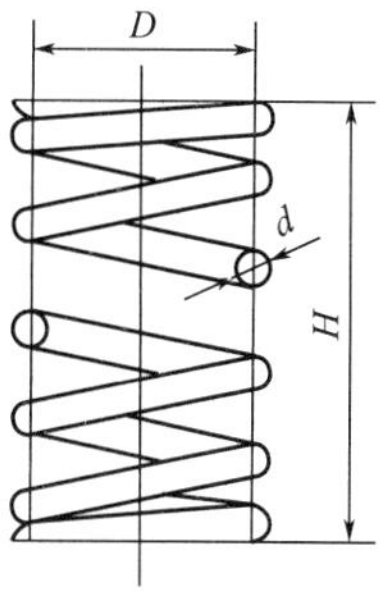

图 11-4　圆弹簧

2. 气动通用件的表示方法(表 11-1)

表 11-1　气动通用件的表示方法

序　　号	名　　称	图　　形	所用规格型号
1	塞门		Dg8、Dg10、Dg15、Dg20、Dg25、Dg32
2	调压阀	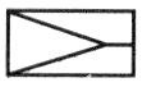	QTY-15(Dg15)
3	分水滤气器	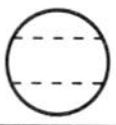	QSL-15(Dg15)
4	滤尘止回阀	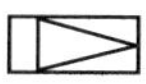	Dg8
5	直通式过滤器	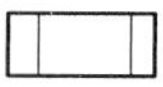	Dg25、Dg20
6	止回阀		Dg15、Dg25
7	高压安全阀		SS 型

二、检修标准

1. 橡胶件

各类橡胶膜板、座垫、密封圈等，其工作表面必须光滑，无龟裂、破口、皱皮、气孔、气泡、露布、夹杂、凸凹老化等缺陷。

2. 夹心阀

夹心阀胶料与金属硬芯结合严紧，无脱胶、松弛、开裂等异状。对接触面压痕不均或过深者，允许用细砂布研磨，研磨量不得大于硬芯下胶层的1/2。

3. 弹簧

弹簧无锈蚀、变形、裂损。自由高大于25 mm的圆弹簧，塑性变形量不得大于3 mm；自由高小于25 mm的圆弹簧则不得大于2 mm。

4. 柱塞及活塞杆

柱塞及活塞杆无弯曲、变形、裂损。空心活塞杆的缩孔应畅通。缩孔探试须用标准探针进行，严禁使用粗于缩孔径的探针或其他锐器进行疏通。若需更换柱塞及活塞O形密封圈时，应将柱塞上所有O形密封圈同时更换，不允许个别更换；严禁同一柱塞阀上使用两种规格的O形密封圈。

5. 孔、销、套

各孔、销、套无拉伤、偏磨、段磨等现象，各柱塞与衬套间配合间隙不大于0.12 mm。

6. 阀口

各金属阀口无裂损、剥离掉块等缺陷；橡胶阀口无脱落、变形、裂损、偏压、卡滞等现象。对橡胶阀口接触面不良者，允许用细砂布磨平，研磨后胶口不得低于金属座面，否则须更换胶口。

7. 解体清洗

配件解体后，须用清洗剂或汽油进行除垢，然后使用压缩空气吹扫，并用绸布擦拭干净。内部零部件和阀体内腔，须进行不少于两次的反复清洗、吹扫，以确保工作表面清洁。

8. 组装

各部件组装前，转轴部分涂适量油润滑，对柱塞、活塞式接触配合表面须涂以适量硅脂。

三、检修安全注意事项

在机车或试验台上拆装配件时，首先关闭相应的截断塞门，排净部件及相应管路内的余压后再进行拆卸，严禁带压力拆装配件。对电器部件或带有电联锁的部件拆装时，必须首先切断控制电源；在拆卸过程中，拆下的导线裸头须进行包扎或甩在与任何金属导体无接触处所，再拆卸其他部件；在分解和插装插座时应在断电后进行。

给电或给风试验中须2人以上进行：1人试验，1人监护。遇到异常现象时，应首先切断电源或风源。

禁用活扳手拆装作业。检修后用不干胶带封住阀座部分。

清洗后的废汽油，须专用存放，不能随地乱倒。工作场地严禁烟火。

第二节　风源系统的检修

风源系统是全车空气管路系统的基础，为机车与车辆制动机系统及全车气动器械提供所需要的干燥、稳定和洁净的压缩空气。风源系统主要由空气压缩机、空气干燥器、总风缸、压力控制器等配件及其连接管路组成。

一、空气压缩机

SS_{4G}、SS_{7E} 和 SS_9 型电力机车基本采用 TSA 型螺杆空气压缩机，如图 11-5 所示。螺杆空气压缩机结构简单、易损件少、排温低、压比大、维护费用低、运转平稳。不论从排量范围，机型多样化，还是从空压机的性能、技术、经济指标来衡量，螺杆空气压缩机多方面优于活塞空气压缩机。

图 11-5　TSA 型螺杆空气压缩机

1. 结构组成

TSA 型螺杆空气压缩机由四大主要部件构成：即驱动装置、空气压缩机机体、风冷冷却装置和底座。它们用螺栓连接在一起，组成一个紧凑的底座支承的机组，由弹性减振器挠性地连接到一个共用底座上，共用底座与机车用螺栓刚性连接紧固。

TSA 型螺杆空气压缩机的结构如图 11-6 所示。

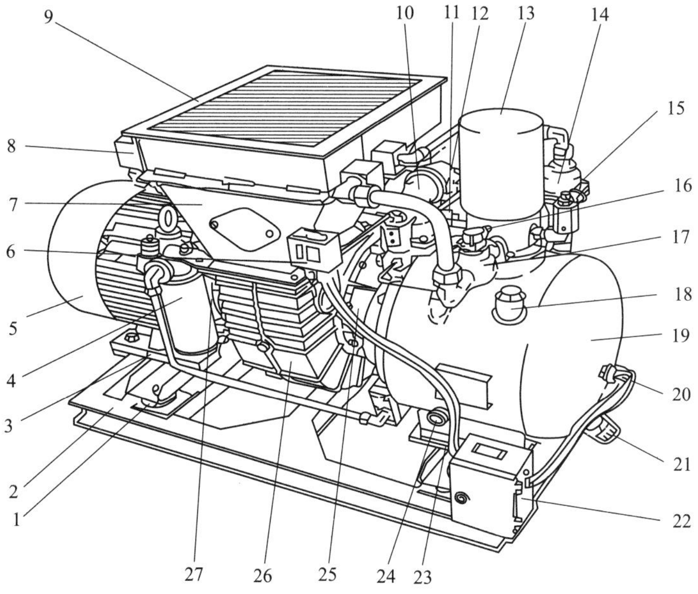

1—减振器；2—共用底座；3—电机底座；4—油过滤器；5—电机；6—压力开关；7—扩压器；8—压缩空气出口；9—空油冷却器；10—进气阀；11—真空指示器；12—空气滤清器；13—油细分离器；14—温控阀；15—安全阀；16—逆止阀；17—压力维持阀；18—加油口；19—机体油气筒组成；20—温度开关；21—泄油口；22—电控箱；23—压缩机底座；24—视油镜；25—风机后盖；26—蜗壳；27—中托架

图 11-6　TSA 型螺杆空气压缩机结构

(1) 驱动装置

三相交流电动机法兰式安装。

(2) 空气压缩机机体

空气压缩机一对转子装配在机体中，组成空压机主机，主机再装入油气筒中。采用螺杆主机与油气筒一体的组合方式。油气筒组成上还装有油分离、过滤、控制元件。

(3) 风冷冷却装置

离心式风扇装在电机端的联轴器上。蜗壳上部装有扩压器与冷却器相连接。冷却器分为前后两部分,前部起冷却油的作用,后部起冷却空气的作用。冷却器借助离心式风扇一叶轮供给的冷却空气来交换压缩过程所产生的热量。

(4) 底座

空气压缩机机体、驱动装置及冷却装置三大部件采用弹性减振器平稳地固定在一个钢制共用底座上,底座下方有 4 个安装孔与机车固定。

针对机车上的控制要求,螺杆空气压缩机采用了压力开关、温度开关及安全阀等保护措施,保证了系统的运行安全。同时对螺杆空气压缩机配置了计时器,记录空气压缩机的实际运行时间,以利于用户对空气压缩机的维护。

2. 检修设备与工具

管钳、压缩空气、皮带扳手、内六角扳手、活扳手、螺丝刀、卡簧钳、金相砂纸、镊子、乐泰胶、剪刀、天车、梅花扳手、克丝钳、开口扳手、钳台、塞尺、尖嘴钳、铜锤、刮刀、游标卡尺、手锤、内径千分尺、钢板尺、联轴器拆卸工装。

3. 日常维护检查、小修与辅修

(1) 机组的日常检查。

检查油位是否在视油镜正常位置,如图 11-7 所示;开机检查电机旋向,应和旋向标志相符;检查冷却器的风量和温度是否正常;检查进气阀开闭动作和卸荷功能是否正常;检查空气滤清器组成的真空指示器箭头指示位置,是否在正常位置;检查机组是否有异音或振动;检查各油路管接头是否渗油;检查各部位紧固件是否有松动现象。

(2) 真空指示器(图 11-8)显示红色时,清洁空气滤清器(图 11-9)或更换滤清器滤芯。用 500 kPa 的压缩空气吹干净。筒体内部用干净的布擦拭洁净。纸芯破裂,则必须更换新品。

图 11-7 装有视油镜的油气筒

图 11-8 真空指示器

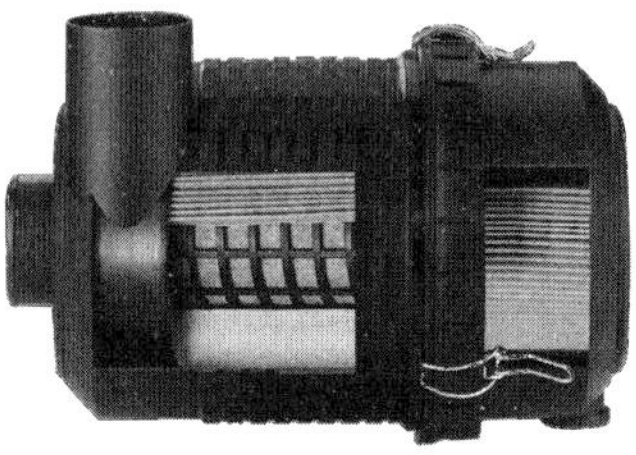

图 11-9 空气滤清器

(3) 工作到限时必须更换油过滤器(图 11-10)、油细分离器(图 11-11)。压缩机停机 10 min后自动卸压,确认系统无压力后,用皮带式专用工具逆时针旋下油过滤器、油细分离器。换装新品后,开机运行,用肥皂水检验如无泄漏后,划防松标记。

(4) 清洁冷却器,用 500 kPa 压力空气吹尘并用干净的布擦拭洁净。

(5) 检测温控阀(图 11-12)。开启空压机,当油温升至 85 ℃时,温控阀应随温升慢慢开启通向冷却器的道路,至 93 ℃时,温控阀应全部打开,润滑油全部流向冷却器,并关闭直接供向机体的通路。

(6) 检测安全阀(图 11-13),安全阀排放压力调定值在(1 250±20)kPa 空气压缩机运转,压力达到 900 kPa 时，可用手轻提上部拉环，应能排放。

图 11-10　油过滤器

图 11-11　油细分离器

（7）检测温度开关，拆下温度开关放置电热干燥箱中，两接线片处各接一条检测线于万用表，干燥箱调定(105±5)℃，当温度达到时开关应断开，慢慢降温到(90±5)℃，温度开关应接通。

（8）检测压力开关(图 11-14)，拆下压力开关，用压缩空气从接头处供给压力，压力开关连接线接于万用表测量，当压力高于 400 kPa 时，压力开关断开，压力降至 300 kPa 时应接通。

图 11-12　温控阀

图 11-13　安全阀

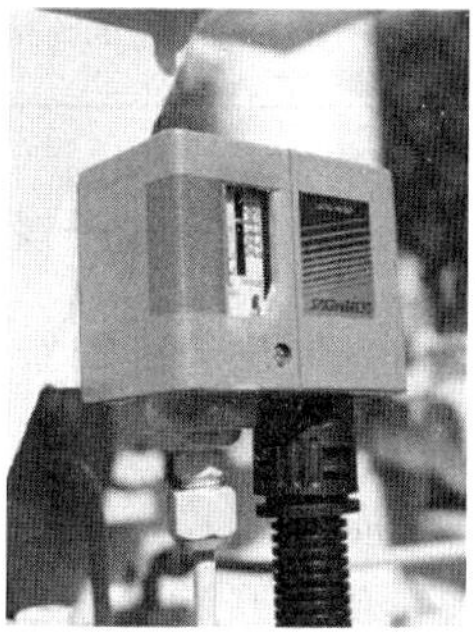

图 11-14　压力开关

（9）检测压力维持阀，压力维持阀开启压力值为(600±50)kPa，检测时可用压缩空气按系统流向充压，当压力达到设定压力值时，空气从出口喷出。停止充压，观察压力表如无下降，证明阀板的止回性能良好。

（10）检查进气阀的阀板密封圈、汽缸 O 形密封圈老化程度；开闭动作和卸放功能是否正常；各零部件有无异常。

4. 中修

（1）定期更换润滑油，一般情况下，换油周期为 2 年或一个机车中修期。

（2）清洁机组外表面及冷却器上下表面、空气过滤器内外壳体等。

（3）更换油细分离器、油过滤器、空气过滤器滤芯、压力开关及其他损坏零部件，更换润滑油。

（4）进气阀进气、逆止及卸荷功能良好，无渗漏。

① 进气阀阀板上的密封圈完好无损，外圆无拉毛现象。

② 进气弹簧、进气阀阀体、进气阀阀板、弹性挡圈无变形及损伤。

③ 卸荷活塞及其上的 O 形密封圈无磨损、老化、变形或破损；卸荷汽缸上 O 形密封圈无

磨损、老化、变形或破损;弹性挡圈无变形及损伤。

(5) 压力维持阀开启和逆止良好,无渗漏。压力维持阀汽缸内孔、活塞、阀片无明显偏、变形,密封圈有效。

(6) 温度开关、温控阀、安全阀动作正常。

(7) 叶轮无损坏,弹性体无老化。

(8) 电机检修:按现行辅助电机检修规程检修。

(9) 空气压缩机中修后性能须符合试验规定(表 11-2)。

表 11-2　空气压缩机性能试验表

序　号	项　目	技　术　要　求
1	一般检查	空气压缩机各部清洁,油位正常,无漏油现象
2	运转试验	在额定压力下试验时间不少于 30 min;启动后,试验时不允许有异音、异常振动和漏油现象
3	温度试验	空气压缩机在额定转速和额定压力下,连续运转 30 min,油气筒最高温度不超过 105 ℃
4	容积流量试验	压缩机容积流量:不小于 95% 的额定流量,或满足各型号机车规定充风时间
5	卸荷试验	压缩机停机后,机体内的压力在 14 s 内卸压至 300 kPa 以下,确保压缩机在安全压力下重新启动

二、JKG1 型空气干燥器

压缩空气作为机车车辆制动机以及机车气动器械的工作介质,其质量的好坏将直接影响机车或列车的安全运行。压缩空气中存在着固态的机械杂质和尘埃、液态的凝结水和润滑油、气态的水蒸气和雾状润滑油。这些物质进入机车车辆空气管路后,将造成管路和零件的锈蚀,加速运行件的磨损,或垫住阀口、堵塞气路、卡死柱塞等,影响空气管路系统的正常使用。特别是在冬季,管道内的凝结水结冰可堵塞管道,制动机与气动器械内的凝结水结冰可冻结制动机与气动器械。因此,压缩空气的清洁与除水是极其重要的。电力机车上装有 JKG1 型空气干燥器对压缩空气进行干燥净化处理。

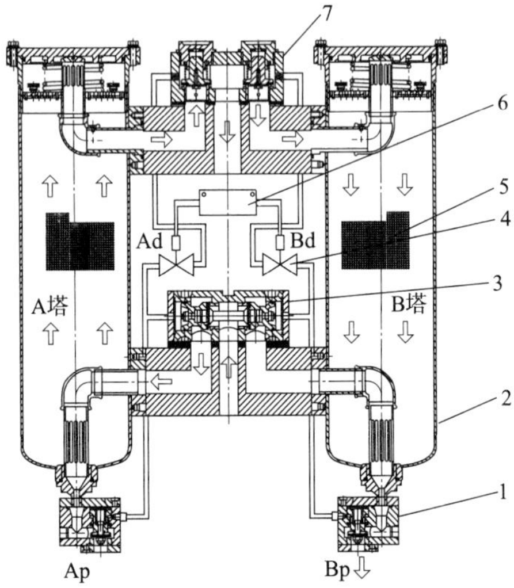

图 11-15　JKG1 型空气干燥器结构

1—排气阀;2—干燥塔;3—进气阀;4—电空阀;5—干燥剂;6—电控器;7—出气止回阀

1. 结构组成

JKG1 型空气干燥器是由两个干燥筒交替工作的无热再生式除湿净化装置,其结构如图 11-15 所示。

JKG1 型空气干燥器由干燥塔主体、高效油水分离器、进气阀、排气阀、出气止回阀、电控器及安装架等组成。

(1) 干燥塔主体包括两个结构完全相同的干燥塔,成左右对称配置。它主要由干燥筒、高效滤清器、吸附剂等组成。干燥塔主体部分是完成压缩空气干燥净化的核心部件。

(2) 高效油水分离器是用于清除压缩空气中的液态(油、水)粒子,以减轻吸附剂的吸附负荷和油污对吸附剂的污染。

(3) 进气阀安装于两干燥塔的进气连接体上,是用来控制两干燥塔进气转换的机构。

(4) 排气阀安装于干燥塔的下部,阀口根据电气控制箱的两个电磁阀所发出的压缩空气指令来控制开闭。

(5) 出气止回阀是为了防止总风缸压力空气向干燥塔倒流,且左右进风口有一小孔相连,以使干燥空气进入再生干燥塔进行再生作用。

(6) 电控器将机车空气压缩机变化的工况电信号经过逻辑处理,变成有规律的"指令"输出,并通过电控阀来操纵干燥器上的机械动作,构成"电气—机械"控制系统,使两塔按一定的程序交替工作。

2. 维护检查

(1) 打开总风缸排水塞门,检查总风缸内是否出现凝结水。

(2) 观察电控器上指示灯的显示规律是否正常。

(3) 检查排气阀的再生排气是否正常。

(4) 检查电磁排污阀的工作是否正常。

通过对这四个部位的检查,基本可以判断装置是否在正常工作。如出现异常现象,应尽快检修处理,恢复使用。如不能及时处理,应关闭装置,保护吸附器不致失效。

3. 主要故障分析及处理(表 11-3)

表 11-3　干燥器故障分析处理

序号	问　　题	原　　因	处　理　方　法
1	总风缸有冷凝水	干燥剂油污失效	更换干燥剂
		旁通塞门误开	关闭旁通
		干燥器已不能正常工作	查找不能正常工作原因,酌情处理
2	电控器工作不正常,某些指示灯无显示	外接线接头脱落或烧损	脱落处连接或更换
		电控器上熔断器熔断	更换熔断器
		电控器内部电路或电器元件烧损	更换电控器或电器元件
		指示灯泡烧损或脱落	更换灯泡
		电空阀线圈接头松落,线圈烧损,断路	重新连接好或更换线圈
3	排气阀再生位不排风	电空阀断线或线圈烧损	修复或更换
		排气阀控制活塞上元件坏	更换
4	吸附位大排风	电空阀的排气孔或阀口被异物堵塞	清理电空阀阀口或排气阀口
5	电空阀得电时,上部的排气孔排风不止	电空阀双向柱塞的上阀垫破损,或阀口被异物堵住	修复或更换损坏部分
6	电空阀换电时排风不止	双向柱塞的下阀垫破损或阀口被异物堵住	修复或更换损坏部分
7	干燥筒在正常工作时大排风	进气阀的阀垫破损或有异物堵塞阀口	更换阀垫或清理阀口异物
		止回阀的阀垫破损或有异物堵塞阀口	

三、压力控制器

压力控制器的作用是控制总风缸压力在750～900 kPa的压力范围内，当总风缸压力高于上限900 kPa压力或低于下限750 kPa压力时自动控制压缩机的启停。

1. 压力控制器的结构

YWK-50-C型压力控制器如图11-16所示。它是利用杠杆、波纹管、调节弹簧以及切换差旋钮内的弹簧组成一个杠杆体系，并充分利用动触头和静触头组成的单断点大开距微动开关具有瞬动开闭的特点而设计的。

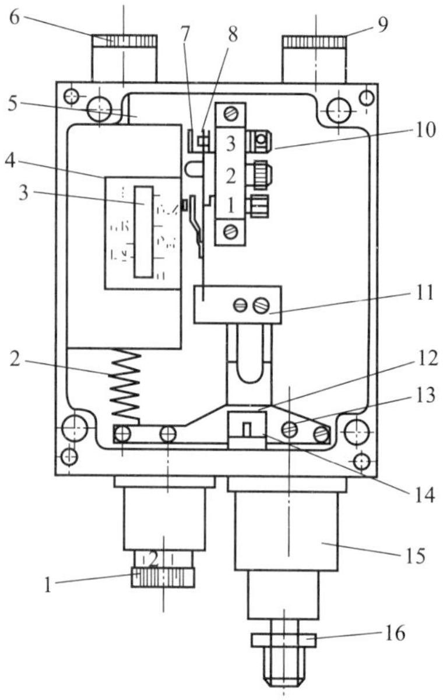

图11-16　YWK-50-C型压力控制器

1—切换差旋钮；2—调节弹簧；3—指针；4—标尺；5—调节杆；6—锁紧螺帽；7—静触头；8—动触头；9—出线套；10—接线端子；11—拨臂；12—刀支架；13—杠杆；14—刀；15—波纹管室；16—接头

2. 检修材料、设备与工具

材料：汽油、轴承润滑脂。

设备与工具：万用表、制动钳工常用工具、压力控制器专用试验台。

3. 检修步骤

(1) 解体

拆下前盖连接导线和风管接头。用十字螺丝刀卸下刻度板紧固螺钉，取下刻度板。卸下波纹管式传感器螺钉，将波纹管传感器取下。卸下切换差调整盖，取出顶杆、弹簧。松下设定值调节螺堵，逆时针旋下调节螺杆。用螺丝刀卸下指针板导向杆螺钉。取下导向杆、指针板，再从指针板上卸下指针。卸下调压弹费。

(2) 清洗、检查与修理

① 用汽油清洗压力控制器各零部件(密封橡胶件除外)，再用0.2～0.3 MPa压缩空气吹扫壳体内部。

② 接通风源试验波纹管式传感器是否泄漏，波纹管顶尖不许有异常磨损、变形，否则应更新。

③ 外观检查调压弹簧，切换差调压弹簧不得有锈蚀、裂纹。

④ 外观检查调压螺杆、调压弹簧座、切换差旋钮弹簧座等不许有裂纹，螺纹应良好。

⑤ 检查刻度板、铭牌字迹应清楚，刻度线应完整。

⑥ 外观检查杠杆不许变形，各调整螺钉漆封应完整无损。

⑦ 检查微动开关及连线，微动开关动作良好，连线应不许有老化、过热、破损，否则应更新。

(3) 组装

① 在波纹管传动顶尖涂适量轴承润滑脂，将波纹管传感器装在传感器盒体座上。

② 依次装上切换差弹簧、顶杆，用4条螺钉装上切换差调整盖。

③ 装上调压弹簧。

④ 安装导向杆、指针板，装上指针。

⑤ 装调压螺杆。

⑥ 装刻度板、铭牌。

(4) 检查与试验

① 在试验台上接好风源，端子接上引线，用万用表欧姆挡做初压力试验。

② 控制风压上升速度每分钟不大于 1 600 kPa，当风压升到某一值时微动开关断开，万用表显示为无穷大。

③ 控制风压降低，当看微动开关闭合时，万用表显示值为 0，根据调整的风压值与本项调验时的风压值之差为切换差。然后调整螺杆使调压弹簧调至风压值(750±20)kPa，再依据刻度调整切换差旋钮，使切换差达到 150 kPa。

第三节　管路系统的检修

一、概　　述

管路系统包括控制管路系统和辅助管路系统。

控制管路系统提供机车受电弓、主断路器及高压电器柜内的电控接触器、转换开关等机车气动电气所需的压缩空气，以保证机车的安全、正常使用。它由辅助压缩机、控制风缸、辅助风缸、单向阀、调压阀、分水滤气器、模板塞门等组成。

辅助管路系统用以改善机车运行条件、确保机车运行安全。它主要由撒砂器、喇叭、雨刮器、后视镜及其连接管路组成。

二、检修工具与设备

工装设备：气动元件综合试验台、压缩风源装置、水压试验装置、工作台、台虎钳、铸铁平台、铸铅平台、弯管机、切管套扣机、台钻、砂轮机。

检修工具：平面刮刀、三角刮刀、挡圈钳、扁铲、尖铲、划规、钢板尺、锯弓、手锤、油石、剪刀、锉刀、活扳手、开口扳手、梅花扳手、套筒扳手、内六方扳手、管钳、螺丝刀、克丝钳、尖嘴钳、内外弹簧卡钳、专用扳手、塞尺等。

三、管路系统的检修要求

(1) 控制管路、辅助管路各阀，各滑阀及座、柱塞及套不许有拉伤，弹簧不许有严重锈损、断裂及永久变形。滤清元件(分水滤气器、滤尘器)清洁畅通。

(2) 控制管路、辅助管路各阀须在试验台上试验，性能符合有关规定。

(3) 空气管路柜各管路不得有泄漏，标牌齐全。

(4) 各储风缸不许有裂纹及严重锈蚀。滤尘器状态良好，密封垫更新。

(5) 各塞门转动灵活、开闭位置正确，不得有泄漏，管道安装良好，接头不许有松动、泄漏。

(6) 软管、连接器不得有裂损、变形，螺纹完好。总风软管、列车软管、平均管须定期作不低于 1.5 倍定压的 2 min 的水压试验。试验中不得有泄漏，局部不得膨胀凸出，外径胀大量不得超过 10 min。

(7) 总风缸及管路泄漏不许超限，高压安全阀整定值符合要求。

(8) 风笛音响正常。

(9) 雨刮器动作灵活；风缸不得有裂损；阀体、阀面良好；皮碗及雨刮胶皮不得破损、老化；刷杆不得有弯曲，工作角度应在 90°以上。

(10) 撒砂脚踏开关作用良好。每根撒砂管的撒砂量调整到 2～3 kg/min。

四、日常车上管路系统的检修

1. 清洗检查

(1) 确定管路如有泄漏处，应进行紧固或焊修处理。

(2) 对油污较多处用钢丝刷进行刷洗处理，对有磨耗的风管路进行更新。

(3) 对车体风管路，用200～300 kPa压缩空气自上而下、自小而大、自细而粗进行吹扫，以清除风管内部杂质、油污、粉尘、铁屑等，吹扫后应用不干胶带对管路、阀座进行密封处理。

(4) 对总风缸、辅助风缸、控制风缸、均衡—过充风缸、工作风缸进行排水处理。

2. 检查试验

(1) 对均衡风管路进行泄漏检查，定压时每分钟泄漏不大于5 kPa。

(2) 对制动管、制动缸风管路进行泄漏检查，定压时每分钟泄漏不大于10 kPa。

(3) 在900 kPa压力下，总风缸及压缩空气各管路每分钟泄漏不大于20 kPa。

五、空气管路系统的中修

(1) 解体、清洗、检修压力调节器，调整压力调节器整定值。

(2) 解体、清洗、检查各安全阀，调整其整定值。

(3) 解体、清洗、检查各逆止阀、全部塞门、单向阀，检修后试验；更新滤尘器芯。

(4) 解体、清洗、检修雨刮器，并进行试验。

(5) 解体、清洗、检修各风笛、手动操作阀及脚踏开关。

(6) 解体、清洗、检修空气干燥器，更新干燥剂。

(7) 解体、清洗、检修撒砂器，按规定调整撒砂量。

(8) 更换各阀的所有橡胶件。

(9) 清扫、检查总风缸及其他风缸的固定状态，更新排水阀密封垫。

(10) 检查制动软管、闸缸软管，并按规定进行试验；检查撒砂软管。

(11) 解体、清洗、检修空气管路柜各逆止阀、塞门、分水滤气器，检查风缸管路。

(12) 清扫、检查制动管路，并检查固定状态。

(13) 检修辅助压缩机：

① 解体、清扫、检修辅助压缩机。

② 清洗、检修缸体、连杆、曲轴、轴瓦、活塞、活塞销、风缸等部件。

③ 清洗、检修风阀。

④ 更换润滑油。

⑤ 组装，并按规定进行试验。

⑥ 表面刷银粉漆。

(14) 装车后按规定进行性能试验。

复习思考题

1. 简述空气管路各配件检修要求。

2. 电力机车风源系统由哪些设备组成？

3. TSA 型螺杆空气压缩机日常检查维护项目与内容有哪些？

4. 简述 TSA 型螺杆空气压缩机中修的检修工艺与流程。

5. TSA 型螺杆空气压缩机性能试验技术要求是什么？

6. 简述 JKG1 型空气干燥器的结构组成。

7. JKG1 型空气干燥器的常见故障有哪些？如何处理？

8. 简述压力控制器中修的检修工艺与流程。

9. 管路系统的检修要求是什么？

10. 简述日常车上管路系统的检修过程。

11. 空气管路系统的中修项目有哪些？

第十二章

DK-1 型电空制动机的检修

DK-1 型电空制动机是电—空控制方式，制动机的性能良好与否，直接关系到行车安全。为保证机车安全运行，制动机的维护与检修相当重要。本章主要介绍电力机车 DK-1 型电空制动机的检查方法和检修工艺流程，包括空气管路柜、制动机各阀类以及制动机其他部件的检修。

第一节　空气管路柜的检修

一、空气管路柜结构

空气管路柜外观如图 12-1 所示。

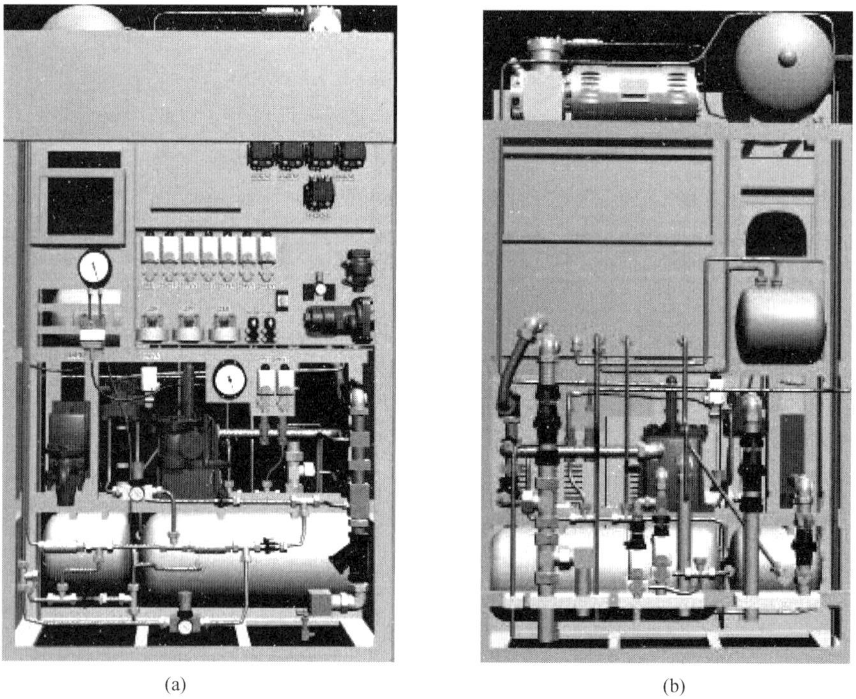

(a)　　(b)

图 12-1　空气管路柜

空气管路柜内部结构紧凑，分 4 层布置。底层安装了控制风缸及工作风缸，其前部则配接控制管路系统的 2 个止回阀、2 个调压阀及塞门等。下层中央安装了分配阀，左侧安装了紧急阀及电动放风阀与保护电空阀，而右侧上部则安装了重联阀。上层右侧为电空制动屏和接线盒，左侧为逻辑控制单元、压力传感器和显示控制风缸和辅助风缸压力的双针压力表等；下方前侧为压力控制器，下方后侧则为均衡—过充风缸。顶层左侧为辅助风缸，右侧为辅助压缩机组。各种塞门及管路附件本着便于操作及检修原则穿插布置于屏柜内部。该管路柜的管路除下层前侧的控制管路系统的管路外，大部分布置在管路柜后侧，而主要部件则安装在管路柜的前侧，这样可方便主要部件的拆装。

由此可见，空气管路柜集中布置安装了除操作部件外 DK-1 型电空制动机的大部分配件。该结构便于检修、查找故障。

管路柜与车体预布管连接了总风管、平均管、制动管、均衡管、总风联管、闸缸管、作用管，除总风管在底层前侧右边，其余均在底层后侧与车体预布管连通。管路柜与控制管路的连接均在管路柜的顶部，它们分别连通高压柜、主断路器、门联锁阀。

管路柜在电路上通过一个 56 芯插座与外电路连接。

管路柜体由门、侧板及骨架组成，门与骨架连接的铰链分别焊装在门与骨架上。该柜体共有 3 扇门，每扇门设有上、下两块玻璃观察口。骨架与侧板用紧固件连接，在安装和拆修管路时，可拆除侧板。

二、检修材料与工具

材料：汽油、棉丝、中性洗涤剂。

工具：油盘、毛刷、制动钳工常用工具。

三、检修步骤

1. 吹扫、清洗、解体

(1) 用 200～300 kPa 干燥的压缩空气吹扫空气制动柜各部，并用汽油、棉丝擦去各部油污。

(2) 用 19 mm 开口扳手拆下辅助压缩机组安装底座螺栓，将辅助压缩机组（含电机及辅助压缩机）分别送到有关专业组按相关工艺检修。

(3) 拆下中继阀、总风遮断阀、分配阀、紧急阀、电动放风阀、压力开关、电空阀、转换阀、止回阀、调压阀、单向阀、压力控制器、重联阀、压力继电器、压力传感器等，分别送到相关专业组按相关工艺检修。

(4) 将压力表送专业组按相关工艺检修并校验。

(5) 将逻辑控制单元拆下，送相关专业组按相关工艺检修并试验。

(6) 将各阀口、有关风管口用不干胶带密封，以防灰尘、沙粒进入。

注意：配件拆卸后，所有阀座、管口用不干胶带密封。

2. 检查

(1) 排放控制风缸、辅助风缸、工作风缸、均衡—过充风缸内的积水。

(2) 解体滤尘器，更新铜粒滤尘元件。

(3) 外观检查电线路，导线应清洁，不许有过热、烧损和绝缘老化现象。线路排列整齐，线号清楚、齐全、正确；插座不许有裂损，端子焊接不许有脱焊，套管不许有缺损。

(4) 吹扫风管内部，外观检查各风管、管接头不许有变形、裂损，管路卡齐全、完好。

(5) 检查各塞门，应转动灵活，开闭正确，不许有泄漏。

3. 组装

(1) 更新中继阀、总风遮断塞门、分配阀、紧急阀、电空阀、压力开关、重联阀的座垫。

(2) 清除各不干胶密封带。

(3) 安装辅助压缩机组。

(4) 安装逻辑控制单元及接好插头。

(5) 按解体的反序方向安装中继阀、总风遮断阀、分配阀、紧急阀、电动放风阀、压力开关、电空阀、转换阀、止回阀、调压阀、单向阀、压力控制器、重联阀、压力继电器、压力传感器等。

4. 检查试验

(1) 用辅助压缩机组泵风,应能升起受电弓,闭合主断路器,并且压缩空气不得反窜到总风管路。

(2) 按 DK-1 型电空制动机单机试验方法进行试验,空气管路柜所有配件应符合制动机性能要求。

第二节 制动机阀类的检修

DK-1 型电空制动机阀类包括操纵部件空气制动阀以及空气管路柜中的分配阀、紧急阀、电动放风阀、中继阀、电空阀等。

一、空气制动阀

空气制动阀,俗称"小闸",如图 12-2 所示。它用来单独操纵机车的制动与缓解,而与列车的制动与缓解无关。它有 4 个工作位置:即缓解位、运转位、中立位和制动位。通过其上的电—空转换拨杆的转换后,可以操纵全列车的制动与缓解。通过限位装置,操纵手把只能在运转位取出或插入。另外手把下压可单独缓解机车的制动缸压力。

图 12-2 空气制动阀

1. 结构组成

空气制动阀主要由手把、转轴、定位凸轮、作用凸轮、作用柱塞、转换柱塞、定位柱塞、排风阀、联锁开关组以及阀体、凸轮盒、管座等组成,如图 12-3 所示。

(1) 手把、转轴和凸轮

手把、转轴和凸轮组成动作机构,实现不同工作位置的不同气路和电路通断,保证动作的准确可靠。手把通过盖板缺口只能在运转位取出或插入手把座。转轴为空心方轴结构,上部与手把座联结,外套定位凸轮和作用凸轮,中心装有顶杆。顶杆上顶手把,下与排气阀相连。由于工作位置范围小于 180°,所以定位凸轮有两个作用:与定位柱塞组成定位机构,确保位置的准确无误;与联锁开关组成电控环节。作用凸轮只控制作用柱塞的左右移动,实现气路的连通或切断。

(2) 柱塞阀、开关座

该制动阀共装有 2 个柱塞阀,上部为转换柱塞,它不随手把转动而动作,是通过阀的左侧电—空转换扳键的扳动在转换柱塞套内作前后动作,通过其尾部定位装置使转换柱塞只有两个工作位:电空位和空气位。该柱塞的移动不仅改变气路,同时使开关座上方的联锁开关改变不同电路的通或断。下部为作用柱塞,它随手把转动而动作,由作用凸轮的升、降程与尾部弹簧反力使作用柱塞在作用柱塞套内左右移动,改变气路的开通。

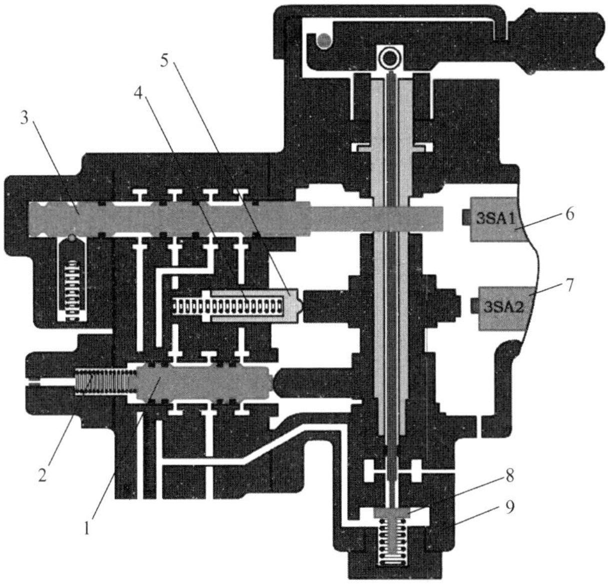

图 12-3　空气制动阀结构

1—作用柱塞；2—作用柱塞弹簧；3—电空转换柱塞；4—定位柱塞弹簧；5—定位柱塞；
6—双断点微动开关；7—单断点微动开关；8—单独缓解阀；9—单独缓解阀弹簧

制动阀上装有的联锁开关组。共装两个微动开关，分别受转换柱塞及定位凸轮的控制。并通过接线端子与外电路相连。

(3) 排风阀

排风阀是单独缓解机车用，也可称手压单缓排风阀。排风阀为橡胶平面密封结构，排风阀受手把下压顶杆而开放，实现机车单独缓解作用。

(4) 阀体、凸轮盒与管座

阀体为转换柱塞套、作用柱塞套以及定位柱塞、排气缩堵等零件的安装体，内部有安装转换柱塞套、作用柱塞以及定位柱塞的空腔，还有许多暗道作为内部气路。

凸轮盒左侧与阀体联结，右侧安装了联锁开关组，下部为排风阀，中间安装了轮轴以及定位凸轮、作用凸轮，上部装有手把座与盖板。

管座既为空气制动阀的安装座也是管路的连接座。管座接有 3 根管子：1 号管是调压阀管，2 号管是作用管，3 号管是均衡风缸管，如图 12-4 所示。

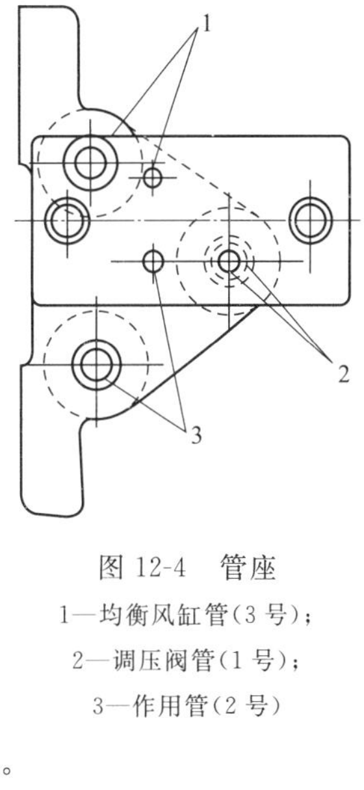

图 12-4　管座

1—均衡风缸管(3 号)；
2—调压阀管(1 号)；
3—作用管(2 号)

2. 检修

(1)检修材料与工具设备

检修材料：白绸布、白布、汽油、水砂纸、中性洗涤剂、研磨膏、轴承润滑脂。

工具与设备：钳工台、钢板尺、钢针、凸轮规、深度千分尺、秒表、油石、DK-1 型电空制动机试验台、游标卡尺、制动钳工常用工具。

（2）检修步骤

① 解体前检查。外观检查制动阀，不许有裂损。各标志牌应清晰、齐全。

在试验台上试验其作用管充、排风时间，确定其弹簧性能及阀的状态，以便解体检修时重点检查、修理。

② 解体。将手柄（手把）移至运转位，取出手柄；用开口扳手拆除管座与阀体连接螺栓，分开管座与阀本体；拆下凸轮盒与阀体连接螺栓，分离凸轮盒与阀体；用螺丝刀拧下手柄座底盖止钉，取下手柄座盖及手柄座；用内六角扳手，松开转轴座螺钉，抽出转轴，将凸轮盒口朝上，取出凸轮组及套；用螺丝刀拆下接线板固定螺钉，取下接线板及微动开关；用专用扳手拆下单独缓解阀螺盖，取出单独缓解阀弹簧、单独缓解阀；取出定位柱塞及弹簧；用螺丝刀拆下防动柱塞螺堵，取出防动弹簧和防动柱塞；抽出转换柱塞；抽出作用柱塞、弹簧及套；用冲子冲出卡铁销，取下卡铁；拆换所有的O形密封圈。

注意：严禁带压力拆装配件。

③ 清扫、检查与修理。

将零配件分别放入油盘内，用汽油清洗，特别是对各孔及暗道应彻底清洗。然后用0.2～0.3 MPa干燥的压缩空气吹净，再用白绸布擦干。

外观检查各弹簧，不许有裂损、锈蚀、变形，弹簧性能应良好。用游标卡尺测量其自由高。外观检查风堵，不许有旷动，螺纹应良好。用游标卡尺测量各柱塞与相应的孔的配合间隙，要求其配合不许有旷动、卡死，配合间隙不大于0.2 mm。用游标卡尺测量转轴与其凸轮方孔的配合间隙，要求其配合不许有旷动、卡死，配合间隙为0.05～0.5 mm。

用凸轮规检查作用凸轮工作面磨耗情况；用深度千分尺测量凸轮面磨沟深度或凸台高度，其高度≤0.2 mm，工作面出现磨沟或凸台超限者，应磨修沟台，但工作面平均磨耗不应超过0.5 mm，否则应更新。

更新微动开关。对新品检查，应灵活，无卡滞现象；检查接线柱螺纹应良好。连线不许有过热、烧损，焊接应良好，不许有开焊、脱焊现象。检查单独缓解阀与阀座接触状态，不良时用研磨膏对研。合格后应再次清洗干净。更新卡铁。

④ 组装。按解体的反序方向进行组装，给各柱塞及相应的套装配O形密封圈时，均匀涂一层轴承润滑脂。检查所装配的各O形密封圈不得歪扭。

在开关座上安装好微动开关及插头连线；安装转换柱塞时，应保持位置正确；再装防动柱塞；组装定位柱塞时，定位柱塞弹簧用轴承润滑脂与柱塞黏结在一起，一同装入；组装作用柱塞、弹簧及排风缩堵；组装凸轮盒时，应注意套、定位凸轮、作用凸轮从上至下的顺序；在凸轮工作面上均涂一层轴承润滑脂，组装转轴座、手柄座；组装单独缓解阀、弹簧、紧固螺堵；组装微动开关与接线柱；将转轴调整到运转位，连接阀体与凸轮盒。

⑤ 检查与试验。将空气制动阀安装在DK-1型电空制动机试验台上，进行单阀试验，试验时遵守有关操作规程。检修后用不干胶带封住阀座部分。

为适应电空制动机性能并满足自动停车装置的要求，DK-1型电空制动机系统装有ZDF型电动放风阀。电动放风阀是受电信号控制，迅速排出制动管压力的部件。

二、分配阀

分配阀根据制动管的压力变化而动作，并接受空气制动阀的控制，向机车制动缸充气或排气，使机车得到制动、保压和缓解的作用。其外形（不包括安装座及安全阀）如图12-5所示。

1. 结构组成

用于机车的 109 型分配阀包括主阀、安装座及安全阀三大部分，如图 12-6 所示。主阀用 M16 的双头螺栓和螺母安装在安装座垂直面上，安装面用橡胶阀垫密封，安装座坐式安装在钢架上。这种将阀与接管通过安装座分离，使拆检极为便利。

图 12-5　分配阀

图 12-6　109 型机车分配阀

1—安全阀；2—主阀；3—安装座

(1) 主阀

主阀控制着不同通路的充风、缓解、制动和保压等作用，是分配阀的最主要部分。它由主阀部、均衡部和增压阀等三部分组成，如图 12-7 所示。

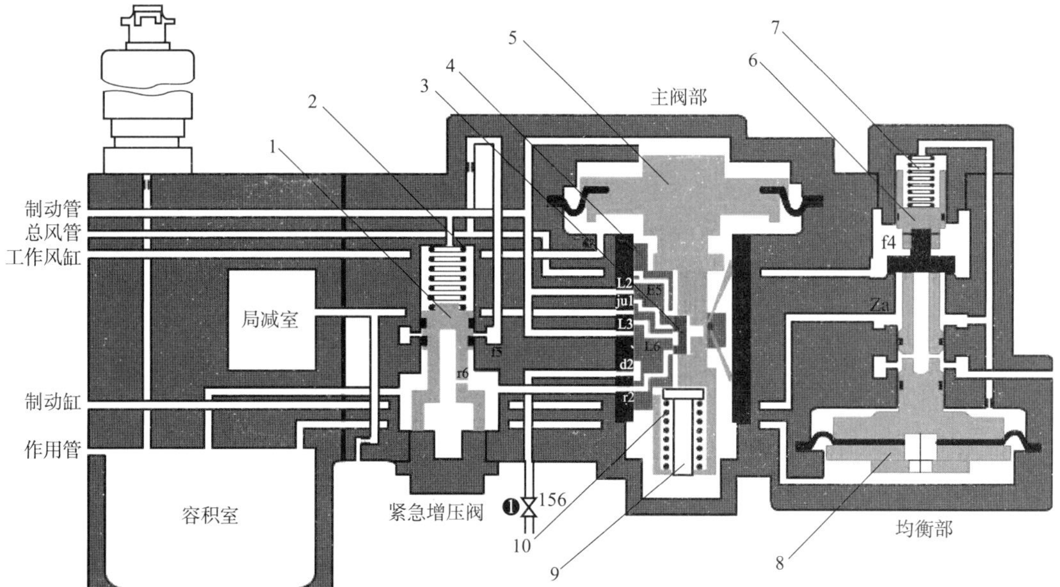

图 12-7　主阀结构原理

1—紧急增压阀；2—紧急增压阀弹簧；3—节制阀；4—滑阀；5—主活塞及活塞杆；6—供气阀；7—供气阀弹簧；8—均衡活塞及活塞杆；9—稳定杆；10—稳定弹簧

① 主阀部(也称作用部)。主阀部利用制动管与工作风缸的压力差来产生充风、局减、制动、保压和缓解等作用。主阀部由主活塞、橡胶膜板、滑阀、滑阀座、滑阀弹簧、稳定杆、稳定弹簧及挡圈等组成。主活塞的膜板上、下两侧互相密封，膜板上侧通制动管，下侧通工作风缸。

主阀部就是利用上下压力差，即制动管与工作风缸的压力差，使主活塞带动节制阀和滑阀上下移动，形成各个不同的作用位置。由稳定杆、稳定弹簧和挡圈等零件安装在主活塞杆尾部的套筒内，它一定程度上阻碍主活塞的向上移动，用以防止列车在运行中因制动管轻微漏泄或压力波动引起的意外自然制动，从而加强制动机在缓解状态时的稳定性。

② 均衡部。均衡部位于主阀部右侧。它由下部的均衡活塞部、上部的均衡阀部等组成，如图 12-7 所示。

均衡活塞部包括均衡活塞、橡胶膜板、密封圈等零部件。均衡阀部包括均衡上盖、弹簧、均衡阀、均衡阀杆等零部件。均衡阀与均衡阀杆用销连接，这样即使阀座与阀杆中心稍有偏斜，也不影响阀的气密性。橡胶膜板上侧通制动缸，下侧通容积室。均衡活塞杆上的轴向中心孔经杆上的四个径向孔通大气，并装有密封圈，以防止制动缸的漏泄。均衡阀上侧通总风管、下侧通制动缸。均衡阀杆的上方也通制动缸，在杆上也套有密封圈，以防止它下方的总风压力空气向上漏入制动缸。另在阀体上装 ϕ0.8 mm 的缩孔堵，以使制动缸压力保持稳定上升。

③ 增压阀。为使紧急制动时提高制动缸压力，确保列车行车安全，在其主阀体中下部设有增压阀。增压阀由增压阀杆、增压阀弹簧和增压阀套等组成，如图 12-7 所示。增压阀杆的上侧通制动管，其轴向中心孔经下部径向小孔通容积室。增压阀套压在主阀体内，沿径向有 8 个 ϕ1 mm 的小孔，小孔通总风管。

④ 主阀体。主阀体用铸铁做成，内部有许多用来安装主阀部均衡部和增压阀的空腔，并压装有与各部件相配的铜套，还有许多暗道作为内部气路，主阀安装面上的通孔如图 12-8 所示，其中有一个孔径为 ϕ0.8 mm 的缩孔堵，在施行制动的第一阶段局减时，流入安装座内局减室的压缩空气，经该缩孔沿胶垫槽路缓慢排入大气，以实现制动管的局减作用。

(2) 安全阀

安全阀与安装座通过阀座与安装座连接，主要由阀、阀杆、调整弹簧、阀体等组成，如图 12-9 所示。其功用是防止紧急制动作用后制动缸压力过高，使其控制在规定的压力范围内。其整定压力为 450 kPa(无动力回送时定为 180～200 kPa)。当容积室压力超过调整弹簧压力时，阀稍稍离开阀座，压缩空气进入较大的阀面上，使阀快速上升，阀杆上移，则将左侧直孔关闭，同时开放排风口，使容积室压力降低。一旦容积室压力降低，弹簧稍稍将阀压下，此时直孔开放，空气进入阀的上面，使阀上部受力增大，迅速将阀压下停止排风。当容积室压力再度增加时又重复上述过程。由于该全过程很迅速，所以安全阀的动作是跳跃式的。

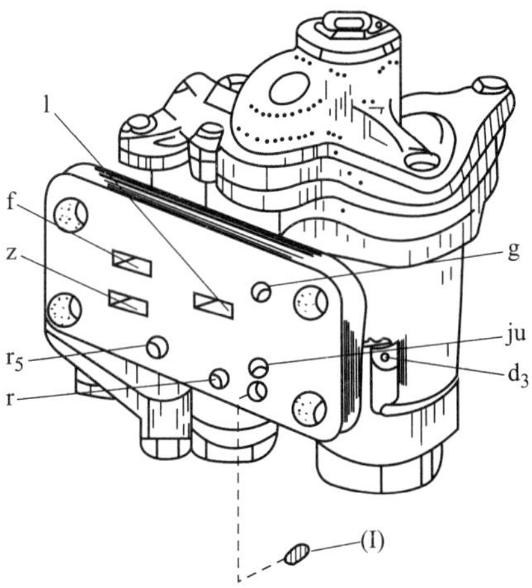

图 12-8 主阀安装面通孔

l—通制动管；f—通总风缸；z—通制动缸；g—通工作风缸；r、r_5—通容积室；ju—通局减室；d_3—作用部排气口；(Ⅰ)—局减室排风孔堵(ϕ0.8 mm)

(3) 安装座

安装座用灰铁铸成，座内铸有 1.85 L 的容积室空腔和 0.6 L 的局减室空腔。安装座背面为接管面，分别接总风管(F)、制动缸管(Z)、作用管(R)、制动管(L)及工作风缸管(G)五根管子。其正面则为主阀安装面，顶面装有安全阀与座内容积室相通，如图 12-10 所示。

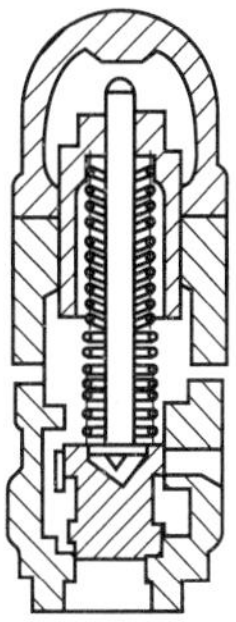

图 12-9 分配阀安全阀

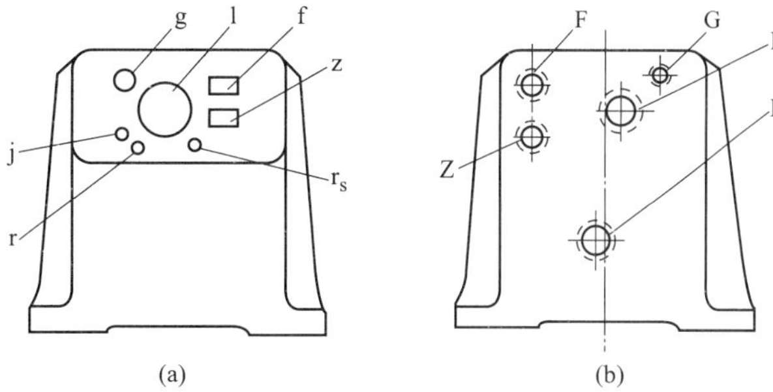

图 12-10 109 型分配阀安装座

g—通工作风缸；l—通制动管；f—通总风缸；z—通制动缸；

r、r_5—通容积室；j—通局减室；Z—制动缸；F—总风缸；

G—工作风缸；L—制动管；R—作用管

2. 检修

(1) 检修材料与工具设备

材料：白绸布、棉丝、汽油、水砂纸、中性洗涤剂、擦铜油、研磨膏、润滑油脂。

设备和工具：铸平台、油石、刮刀、毛刷、油盘、管子钳、游标卡尺、内径千分尺、外径千分尺、挡圈钳、钢针、专用扳手、专用工具、深度游标卡尺、制动钳工常用工具、DK-1 型电空制动机试验台。

(2) 检修步骤

① 外观清洗检查。将分配阀整体从车上拆下后，放入中型洗涤剂溶液，浸泡后用毛刷刷洗，取出后再用清水冲洗。外观检查阀体，不许有裂损、变形。

② 解体。拆安全阀：用专用扳手将安全阀螺母拆下，用专用扳手卸下并驱除调整螺母、弹簧、阀杆及阀。再用管钳将安全阀体从安全阀座上卸下。

分解主阀部：用开口扳手拆下主阀部上盖螺栓，取下上盖。抽出活塞联体。用冲子冲出滑阀销，取下滑阀、滑阀弹簧、节制阀、节制阀弹簧；用专用扳手松开并取下主活塞杆、压帽，取下活塞及膜板；用专用工具卸下主阀部下盖；用挡圈钳卸下挡圈，取出稳定弹簧座、稳定弹簧及稳定杆。

分解紧急增压部：用专用工具卸下增压阀盖，取下密封圈；用 T 形专用工具抽出增压阀柱塞、增压阀弹簧；从柱塞阀上取下 O 形密封圈。

分解均衡部：用 23 mm 开口扳手拆除均衡部下盖螺栓，取掉下盖；抽出均衡活塞体，用专用工具卸下均衡活塞螺母，从活塞杆上取下下活塞、均衡膜板上活塞及上端的 O 形密封圈；用 23 mm 开口扳手拆卸均衡部上盖；取出供气阀弹簧及供气阀组件。

③ 清扫、检查、修理。将零部件用汽油清洗，用 200～300 kPa 干燥的压缩空气清扫，用白绸布擦干。

外观检查各弹簧、燕尾簧不许有锈蚀、破损及变形，弹性良好。

用游标卡尺测量均衡阀弹簧、节制阀弹簧、稳定弹簧、增压阀弹簧自由高。更新全部膜板，供给阀和 O 形密封圈。

外观检查均衡部供气阀状态，不许有拉伤及锈蚀。否则应用白绸布涂上擦铜油进行磨修。

检查滑阀及滑阀座、滑阀与节制阀接触面，接触座良好。保压性能不良时，应涂少量研磨膏对研消除，严重时，须用油石磨修后，再对研接触良好。注意，研磨后，应清洗干净方可组装。

外观检查活塞主杆、空心阀杆及安全阀杆，不许有裂损、变形、弯曲，空心阀杆不许有异常磨耗。空心阀杆(均衡活塞)顶端与均衡阀接触部分不许有拉伤等气密性损伤。

外观检查各缩口风堵，应畅通，螺纹应完好。

④ 组装。在活塞杆上安装活塞、密封圈、膜板、上活塞，用活塞压帽固定。膜板应舒展，不扭曲，膜板边缘应装入活塞槽内，不得有压边现象。

依次在主活塞杆上组装节制阀弹簧、节制阀、滑阀、燕尾簧，然后用滑阀销固定。

在均衡空心阀杆上套装O形密封圈，依次在其根部装上密封圈、上活塞、膜板、下活塞，拧紧均衡活塞螺母。O形密封圈不得有翻拧现象，应有一定的缩紧度。

在增压阀柱塞上套装O形密封圈。

在所有膜板和O形密封圈上均涂一层润滑油脂，不能过多，以免吸尘，阻塞孔道。

依次将安全阀芯、杆、弹簧装入调压螺母。在压力试验台上调到符合要求的压力值450 kPa后，将螺帽装上并拧紧，加铅封。

⑤ 整体组装。将主活塞体装入主阀部内，在主阀部上部装过渡密封圈，安装上盖，用螺栓紧固上盖。在主阀下螺盖上套装密封圈。在均衡部均衡阀座放上供气阀组件、供气阀弹簧、均衡上盖，用螺栓紧固。将均衡活塞装入均衡部下部，装上均衡下盖，用螺栓紧固。装上增压阀弹簧，紧压增压阀，拧紧增压阀部螺盖。将安全阀安装在安全阀座上。检修后用不干胶带封住阀座部分。

⑥ 检查实验。将分配阀安装到DK-1型电空制动机试验台进行单阀试验和综合试验。

三、紧 急 阀

为适应电空制动机性能并满足自动停车装置的要求，DK-1型电空制动机系统装有紧急阀。紧急阀根据制动管排风速度的快慢，自选择作用位置。在紧急制动时，紧急阀参与电动放风阀排风，从而加快了制动管的排风速度，提高了紧急制动灵敏度和紧急制动波速，并完善了系统的保持性能，使紧急制动更加可靠。紧急阀(不包括安装座)如图12-11所示。

图12-11 紧急阀

1. 结构组成

紧急阀由阀和安装座组成。安装座固定在安装架上，内有容积为1.5 L的紧急室，紧急阀安装在安装座上。紧急阀结构如图12-12所示。该阀除导向杆下部的传递杆、微动开关与安装架、外罩以及安装座外，其余均与103、104型分配阀的紧急阀相同。

紧急阀由上部的紧急活塞、安定弹簧、下部的放风阀部、底部的电联锁部以及上盖、放风阀盖和阀体等零部件组成。

放风阀部由放风阀座、放风阀、放风阀导向杆、放风阀弹簧等零件组成。

电联锁部由传递杆、微动开关、安装座及外罩等组成。

紧急阀体为铸铁材料制成，在阀体安装面内的制动管通道上装有一个滤尘网，用以清除进入紧急阀的压力空气中的尘埃等机械杂质。在阀体内还压装了放风阀座。紧急阀体安装面上有两个工作孔口，上面的小圆孔为紧急孔，下面的大圆孔为制动管孔。

2. 检修

（1）检修材料与工具设备

材料：白绸布、白布、汽油、中性洗涤剂、润滑油脂、棉丝、擦铜油。

设备与工具：开口扳手、螺丝刀、游标卡尺、工作台、DK-1 型电空制动机试验台、毛刷。

（2）检修步骤

① 外表面清洗。将紧急阀整体放入中性洗涤剂溶液中浸泡，浸泡后用毛刷刷洗外表面，然后用水冲洗干净，并用 200～300 kPa 干燥的压缩空气吹干。

② 解体。用螺丝刀拆下排气罩和微动开关罩及微动开关；用开口扳手拆下紧急阀盖螺栓，将阀盖取下；抽出并解体紧急活塞，取出稳定弹簧；用开口扳手从阀体卸下紧急阀下盖，取下放风阀、导向套、传递顶杆、紧急阀弹簧。

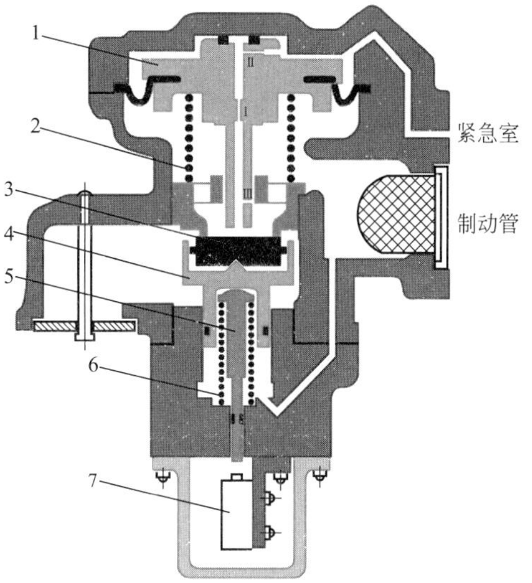

图 12-12　紧急阀结构

1—紧急活塞；2—安定弹簧；3—放风阀；4—放风阀导向杆；5—顶杆；6—放风阀弹簧；7—双断点微动开关

③ 清扫、检查与修理。将各零部件放入油盘中，用汽油清洗（橡胶件除外），用 200～300 kPa 干燥的压缩空气吹扫，用白绸布擦净。

更新膜板、夹心阀、O 形密封圈及风道密封圈。更新微动开关。外观检查各弹簧，不许有裂损、变形，弹性应良好。用游标卡尺测量其自由高，对稳定弹簧为 50 mm，放风阀弹簧为 48 mm，如不符合要求时需及时更新。检查上、下活塞，活塞杆，导向管，传递顶杆不许有变形，缩孔应畅通，顶杆不得有异常磨损。检查放风阀座，不得有影响气密性的损伤及锈蚀，否则应用白绸布，涂上擦铜油擦除。检查电路连线，不许有烧损、过热、绝缘老化现象，线号清晰、正确、安全。

④ 组装。在导向套、传递顶杆套装 O 形密封圈并均涂薄层润滑油脂，风道密封圈涂上润滑油脂贴到风道口上。组装上、下活塞，膜板，活塞杆。膜板在上下活塞间要平展。将稳定弹簧活塞组件装入紧急室内，装好阀盖，拧紧固定螺栓。放风弹簧、传递顶杆、导向套夹心阀（放风阀）装入放风室内。组装阀体与放风阀下盖，并紧固其螺栓。装好微动开关及连线。装好微动开关罩及排气罩。检查后用不干胶带封住阀座部分。

⑤ 检查与试验。将紧急阀安装于 DK-1 型电空制动机试验台上，按 DK-1 型电空制动机单阀试验和综合试验办法进行试验检查。

四、电动放风阀

为适应电空制动机性能并满足自动停车装置的要求，DK-1 型电空制动机采用 ZDF 型电动放风阀作为制动管紧急排风的执行部件。

1. 结构组成

该阀为电空式气动阀门，它由紧急电空阀与放风阀两部分组成，如图 12-13 所示。

放风阀由阀体、橡皮膜、夹心阀、阀座、芯杆、弹簧以及上、下盖板等组成，如图 12-14 所示。该阀右侧接制动管，左侧与大气相通。橡皮膜下方与紧急放风阀出风口相同。

图 12-13　电动放风阀

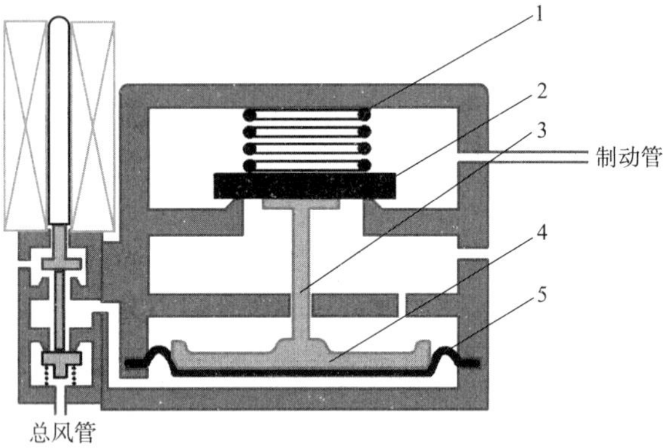

图 12-14　电动放风阀结构

1—放风阀弹簧；2—放风阀；3—芯杆；4—铜碗；5—橡胶膜板

2. 检修

(1) 检修材料与工具设备

材料：汽油、棉丝、白布、中性洗涤剂、擦铜油、白绸布。

工具设备：工作台、开口扳手、毛刷、游标卡尺、油盘、试验台。

(2) 检修步骤

① 外部清洗。将电空阀用开口扳手拆下，将放风阀整体放在中性洗涤剂溶液中浸泡，然后用清水冲洗后，并用 200～300 kPa 干燥的压缩空气吹扫并擦干净。

② 解体。用开口扳手拆下上盖紧固螺栓并取下上盖，取出放风阀弹簧、夹心阀。拆下放风阀下盖，将膜板、活塞及杆取下。

③ 清扫、检查与修理。将各零部件放入油盘中，用汽油清洗，再用压缩空气吹扫干净。

外观检查放风阀体，上、下盖，不许有裂损、变形。阀座不得锈蚀、拉伤，否则应用白绸布涂擦铜油擦除。外观检查放风阀弹簧，不许有裂损、变形，弹簧座良好。用游标卡尺测量弹簧自由高。

更新夹心阀和膜板。更换新的膜板应注意：新换膜板筋沿必须均匀镶入阀体槽内；下盖上过孔 O 形密封胶圈完好，且镶入过孔座内；下盖紧固螺栓须对角进行，直至紧固。

用游标卡尺检查顶杆与套的间隙不大于 0.2 mm。外观检查活塞，不许有裂损、变形。

④ 组装。装上夹心阀、放风阀弹簧，上盖孔对准弹簧，用紧固螺栓将上盖紧固。装入顶杆，装上铜活塞、膜板、下盖，手压膜板动作应灵活，然后用螺栓紧固。检查后用不干胶带封住阀座部分。

⑤ 检查与试验。将电动放风阀安装在 DK-1 型电空制动机试验台上，按 DK-1 型电空制动机单阀试验办法进行试验检查。

五、中 继 阀

中继阀是电空制动控制器及空气位时空气制动阀的执行元件，它依据均衡风缸的压力变化来控制制动管的压力变化，从而完成列车的制动、保压和缓解。该阀具有供排风快和灵敏度高的特点。中继阀由双阀口式中继阀、总风遮断阀组成。其外形如图 12-15 所示，在管路柜中的安装如图 12-16 所示。

图12-15　双阀口式中继阀与总风遮断阀

图12-16　中继阀在管路柜的安装

1. 结构组成

(1) 双阀口式中继阀

双阀口式中继阀由主活塞、膜板、排气阀、供气阀、阀套、阀座、阀体、过充盖、过充柱塞、顶杆及O形密封圈、各作用弹簧等组成，如图12-17所示。

双阀口式中继阀主要是控制制动管的充气和排气。主活塞的左侧为中均室，与均衡风缸管连通，右侧与制动管相通。主活塞通过顶杆与排气阀或供气阀联动，排气阀室与大气相通，供气阀室经总风遮断阀口与总风管相通，两个阀座的中间与制动管相通。为了提高制动管初充气和再充气的速度，在主活塞左侧设置了一个过充阀，过充柱塞左侧与过充风缸管相连，中间通大气，右侧为中均室，与均衡风缸管相通，它们之间以O形密封圈密封隔离。

(2) 总风遮断阀

总风遮断阀由阀体、遮断阀、遮断阀套、遮断阀弹簧、作用弹簧等组成，其中遮断阀与双阀口式中继阀的排风阀通用。

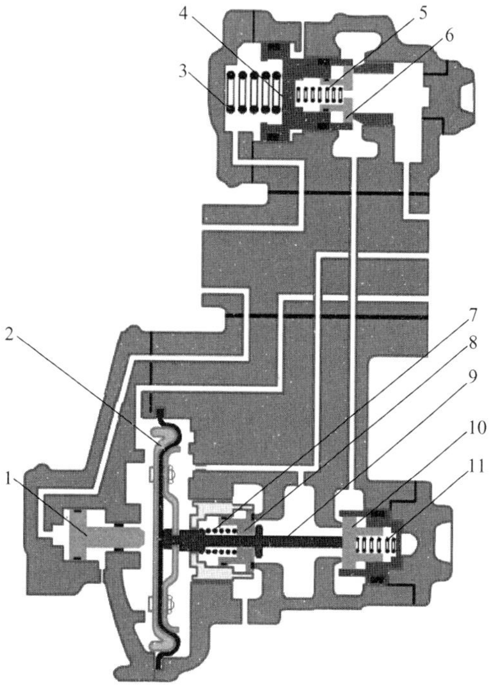

图12-17　中继阀结构

1—过充柱塞；2—主活塞及膜板；3—作用弹簧；4—遮断阀套；5—遮断阀弹簧；6—遮断阀；7—排气阀弹簧；8—排气阀；9—顶杆；10—供气阀；11—供气阀弹簧

该阀作为控制总风向制动管充风的一道关口，一般情况下，该阀的动作与均衡风缸的减压动作同步，即均衡风缸减压，该阀关闭遮断阀口，以确保一次缓解型制动机的制动作用可靠。

2. 检修

(1) 检修材料与工具设备

材料：白布、汽油、水砂纸、擦铜油、轴承润滑脂、中性洗涤剂。

工具设备：卡钳、游标卡尺、钢针、专用扳手、内径千分表、外径千分表、钢板尺、挡圈钳、制动钳工常用工具。

（2）检修步骤

① 解体。解体总风遮断阀：用开口扳手拆下总风遮断阀安装螺母，取下总风遮断阀。用专用扳手拆下总风遮断阀螺盖。用开口扳手拆下遮断阀盖紧固螺母，取下遮断阀盖，取出活塞弹簧、活塞体。撬出卡圈，取出遮断阀及阀弹簧。

解体中继阀：用专用扳手卸下中继阀螺盖，取出供气阀联体。撬出卡圈，从供气阀套内取出供气阀及阀弹簧。用开口扳手拆下中继阀盖及膜板压盖螺母，取下压盖，逆活塞上所标明箭头方向，向外拔出主活塞。用挡圈钳取出挡圈，抽出排气阀联体及顶杆。撬出卡圈，由排气阀套内取出排气阀、阀弹簧。用开口扳手拆下柱塞螺母，取下柱塞盖，抽出柱塞。

② 清洗、检查与修理。用汽油清洗所有金属零部件，用 0.2～0.3 MPa 干燥的压缩空气吹扫，并用白绸布擦干。

外观检查各弹簧，不许有裂纹、变形、锈蚀，并用游标卡尺测量各弹簧的自由高度。外观检查各阀、套工作面不得有明显拉伤、阶段磨、偏磨。用内、外径千分表测量各阀与套的配合尺寸，不许有过量磨耗。

更新橡胶膜板。检查内、外活塞均不许有变形、裂损、锈蚀。外观检查顶杆不许有弯曲、变形、裂损、锈蚀。用游标卡尺测量顶杆长度。外观检查遮断阀座、中继阀供排气阀座与各阀体座均应配合紧固，不许有松动、脱落现象。阀座口应不得有锈蚀、麻坑、拉伤等现象，否则应用白绸布涂上擦铜油磨修，尽量不使用砂布打磨。外观检查风堵，螺纹应良好，通气孔不得阻塞。更新所有 O 形密封圈或密封件。

③ 组装。组装各零部件：组装膜板体，要求膜板应舒展，不得扭曲，膜板边应装入活塞槽内，不得有压边现象。给各阀及阀套装上 O 形密封圈及胶垫。O 形密封圈必须落入槽内，不许有翻拧现象，并有一定紧余度。装上各部件间风道密封橡胶圈。密封橡胶圈应齐全，不可缺少，又不能多装。给所有橡胶表面、各体套内面，均匀涂上一薄层轴承润滑脂。所涂润滑脂应适量，不宜过多，否则容易吸附尘土，阻塞风道。分别将供气阀部、排气阀部、遮断阀部装成部件备用。手压各阀在套内均能灵活动作。

总体组装：装入排气阀部及顶杆，装上挡圈。将膜板活塞体按箭头所指方向，按照中继阀在机车上安装位置，自上而下推动着挂上顶杆。为了便于挂接，同时压迫顶杆前端部。内活塞一定要挂上顶杆，不可虚挂。装上供给阀部，装上中继阀螺盖。装入过充柱塞，装上过充柱塞盖。装入遮断阀部及弹簧，装上遮断阀盖。检修后用不干胶带封住阀座部分。

④ 检查与试验。将中继阀、遮断阀分别装在 DK-1 型电空制动机试验台上，按 DK-1 型电空制动机各单阀在试验台上的试验方法进行试验。

第三节　制动机其他部件的检修

DK-1 型电空制动机的检修还包括电空阀、调压阀、压力开关等其他部件的检修。

一、电 空 阀

电空阀是通过电磁力来控制压缩空气管路的接通或切断，从而达到远距离控制气动装置的电器。DK-1 型机车电空制动机除采用传统的 TFK1B 电空阀外，为满足系统的性能也采用 TFK 电空阀（后者是前者的派生产品）。两种电空阀的主要技术数据列于表 12-1。

表 12-1　电空阀主要技术数据

项目		技术参数	
		TFK1B	TKF
额定气压(kPa)		900	900
阀杆行程 δ_A(mm)		1.0±0.1	1.0±0.1
铁芯气隙 δ_B(mm)		$1.9^{+0.2}_{-0.2}$	$1.9^{0}_{-0.2}$
额定电压(V)		DC 110	DC 110
最小动作电压(热态)(V)		DC 77	DC 77
线圈	线径(mm)	ϕ0.19	
	匝数	13 000	
	20 ℃电阻(Ω)	938^{+76}_{-48}	
复原弹簧($d\times D\times H\times n$)(mm)		0.6×10.6×25	0.8×10.6×25×6
阀口通径(mm)		ϕ5	

1. 结构组成

TFK1B 型电空阀与 TFK 型电空阀(习惯称"三通电空阀"),区别只是在气阀部分,而电磁机构完全相同。现以 TFK 型电空阀(图 12-18)为例进行介绍。

TFK 型电空阀由电磁机构和气阀机构两部分组成,如图 12-19 所示。电磁机构由静铁芯、磁轭、动铁芯、线圈、心杆等组成。气阀机构由阀座、上阀门、下阀门、阀杆、密封套、压圈、弹簧、下盖组成。当线圈得电时,动铁芯下移,压迫心杆使上阀门下移,关闭上阀口,经阀杆传递顶开下阀门。当线圈失电时,下阀门在弹簧的作用下而密贴在阀座上,同时经阀杆将上阀门顶开。由于上、下阀门关闭或打开是同时进行的,从而使风管路的断开或接通可同步控制。

图 12-18　TFK 型电空阀

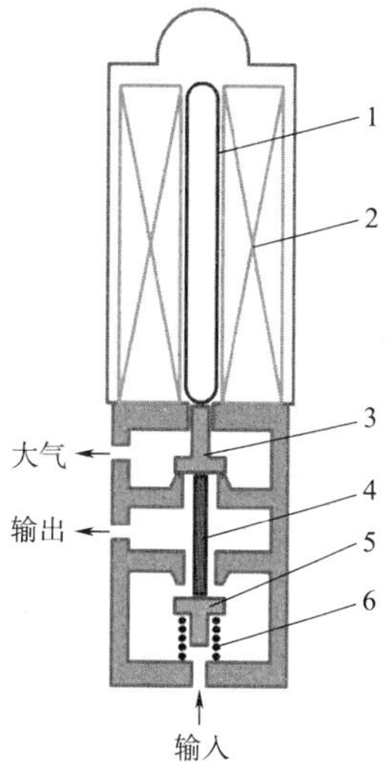

图 12-19　TFK 型电空阀结构

1—动铁芯;2—励磁线圈;3—上阀门;4—阀杆;5—下阀门;6—弹簧

2. 检修

(1) 检修材料与工具设备

材料:汽油、砂布、肥皂液。

工具设备：压缩空气装置、电器钳工常用工具、万用表、兆欧表、试验台、毛刷、台钳。

(2) 检修步骤

① 解体清洗。拆下外壳与阀座连接螺栓，将外壳与阀座分开，然后取出阀杆、衔铁、线圈。用汽油清洗各零部件，清洁度符合有关规定。

将阀座用台钳夹住，松开阀座底部螺栓，取出上、下阀及复原弹簧。用汽油清洗，并用200～300 kPa压缩空气吹净内部。

② 检修。外观检查不许有裂纹、拉伤、径向沟槽，阀座底螺纹良好。

外观检查各胶件不许有龟裂、变形、老化现象，阀口黏结良好，否则应更新。

检查测量阀杆行程及铁芯气隙，可用锉修或更换的方法。

检查弹簧不许有压死状况，且弹性良好。

更新O形密封圈。

外观检查接线座。接线座应安装牢固，不许有折损，螺纹良好。接线螺钉等齐全完好。

用万用表测量线圈的电阻值。20 ℃时其电阻值：$R=890\sim1\,014\ \Omega$。

③ 组装。外壳、铁芯、线圈的组装：将线圈套在铁芯座上，再将衔铁装入铁芯座内，然后将线圈连同衔铁、铁芯座一起装入外壳内，拧紧阀座底部固定螺母。要求为衔铁动作灵活，不许有卡滞现象，线圈在外壳内不得有垂直方向松动。

阀座的组装：将阀杆，上、下阀及复原弹簧装入阀座内，拧紧阀座底部固定螺母。要求为上、下阀及阀杆动作灵活，不许有卡滞现象。螺母紧固，密封垫圈良好。

阀杆行程δ_A受铁芯气隙δ_B的制约，而铁芯气隙δ_B直接影响电空阀的工作性能，所以必须保证δ_A、δ_B在规定的范围内，否则就使电空阀失去作用而引起行车故障。在组装时检测δ_A、δ_B的方法如图12-20所示。

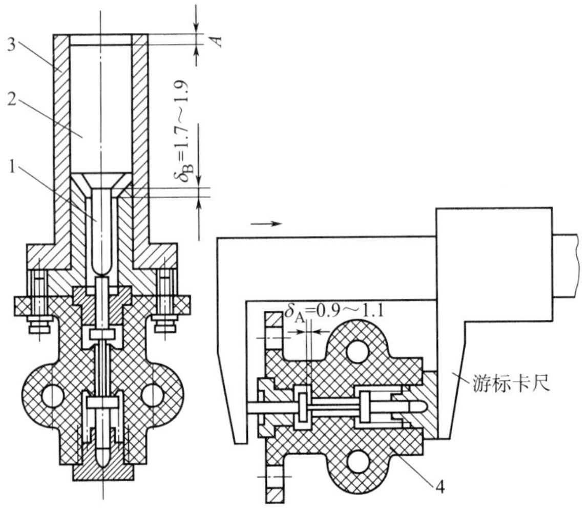

图12-20　阀杆行程δ_A、铁芯气隙δ_B的检测示意(单位：mm)

1—芯杆；2—动铁芯；3—检测套；4—阀杆

δ_A的检测：将阀座及其他气路零部件组装好后，用游标卡尺测量，如图12-20(b)所示。首先测量原始(未压缩)状态，再压紧游标卡尺读出新数值，两者之差即为δ_A，其数值必须控制在0.9～1.1 mm范围内。若数值不符，须调整阀杆。

δ_B的检测：测量δ_A合格后，将静铁芯先装上，用专用的检测套套好，如图12-20(a)所示，先后将芯杆及动铁芯装入套筒，用深度尺测量A值。然后取出芯杆，再测新的A值。前后两个A值之差，即为δ_B的大小。应保证其值在1.7～1.9 mm之间。若不符合要求，重新选配芯杆直至合格为止。

在更换上、下阀门，阀杆时，需重新检查δ_A、δ_B，以确保电空阀的正常工作。

外壳部分与阀座组装：装上密封圈，再将阀座装在铁芯上座上。要求：安装牢固，密封良好。

④ 检查与试验。检查组装后的电空阀应保证衔铁(动铁芯)动作灵活。

绝缘电阻的测量：用500 V兆欧表测量线圈对地绝缘电阻值应不小于1 MΩ。

动作试验:将组装好的电空阀安装于试验台上。接通额定气压 900 MPa、额定电压 110 V 及最小动作电压 77 V,通断电源多次,检查其动作性能。要求动作可靠,不得有卡滞、泄漏现象。

气密性检查:通以最小工作气压 900 MPa,在排大气孔处涂肥皂液,若有气泡产生,应维持 5 s 内不破裂。在工作气压 900 MPa 下,通以额定电压的 70%,亦在排气孔处检查其气密性。在阀座与螺栓间涂肥皂液,不应有气泡产生。

⑤ 检修注意事项。由于 TFK1B 与 TFK 型电空阀同属系列产品,外形相似,通用件多,所以在使用检修中要特别注意,由于气阀的结构不同,TFK 型电空阀的要求更为严格,且两者气阀零部件不能任意互换。

对于通用的 TFK1B 型电空阀,只须注意上、下阀门及其阀座的状态,一般情况下其密封效果是很好的。而对于 TFK 型电空阀要保证密封效果是不容易的,不能忽视上阀门与 O 形密封圈阻力的调整。上阀门与滑道处的气密性检查必须在拆除上部的电磁机构,采用专用装置将滑道压平后进行。否则,其检测是不够准确的。

在拆装电空阀接线时,应首先确认接线柱背面是否紧固,如果松动,在拆线或接线过程中将会出现接线柱转动,造成接线柱内部接线扭断或短路。所以在拆装电空阀时应特别注意这一点。

二、调 压 阀

调压阀是为满足系统的不同整定压力并保证稳定的供给而设置的。其整定压力及供风能力是根据不同要求进行选择的。本节选用 QTY 型调压阀为例来细述。

1. 结构组成

调压阀主要由调压弹簧、膜板、调整手轮、进风阀、阀座及溢流阀等组成,如图 12-21 所示。

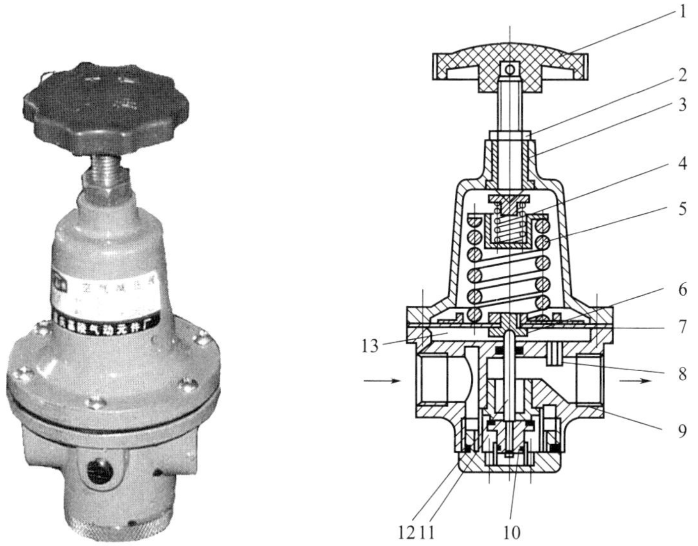

(a) 外形图　　(b) 结构图

图 12-21　QTY 型调压阀

1—手轮;2—紧固螺母;3—上体;4—一级弹簧;5—二级弹簧;6—溢流阀;
7—膜板;8—小孔;9—下体;10—进风阀;11—阀弹簧;12—阀杆;13—中央气室

2. 检修

(1) 检修材料与工具设备

材料：汽油、白布、中型洗涤剂、润滑脂、擦铜油、水砂纸。

工具设备：专用试验台、制动钳工常用工具。

(2) 检修步骤

① 解体。用开口扳手松开螺母，逆时针转动手轮，使调压弹簧调至最小压力。用螺丝刀松开弹簧盒与调压器体连接螺栓，分成两体。从弹簧盒中取出膜板、二次弹簧、一次弹簧座、一级弹簧、一级弹簧压盖。松动溢流阀，取下橡胶膜板、金属膜板。用专用扳手旋下螺盖，取出进气阀弹簧、进气阀。用开口扳手松开进气阀螺母，取下顶杆。卸下所有橡胶膜板及密封圈。

② 清扫、检查与修理。清洗所有零部件（进气阀除外），然后用 200～300 kPa 干燥的压缩空气吹扫干净。

更新膜板及 O 形密封圈。外观检查进气阀工作面，应平整不得有缺损及槽沟，气密性良好，否则应在水砂纸上研磨消除。检查顶杆与溢流阀接触应良好，否则应更新。检查均衡小孔应畅通。外观检查各螺纹部分应完好，否则应更新。检查阀体、弹簧盒、金属膜板，不许有裂纹、变形，否则应更新。

③ 组装。在顶杆套和进气阀定向柱中套装 O 形密封圈，并均涂一薄层轴承润滑脂。用金属膜板将橡胶膜板固定在溢流阀上。将顶杆插入进气阀孔，用螺母固定。按照与解体的相反的次序进行组装。

④ 检查与试验。将调压阀安装在专用试验台，开放总风塞门通入 700～900 kPa 压缩空气，检查出风口不得有泄漏，如有泄漏须重新检修。然后顺时针转动手轮，使出风口压力达到规定值，溢流阀不得泄漏。开放出风口风缸塞门，使风缸降低 50～100 kPa，再关闭，出风口风缸压力应恢复到定压。

三、压力开关

压力开关属气动电器，是利用空气压力变化来实现相应的电路控制。制动系统中选用了两种压差的压力开关，均属 TJY 型系列。其外形如图 12-22 所示。

(a)　　(b)

图 12-22　压力开关

1. 结构组成

压力开关由微动开关、硬芯（芯杆）、膜板、下盖、开关体、外罩等组成。膜板、挡板套装在芯杆上，压紧后再将弹性挡圈卡在芯杆下部的沟槽中，便组成了一个运动活塞。根据动作压差的不同，芯杆上部的直径是不相同的，同样开关体中央套装的导套的内径也是不相同的。

制动机设有两个压力开关，代号分别为 208 与 209，两个压力开关只是动作压差值不同，其结构基本相同。压力开关整定值一经设定，就无法调整。在气路设计上，为实现自动控制均衡风缸的最小减压量(即初值减压量)和最大减压量而设定。

2. 检修

(1) 检修材料与工具设备

材料:汽油、白布、中型洗涤剂、润滑脂、棉丝。

工具设备:油盘、毛刷、挡圈钳、制动钳工常用工具。

(2) 检修步骤

① 解体。用中性洗涤剂溶液清洗压力开关体外表,然后用清水洗净,再用 200～300 kPa 干燥的压缩空气吹干。用螺丝刀拆下微动开关及其连线。用开口扳手卸下开关盖螺栓,取下开关盖,抽出膜板活塞体。用专用工具压紧活塞压板,用挡圈钳拆下挡圈。取下压板、膜板。取下活塞杆上的 O 形密封圈及开关体上的风道密封圈。

② 清洗、检查与修理。用汽油清洗零部件(橡胶件除外用),用 200～300 kPa 干燥的压缩空气吹干,用白绸布擦净。更新微动开关。更新膜板及橡胶密封件。用内径千分表测量活塞杆外径、轴承套内径,活塞与轴承套配合间隙均不得大于 0.12 mm。外观检查活塞压板,不许有裂损、变形、锈蚀。检查开关及盖的通风孔道应畅通,否则清除堵塞物。

③ 组装。在活塞杆上,套装 O 形密封圈,要求不得扭曲,并均匀涂薄层轴承润滑脂。在开关盖的过风口装上密封垫。在活塞上放上膜板、压板。用专用夹具夹紧后装上挡圈,在膜板上均涂一层轴承润滑脂,不得过量。将活塞整体装上开关盖,拧紧螺栓。安装上微动开关。

④ 检查与试验。将压力开关安装于 DK-1 型电空制动机试验台上,按 DK-1 型电空制动机单阀试验办法进行检查试验。

复习思考题

1. 简述空气管路柜的结构组成。
2. 空气管路柜的检修步骤是什么?
3. 空气制动阀的检修步骤是什么?
4. 简述 109 分配阀的结构组成。
5. 简述 109 分配阀的检修流程和检修方法。
6. 紧急阀的检修步骤是什么?
7. 简述电动放风阀的检修步骤和检修方法。
8. 简述中继阀的检修流程和检修方法。
9. 电空阀的检修步骤是什么?
10. 如何测量和调整电空阀阀杆行程和铁芯气隙?
11. 简述调压阀的检修步骤。

第十三章

空气制动系统的调整试验

机车空气制动系统是一套综合性的系统，在完成检修工作后，必须对整个空气制动系统进行全面、系统的试验，以保证机车空气制动系统良好、可靠、安全地工作。本章从机车空气管路系统的试验、制动机的单机试验、机车制动机的日常及检修试验等方面详细介绍电力机车空气制动系统的调整试验工艺流程和试验方法。

第一节　空气管路系统的试验

机车空气管路系统的试验一般分为单机试验、阶段试验和整机试验，试验检查的内容主要为泄漏和技术性能。

一、单机试验

机车空气管路系统的单机试验是根据图样、技术文件规定对该系统中的主要部件所进行的装车前的水压强度、泄漏检查和性能测试等。通过单机试验来检查装车前各部件的质量，可避免装车后不必要的返修，保证阶段试验和整机试验的成功。根据规定，单机试验合格的部件才允许装车。

机车空气管路系统中主要部件的单机试验一般在专用试验装置上进行，如空气压缩机应在压缩机试验台上检测排气量、油泵压力、振动、异音等；各种软管应在软管水压试验装置上进行水压强度和泄漏检查；各种压力表按规定时间在校表仪上进行校核等；而 DK-1 型机车电空制动机主要部件应在专用 DK-1 型机车电空制动机试验台上进行单阀试验和综合试验，检测机车制动机主要部件的单阀性能和综合性能。

二、阶段试验

根据机车空气管路的组装顺序，空气管路的阶段试验可分为空气管路柜的泄漏及性能试验、机车落成前的全车管路(除转向架管路)和转向架管路的泄漏试验。

空气管路系统的阶段试验以查找泄漏为主要内容。由于管路的布置集中紧凑，特别是底架管路在机车落成后难以查漏的特点，实行对空气管路柜、机车落成前的全车管路(除转向架管路)和转向架管路的泄漏试验，就是为确保阶段施工告一段落后的组装质量，并为整机试验创造条件。

空气管路柜的泄漏及性能试验应在专用试验台上完成，其试验检查除查找泄漏外，还应进行机能检查，内容有：制动基本性能试验、制动重联性能检查、控制系统管路试验、绝缘强度检查等。

全车管路(除转向架管路)的泄漏试验,必须逐一管系进行核查,避免机车总成后的返工。

转向架管路的泄漏试验,主要是查找制动缸管系及制动器的泄漏。

三、整机试验

空气管路系统的整机试验是综合性试验,必须按机车相应的修理规程和要求进行。试验前应关闭机车端部的制动管、总风管折角塞门。

1. 压缩机生产能力检查

(1) 主压缩机

分别启动Ⅰ端、Ⅱ端主空气压缩机组,总风缸压力由 0 升至 900 kPa 的时间均应不大于 6 min。

(2) 辅助压缩机

关闭控制系统总风塞门 140 及控制风缸前塞门 97,并将主断路器风缸内压缩空气排空。在蓄电池组电压不低于 80 V 时,启动辅助压缩机组,辅助风缸压力由 0 升至 500 kPa 的时间不大于 3 min。

2. 空气干燥器试验检查

(1) 连续运转工况

当空气干燥器工作达到规定的 72 s 转换时间时,电控器应发出转换信号,原来亮的指示灯灭,该塔的排气阀也同时关闭,停止排出再生空气。而原来灭的指示灯,在延时到规定的 18 s 后亮,该塔的排气阀亦同时开启,排出再生空气。检查应不少于 3 个转换周期,其参数的误差不超过 10%。

当空气压缩机停止工作后,电磁排污阀口应立即开启排污。同时电控器上的两指示灯均灭,两塔的排气阀亦关闭,排气口应无泄漏现象。

(2) 间歇运转工况

在总风缸压力 750～900 kPa 的范围内反复工作(反复次数不少于 5 次),电控器应具备时间累计及状态记忆功能。

3. 气密性试验检查

(1) 管路系统总泄漏量

机车各阀处于运行状态,总风缸压力升至 900 kPa,主压缩机组停止工作且风压稳定后,空气管路系统的总泄漏量每分钟不大于 10 kPa(测定时间应不少于 3 min)。

(2) 控制风缸泄漏量

控制风缸压力升至 900 kPa 时,关闭风缸前塞门 97,控制风缸的泄漏量每分钟不大于 10 kPa。

(3) 控制管路系统泄漏量

在测定辅助压缩机生产能力的状况下,测定完毕,升起两受电弓,待辅助风缸压力稳定在 500 kPa 后,停止辅助压缩机组工作,控制系统泄漏量每分钟不大于 20 kPa(测定时间应不少于 3 min)。

4. 制动机系统性能试验检查

(1) 制动机性能试验检查。

(2) 列车电空试验检查。在列车电空制动投入下,操纵电空制动控制器及制动机进行自动常用制动及辅助紧急制动时,列车电空接触器及司机室显示屏上列车电空显示灯应显示正确。

(3) 平稳操纵功能试验检查。在平稳制动投入下,制动管减压量与制动缸压力增加量应大致相等,其差值约为 20 kPa。

(4) 停车制动装置检查。

(5) 空电联合制动检查。

(6) 自动常用制动。

5. 其他装置性能试验检查

(1) 压力控制器

主压缩机压力控制器 547KP 开断电路压力值为(900±20) kPa;闭合电路压力值为(750±20) kPa。

(2) 高压安全阀

按下"强泵"按钮,安全阀的动作压力为(950±20) kPa,并能连续排气。

(3) 紧急制动按钮

机车大、小闸均置"运转"位,按下"紧急制动"按钮,电动放风阀动作,机车产生紧急制动作用且不得自行缓解,制动缸压力应大于 340 kPa。

(4) 压力继电器

制动缸压力达 150 kPa 时,压力继电器 516KP 应动作,断开电制动控制电路。总风缸压力下降至 600 kPa 以下时,压力继电器 545KP 应动作,司机台显示屏上"停车制动"信号灯亮。

6. 辅助装置

(1) 高低音喇叭在总风压力大于 500 kPa 时,音色正常。

(2) 雨刮器作用良好,摆动均匀,无卡滞、跳动现象。

(3) 撒砂器作用良好,撒砂方向正确,调整前后架撒砂量均匀适中。

(4) 轮喷作用良好,喷脂量适中。

第二节　制动机单机试验

一、试验前要求

(1) 制动机主要阀类部件应按技术文件及图纸要求在地面试验装置或制动机试验台上单件性能试验合格。

(2) 制动机全部零部件以及附件应全部在机车上安装并调试完毕。

(3) 试验中,观察制动机压力变化所用压力表精度应为 1.5 级,并按有关规定进行校核与铅封。

(4) 制动机单机性能的检查与验收试验,应在制动管定压下进行。

(5) 试验前,应确认机车空气压缩机工作正常。

(6) 试验中,使用电空制动控制器或空气制动阀在运转位或缓解位对制动机进行缓解时,必须在制动机完全缓解后,才能进行下一步试验。

二、电空位性能检查

1. 试验前调整

试验前应将制动机调整到电空位。调整方法如下:

(1) 闭合电空制动电源。

(2) 将空气管路柜上的电—空转换阀153置电空位。

(3) 将逻辑控制箱上的钮子开关分别打向正确位置,即:463QS置"不补风"位,464QS置"安全投入"位,465QS置"空电联合投入"位,466QS置"监控常用投入"位,467QS置"停车投入"位,468QS置"车列电空切除"位或"车列电空投入"位均可,469QS置"平稳投入"位或"平稳切除"位均可。

(4) 调整均衡风缸调压阀55,使其输出压力为制动管定压。

(5) 调整单独制动调压阀53,使其输出压力为300 kPa。

(6) 将小闸上的电—空转换拨杆拨至电空位。

调整完毕后,即可利用操纵端大、小闸进行电空位性能试验检查。

2. 缓解状态下各压力值检查

将大、小闸手把置于运转位,各压力值应符合下列要求:

(1) 总风缸压力为750～900 kPa。

(2) 制动管压力为定压。

(3) 制动缸压力为0。

(4) 均衡风缸压力为定压(允许与制动管压力差不大于10 kPa)。

3. 紧急制动性能检查

将大闸手把由运转位移至紧急位,应产生下列作用:

(1) 制动管由定压下降至0的时间不大于3 s。

(2) 制动缸压力由0升至400 kPa的时间不大于5 s。

(3) 制动缸最高压力应限制在(450±10) kPa,且分配阀安全阀动作。

(4) 机车自动撒砂。

(5) 机车具有牵引级位时,应自动断开主断路器,无级位时不应断开主断路器。

4. 紧急制动后的单独缓解性能检查

(1)紧急制动后将小闸手把由运转位移至缓解位,并下压手把,制动缸压力应立即开始下降,并能缓解到0。

(2)待制动缸压力降至0后,将小闸手把恢复运转位,制动缸压力不得回升。

5. 列车充风性能检查

将大闸手把由紧急位移至运转位,制动管压力由0升至580 kPa的时间不大于11 s。

6. 制动管气密性以及均衡风缸与制动管泄漏量检查

(1) 将大闸手把由运转位移至中立位,制动管压力下降每分钟不大于 10 kPa。然后将手把移回运转位。

(2) 将大闸手把由运转位移至制动位,然后置于中立位,使得制动管减压 40～60 kPa 后保压,均衡风缸泄漏量每分钟不大于 5 kPa,制动管泄漏量每分钟不大于 10 kPa。

检查完毕后将大闸手把恢复运转位。

7. 阶段制动性能及最大减压量检查

(1) 将大闸手把由运转位移出,并将手把在制动位与中立位间移动,施行阶段制动。阶段制动作用应稳定,制动管减压量与制动缸压力值应符合规定。

(2) 再将大闸手把置于制动位,制动管应获得最大减压量 210～290 kPa。待压力稳定后,制动缸压力变化每分钟不大于 10 kPa。

8. 过充性能检查

(1) 将大闸手把由制动位移至过充位,制动管压力应超过定压 30～40 kPa,且制动缸不得缓解。

(2) 将大闸手把由过充位移回运转位,制动缸压力应缓解到 0,过充压力在 120～180 s 内自动消除。

9. 常用全制动性能检查以及制动缸泄漏量检查

(1) 将大闸手把由运转位移至制动位,均衡风缸减压 170 kPa 的时间为 6～8 s,制动缸由 0 升至 400～435 kPa 的时间为 7～9.5 s。

(2) 关闭分配阀供给塞门,制动缸泄漏量每分钟不大于 10 kPa。完毕后开通供给塞门。

10. 缓解性能检查

将大闸手把移回运转位,均衡风缸与制动管压力恢复定压。制动缸压力由 400～435 kPa 下降至 40 kPa 的时间不大于 8.5 s。

11. 单独制动及单独缓解性能检查

(1) 将小闸手把在中立位与制动位间移动,阶段制动作用应稳定。

(2) 将小闸手把在中立位与运转位间移动,阶段缓解作用应稳定。

(3) 将小闸手把由运转位移至制动位,制动缸压力由 0 升至 280 kPa 的时间不大于 4 s。

(4) 将小闸手把由制动位移至运转位,制动缸压力由 300 kPa 降至 40 kPa 的时间不大于 5 s。

12. 重联位性能检查

将大闸手把由运转位移至制动位,待制动管减压后再将手把置于重联位,制动管应保压。

三、空气位试验

1. 试验前调整

完成电空位试验检查后,应将制动机调整到空气位。空气位调整方法如下:

(1) 将小闸上的电—空转换拨杆拨至空气位。

(2) 将大闸置于运转位。

(3) 调整单调制动调压阀 53,使其输出压力为制动管定压。

调整完毕，即可利用小闸进行空气位性能试验检查。

2. 缓解状态下各压力值检查

将小闸手把置于缓解位并下压手把，各压力值应符合下列要求：

（1）总风缸压力为 750～900 kPa。

（2）制动管压力为定压。

（3）制动缸压力为 0。

（4）均衡风缸压力为定压（允许与制动管压力差不大于 10 kPa）。

3. 常用全制动及单独缓解性能检查

（1）将小闸手把由缓解位移至制动位，再回中立位，均衡风缸减压 170 kPa 的时间为 6～8 s，制动缸由 0 升至 400～435 kPa 的时间为 7～9.5 s。

（2）下压小闸手把，制动缸压力应能缓解；停止下压手把，制动缸压力停止下降。

4. 缓解性能检查

将小闸手把由中立位移回缓解位，并下压小闸手把，均衡风缸、制动管压力应能升至定压，制动缸压力应能缓解至 0。

5. 阶段制动性能检查

将小闸手把在制动位和中立位间移动，阶段制动作用应稳定。

四、辅助性能检查

完成空气位试验检查后，将制动机恢复到电空位，即可进行辅助性能试验检查。每一种辅助性能试验前，应将制动机恢复到缓解状态，并将大、小闸手把置运转位。

1. 断钩保护性能检查

开放司机室内制动管手动紧急放风阀，应产生下列紧急动作：

（1）制动管压力快速降至 0，并不得自动缓解。

（2）制动缸压力升至（450±10）kPa。

（3）机车自动撒砂。

（4）自动切除机车牵引力。

2. 失电制动性能检查

切除电空制动电源，制动管压力应按常用制动减压速度下降，且制动缸压力上升。

3. 无动力回送性能检查

试验前应将制动机调整到无动力回送状态：关闭中继阀制动管塞门 115；将小闸扳键开关打向电空位；开放分配阀缓解塞门 156 和无火塞门 155；关闭风源系统中的总风塞门 112；调整机车分配阀安全阀，使其整定值为（200±10）kPa；缓解所有停放制动缸。

调整完毕，将大闸手把置于重联位，小闸手把置于运转位试验。

（1）当制动管压力为定压时，总风缸压力应在低于制动管 140～180 kPa 之间。

（2）当制动管减压时，制动缸最高压力应限制在（200±10）kPa。

第三节　机车制动机的检修试验

DK-1型机车制动机中检或定修的项目及方法(俗称“八步闸”检查法)见表13-1。

表13-1　DK-1型机车制动机检修试验规则(八步闸)

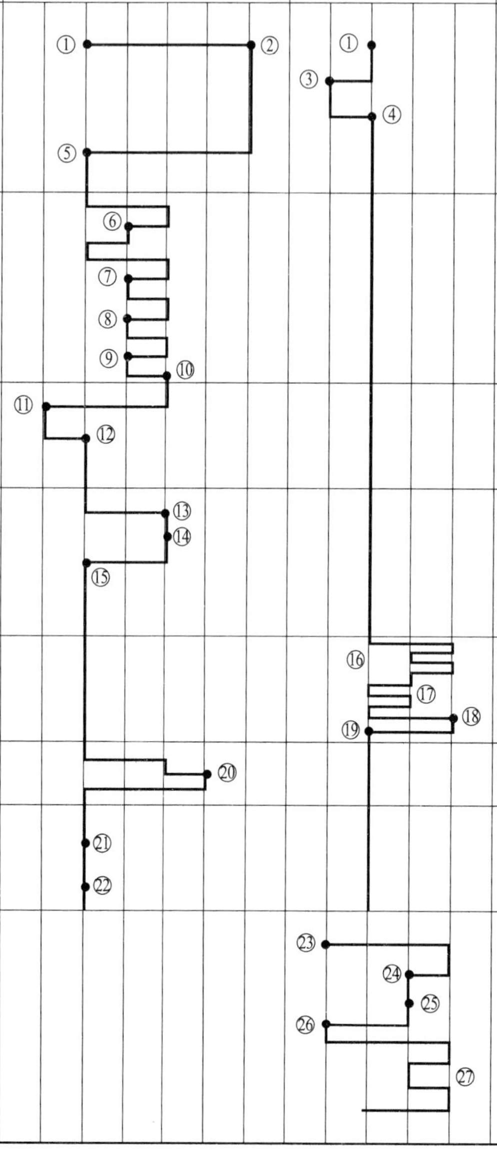

操作顺序	电空制动控制器(大闸)						空气制动阀(小闸)				检查方法及要求(制动管定压600 kPa)
	过充	运转	中立	制动	重联	紧急	缓解	运转	中立	制动	
1											① 制动管压力表、均衡风缸表和总风表为规定压力,制动缸压力表为0 ② 制动管压力应在3 s内降至0;机车制动缸压力在5 s内升至400 kPa,最高压力为450 kPa;机车应自动撒砂,有级位时应跳主断路器 ③ 制动缸压力应能缓解到0 ④ 制动缸压力不得回升 ⑤ 制动管压力由0升至580 kPa的时间应不大于11 s
2											⑥ 制动管减压40~50 kPa保压,均衡风缸、制动管的泄漏量分别不大于5 kPa/min与10 kPa/min ⑦ 制动管减压40~50 kPa,制动缸压力为90~130 kPa ⑧ 制动管减压100 kPa,制动缸压力为240~270 kPa ⑨ 制动管减压170~180 kPa,制动缸压力为400~435 kPa ⑩ 制动管最大减压量210~290 kPa,制动缸压力变化每分钟不大于10 kPa
3											⑪ 均衡风缸为定压;制动管超过定压30~40 kPa;制动缸不得缓解 ⑫ 120~180 s过充压力消除,制动管恢复定压,制动缸压力应缓解到0
4											⑬均衡风缸减压170 kPa的时间为6~8 s;制动缸压力升至400~435 kPa的时间为7~9.5 s ⑭ 制动缸泄漏量每分钟不大于10 kPa(关闭分配阀供给塞门) ⑮ 制动缸压力由400~435 kPa降至40 kPa的时间不大于8.5 s;均衡风缸、制动管恢复定压
5											⑯ 阶段制动作用应稳定正常 ⑰ 阶段缓解作用应稳定正常 ⑱ 制动缸压力由0升至280 kPa的时间≤4 s ⑲ 制动缸压力由300 kPa降至40 kPa的时间≤5 s
6											⑳ 制动管、均衡风缸应减压后保压
7											㉑ 拉手动紧急放风阀,应产生紧急制动,并不得自动缓解 ㉒ 切断电空制动电源,应产生常用制动,闭合电源,制动机恢复正常
8											㉓ 制动管、均衡风缸、总风缸均为规定压力,制动缸压力为0(同时下压手把) ㉔ 均衡风缸减压170 kPa的时间为6~8 s,制动缸压力升至400~435 kPa的时间为7~9.5 s ㉕ 下压手把,制动缸压力应能缓解;停止下压手把,制动缸压力停止下降 ㉖ 均衡风缸、制动管恢复定压 ㉗ 阶段制动作用应稳定 注:㉓~㉗系空气位操作,应按操作规程由电空位转至空气位。试完后,应恢复电空位

复习思考题

1. 空气管路系统单件试验的内容是什么？
2. 空气管路系统阶段试验的内容是什么？
3. 空气管路系统阶段试验的内容有哪些？
4. 制动机单机试验电空位性能检查有哪些内容？
5. 制动机单机试验空气位性能检查有哪些内容？
6. 简述八步闸试验流程与试验方法。

参考文献

[1] 董锡明.机车车辆维修基本理论[M].北京:中国铁道出版社,2005.

[2] 王华胜.机车车辆维修理论与技术[M].北京:中国铁道出版社有限公司,2021.

[3] 董锡明.现代技术装备维修理论与实践[M].成都:西南交通大学出版社,2009.

[4] 张有松,朱龙驹.韶山4型电力机车[M].北京:中国铁道出版社,2006.

[5] 杨永林.韶山7E型电力机车[M].北京:中国铁道出版社,2004.

[6] 余卫斌.韶山9型电力机车[M].北京:中国铁道出版社,2005.